韩国标签
王室
01

石砖路伸向远方,鼓乐齐鸣,仪式的主角盛装登场

韩国标签
韩服
02

我牵着你，你牵着裙，现在就出发，去那有诗的远方

韩国标签
美食
03

嗞嗞的声,伴着焦香的味,热烈而有深度

韩国标签
古村
04

漫步在田野间、穿行在村巷内,让人留恋

韩国标签
壁画
05

一面墙，让人想起那青春年少、灵动美好

韩国标签
泰迪熊
06

各式"熊样"惹人开怀，乔丹样、阿里样、特蕾莎修女样、奥黛丽·赫本样……

韩国旅行计划
KOREA TRAVEL

私人订制

《袋鼠旅行》编辑部 ◎ 编著

中国水利水电出版社
China Water & Power Press

内容提要

这是一本介绍韩国旅行的工具书,书中精选了首尔、仁川、京畿道、釜山、江陵、庆州、济州岛等地的资讯与攻略。

本书第一章重点介绍了赴韩游必知的护照、签证、住宿、交通、货币等实用攻略。本书第二章着重对韩国的旅游线路进行了科学规划,既有时间较短的5日游,也有时间较长的10日游,读者完全可以根据自己的时间灵活安排。实现真正的私人订制,说走就走,让你的旅程倍感轻松!

图书在版编目(CIP)数据

韩国旅行计划 /《袋鼠旅行》编辑部编著. -- 北京:中国水利水电出版社,2015.8
(私人订制)
ISBN 978-7-5170-3382-0

Ⅰ. ①韩… Ⅱ. ①袋… Ⅲ. ①旅游指南—韩国 Ⅳ. ① K931.269

中国版本图书馆CIP数据核字(2015)第160492号

书　　名	私人订制 韩国旅行计划
作　　者	《袋鼠旅行》编辑部　编著
出版发行	中国水利水电出版社(北京市海淀区玉渊潭南路1号D座　100038) 网址:www.waterpub.com.cn E-mail:sales@waterpub.com.cn 电话:(010)68367658(营销中心)
企　　划	北京金海浪文化传媒有限公司 电话:(010)88332797、88332189 E-mail:mandianer@waterpub.com.cn
经　　售	全国各地新华书店和相关出版物销售网点
印　　刷	北京市雅迪彩色印刷有限公司
规　　格	150mm×225mm　16开本　16印张　232千字
版　　次	2015年8月第1版　2015年8月第1次印刷
定　　价	48.00元

凡购买我社图书,如有缺页、倒页、脱页的,本社营销中心负责调换
版权所有·侵权必究

前言 Preface

　　韩国是一个四季分明的国家，春、夏、秋、冬各有特点与韵味。春天的绿让一切变得很有生命力，夏天的热情让你如同经受熔炉的考验，秋天的枫红让空气变得浪漫，冬天的雪景让世界变得澄澈明净，一景一物让人心动。

　　提起韩国，首尔、济州岛、韩剧、韩星、购物、整容……很多词会自动闪现，如同一个个标签，引领着人们深入了解韩国。这里有时尚潮流的风向标首尔、星光熠熠的釜山、千年古都庆州、弥漫着浪漫空气的济州岛，繁华璀璨的都市风光、秀丽的乡村美景、千年前的新罗文化、干净清澈的海景，每一处都让人心情澎湃，心生感慨。

　　韩国最让每一个人津津乐道的，还是它购物天堂的美誉。尤其是东大门市场与南大门市场的东西，常常都是走在流行的最前线，种类繁多，商品样样俱全。明洞是购物狂的天堂，这里可以享受"白菜价"买化妆品的乐趣。仁寺洞是韩国传统文化街区，云集了古典美术品、艺术品。

　　除了购物，美食更是万万不能错过。美味的韩定食、做法千变万化的泡菜，让人印象深刻。拌饭、大酱汤、熏鱼、炒年糕……一桌丰盛的韩国料理，让人垂涎欲滴。除了每天的日常饮食，这里还有专为重大仪式准备的食品，如祈求丰年和丰渔时准备的饮食等。同时还有随季节变化而做的时令小吃，美食的盛宴让人直呼过瘾。

　　这里还有精彩的夜生活，有充满趣味的各种文化体验项目及特色的民俗节日。这里有太多值得关注的东西，再多的语言都难以表达，只有走进真实的它，才能切身感受到它的魅力。

　　如果你打算前往韩国旅游，去感受一个妙趣横生的国度，不妨带上此书。书中提供了游玩锦囊、交通警示、住宿选择、美食体验、购物秘笈、娱乐玩嗨点子等信息，并附有贴心的行前攻略和完美的行程规划，让你可以无拘无束畅游韩国，享受轻松惬意的旅程。

如何使用本书

本书精选了"首尔、仁川、京畿道、釜山、庆州、济州岛"等韩国最热门的7大旅游目的地。以"翔实的攻略、独特的介绍、准确的信息、丰富的地图"对这些地方进行了深度的介绍。书中不仅推荐了当地最值得一游的美景、最值得一尝的美食、最值得一逛的街道、最值得体验的休闲娱乐,多角度地为不同的读者提供了贴心的指导。

1 本书开篇以图、文、表结合的方式详细、直观地介绍了前往韩国需要准备的物品、需要了解的信息及在韩国乘坐地铁、飞机等交通工具的方法,让你的韩国之行畅通无阻。

2 在旅游线路规划部分,分不同天数进行行程规划,所列出的线路都十分经典。每条线路不仅有特色介绍,还配有手绘地图及详细的行程安排,可以让你轻松捕捉到游玩亮点。在时间方面,我们更人性化地做延长或缩短的提示,让你的旅途更加畅意。

3 书中每个城市的开篇都会有相关档案,通过档案的内容与地图,可以对相应城市有大致的了解。档案之后就是城市的景点部分,景点介绍之前,会有超实用的游玩锦囊,这些锦囊会给你的旅程提供极大的便利。

4 景点介绍部分，景点名称旁的推荐星级可帮你判断该景点的重要程度与可游览性。部分景点介绍之后会有知识延伸，讲述了景点背后的历史、故事等。最下方的资讯信息可以让你准确了解景点的位置、交通、门票等。小贴士部分则是相关景点最具价值的信息，它的存在很可能会帮上大忙。

接下来才是最重要的，不看会后悔哦……

5 "吃"这个版块首先会有相关的美食体验，可以让你迅速了解对应城市的美食特点。之后会有具体菜品、餐厅的推荐。

6 "住"这个版块首先会有相关的住宿选择，可以让你迅速了解对应城市的住宿类型。之后会有具体住宿地推荐。

7 "行"这个版块首先会有相关的交通警示，可以让你迅速了解对应城市的交通情况与乘车技巧。之后会有机场、铁路、公交等具体介绍。

8 "淘"这个版块首先会有相关的购物秘籍，可以让你迅速了解在对应城市购物的技巧。之后会有具体购物地推荐。

9 "娱"这个版块首先会有相关的娱乐点子，可以让你迅速了解对应城市的可玩项目。之后会有具体娱乐地推荐。

目录 Contents

前言
如何使用本书
韩国旅游导航

Part 1
韩国行前攻略

- 016 护照
- 016 签证
- 018 机票
- 018 游轮
- 020 出入境
- 020 时差
- 020 电话
- 021 网络
- 021 邮寄
- 021 货币
- 021 小费
- 021 语言
- 022 行李
- 022 女性及儿童出行建议
- 023 应急准备
- 024 租车自驾
- 026 文明出行

Part 2
韩国旅游线路规划

- 030 韩国 5 天经典游线路推荐
- 035 韩国 7 天精华游线路推荐
- 037 韩国 10 天深度游线路推荐

Part 3
首尔

- 042 首尔档案

玩：游在首尔的 3 大锦囊
- 044 景福宫
- 046 光化门广场

046 N 首尔塔	080 特色美食街
048 德寿宫	082 特色美食店
049 昌德宫	083 韩式料理店
050 云岘宫	083 中餐厅
051 昌庆宫	084 咖啡店 / 甜品店
052 北村韩屋村	
053 南山谷韩屋村	**淘：购在首尔的 4 大秘笈**
053 乐天世界	086 名品特产
054 宗庙	087 仁寺洞购物地
055 奉恩寺	089 明洞购物地
055 青瓦台	090 三清洞购物地
057 盘浦大桥月光彩虹喷泉	091 东大门市场购物地
057 北汉山国立公园	093 南大门市场购物地
	094 梨泰院购物地
行：首尔交通的 3 大警示	095 梨大、新村购物地
061 飞机	096 弘大购物地
063 火车	097 江南区购物地
064 巴士	099 专题：退税
064 地铁	
068 公交车	**娱：达人的 3 个玩嗨点子**
069 出租车	101 娱乐新推荐
070 专题：各种各样的交通卡	101 传统体验 / 山寺体验场所推荐
	102 滑雪场推荐
住：首尔住宿的 4 大选择	102 汗蒸室推荐
076 传统韩屋	103 袋鼠旅行贴士
077 都市民宿	
078 青年旅馆	

Part 4
仁川

106 仁川档案

玩：游在仁川的 3 大锦囊

108 仁川中国城
108 仁川大桥
108 传灯寺
108 永宗岛
109 江华岛
110 月尾岛
111 舞衣岛

吃：食在首尔的 4 大体验
080 首尔地道美味

行:仁川交通的 3 大警示
113　飞机
113　渡轮
114　巴士
114　地铁
115　公交车
115　出租车

住:仁川住宿的 3 大选择
116　仁川知名住宿地

吃:食在仁川的 3 大体验
118　特色美食地

淘:购在仁川的 3 大秘笈
120　特色市场
120　百货店
121　袋鼠旅行贴士

Part 5
京畿道

124　京畿道档案

玩:游在京畿道的 3 大锦囊
126　水原华城
127　韩国民俗村

130　卧牛精舍
130　利川陶艺村
130　黑里文化艺术村
131　爱宝乐园
132　首尔大公园

行:京畿道交通的 3 大警示
134　地铁
134　公交车
134　出租车

住:京畿道住宿的 3 大选择
136　京畿道知名住宿地

吃:食在京畿道的 3 大体验
139　万里飘香的美食地

淘:购在京畿道的 3 大秘笈
141　京畿道著名购物地

娱:达人的 3 个玩嗨点子
144　娱乐场所推荐
145　袋鼠旅行贴士

Part 6
釜山

148　釜山档案

玩：游在釜山的 4 大锦囊
150　海云台海水浴场
150　釜山水族馆
150　釜山 APEC 世峰楼
151　海云台迎月路
151　龙头山公园
152　札嘎其市场
152　南浦洞街
152　广安大桥
153　甘川文化村
153　海东龙宫寺
154　太宗台

行：釜山交通的 3 大警示
156　飞机
156　火车
157　渡轮
157　巴士
158　地铁
159　公交车
159　出租车

住：釜山住宿的 3 大选择
161　釜山知名住宿地

吃：食在釜山的 3 大体验
163　特色美食街
163　万里飘香的美食地

淘：购在釜山的 3 大秘笈
166　特色市场
166　特色购物街区
167　著名购物地
168　免税店

娱：达人的 3 个玩嗨点子
170　娱乐场所推荐
171　袋鼠旅行贴士

Part 7 江陵

174　江陵档案

玩：游在江陵的 3 大锦囊
176　正东津海水浴场
176　镜浦台
177　乌竹轩
178　临瀛馆址
179　船桥庄
179　大关岭自然休养林
180　五台山小金刚

行：江陵交通的 2 大警示
181　火车
181　公交车
181　出租车
181　巴士

住：江陵住宿的 3 大选择
183　江陵知名住宿地

吃：食在江陵的 3 大体验
185　万里飘香的美食地

淘：购在江陵的 3 大秘笈
187　江陵著名购物地
188　专题：江陵多样的娱乐庆典
189　袋鼠旅行贴士

Part 8 庆州

192　庆州档案

玩：游在庆州的 3 大锦囊
194　良洞村
194　大陵苑－天马冢
195　新罗千禧公园
195　瞻星台
196　雁鸭池／临海殿址
196　庆州普门旅游区
197　佛国寺／石窟庵

行：庆州交通的 3 大警示
199　火车
199　巴士
200　公交车
200　出租车
200　自行车

住：庆州住宿的 3 大选择
202　庆州特色住宿地

吃：食在庆州的 3 大体验
203　尽享庆州最地道的美味
204　特色美食地
205　寺院与开放式烹饪饮食地

淘：购在庆州的 3 大秘笈
207　名品特产
208　5 日集

娱：达人的 3 个玩嗨点子
210　娱乐场所推荐
211　袋鼠旅行贴士

Part 9
济州岛

214　济州岛档案

玩：游在济州岛的 4 大锦囊
216　中文观光区
219　城山日出峰
219　龙头岩
220　城邑民俗村
220　汉拿山国立公园
221　牛岛
222　专题：美丽的"偶来"

行：济州岛交通的 4 大警示
225　飞机
226　渡轮
227　巴士

230　出租车
230　租车自驾

住：济州岛住宿的 3 大选择
232　济州岛度假酒店推荐
233　济州岛民宿推荐
234　济州岛客栈推荐
236　济州岛汽车旅馆推荐
237　济州岛露营地推荐

吃：食在济州岛的 3 大体验
240　尽享济州岛最地道的美味
240　济州岛特色美食街
241　济州市美食地
243　西归浦市美食地

淘：购在济州岛的 3 大秘笈
245　名品特产
245　特产店
246　免税店
247　传统购物区

娱：达人的 3 个玩嗨点子
249　娱乐场所推荐
250　娱乐新推荐
251　袋鼠旅行贴士

韩国旅游导航

8大文化村落

北村韩屋村：曾经的王室贵族居住地

南山谷韩屋村：纯贞孝皇后的娘家

韩国民俗村：大型露天民俗博物馆

利川陶艺村：韩国传统陶艺的中心

黑里文化艺术村：多领域艺术家们的聚居地

甘川文化村：韩国的马丘比丘

良洞村：列入世界文化遗产的古老村落

城邑民俗村：济州岛土种文化的展览地

9大历史建筑

景福宫：首尔五大宫殿之首

奉恩寺：韩国最古老的寺庙之一

宗庙：朝鲜王朝历代国王和王妃的祭祀地

水原华城：韩国古代城邑的杰作

江华支石墓：列入世界文化遗产的墓葬遗址

海东龙宫寺：迷人的海边寺庙

庆州佛国寺：新罗人心中佛国的再现

卧牛精舍：各国佛教文化的展览地

青瓦台：韩国的政治中心

9大游乐地

乐天世界：冒险与神秘并存的室内主题公园
爱宝乐园：韩国最大的主题乐园
首尔大公园：多样玩乐的综合性主题公园
中文观光区：韩国规模最大的休养地
釜山水族馆：互动式的多彩海底世界
N首尔塔：综合性的文化空间与华丽灯光秀
盘浦大桥月光彩虹喷泉：神奇的桥梁音乐喷泉
广安大桥：海上大桥的五彩缤纷灯光秀
龙头山公园：釜山市民超喜爱的休憩场所

9大自然风光地

北汉山国立公园：世界罕见的城中心自然公园
汉拿山国立公园：济州岛就是汉拿山、汉拿山就是济州岛
太宗台：传说中的神仙居住地
五台山：多姿多彩瀑布与怪石奇岩
月尾岛：韩国岛屿中的殊胜
舞衣岛：宛如舞姬裙摆的绝美地
海云台：韩国八景之一
城山日出峰：瀛洲（济州）第一景
大关岭自然休养林：韩国最美丽的森林之一

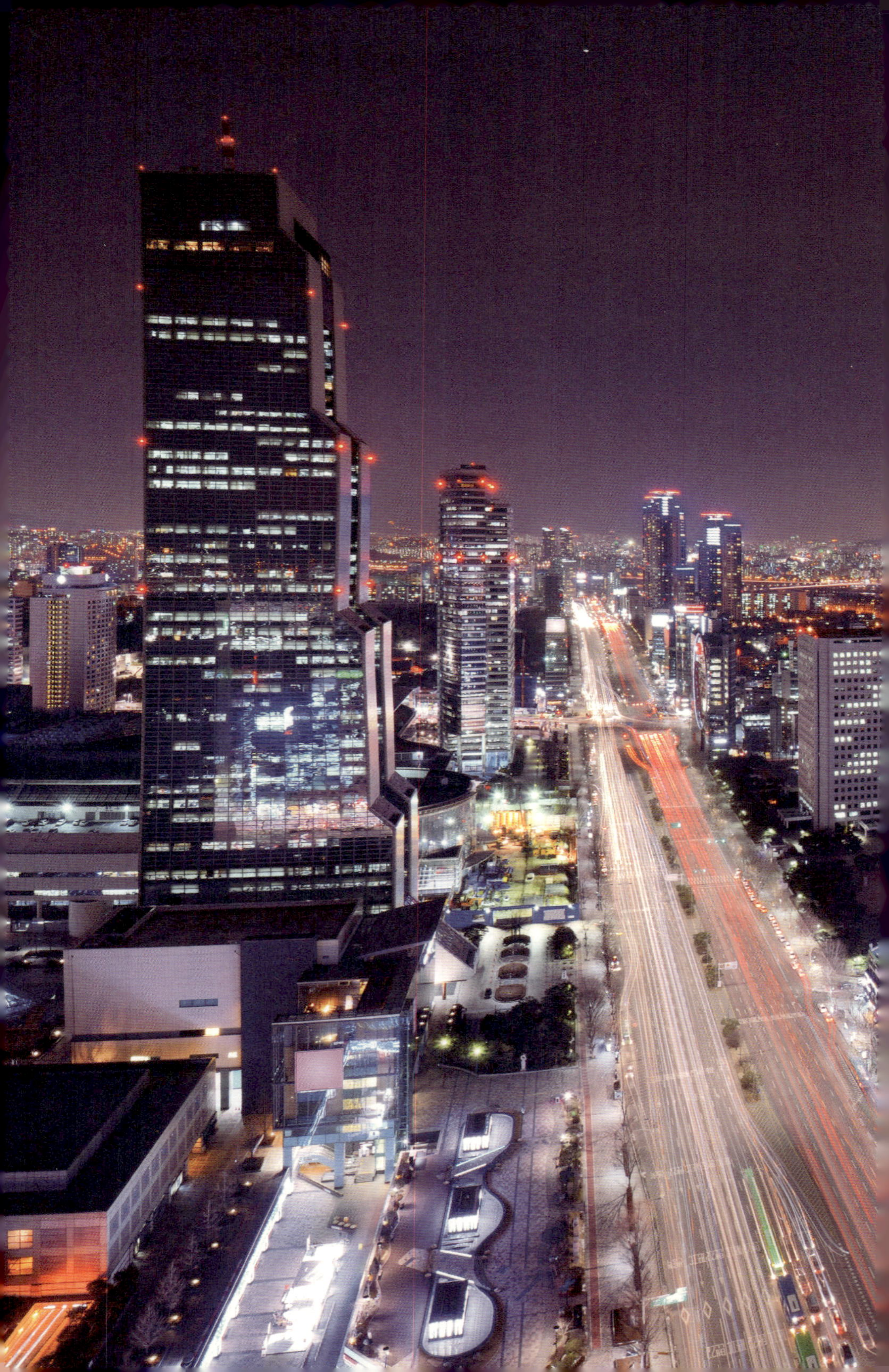

Part 1
韩国行前攻略

护照

护照是在境外证明本人国籍和身份的证件，办理护照不受年龄限制，1人可申请1本护照，普通护照有效期为10年。如已经持有护照，护照有效期剩下6个月时，需要办理换发手续。

全国现在共有43个城市可以携带本人有效身份证和户口簿就近办理护照，其他城市的人则需要携带有效身份证和户口簿在本人户口所在地办理。可以就近办理护照的城市有：北京、天津、石家庄、太原、呼和浩特、沈阳、大连、长春、哈尔滨、上海、南京、杭州、宁波、合肥、福州、厦门、南昌、济南、青岛、郑州、武汉、长沙、广州、深圳、南宁、海口、重庆、成都、贵阳、昆明、西安、无锡、常州、苏州、温州、嘉兴、舟山、泉州、株洲、湘潭、珠海、东莞、佛山。

护照办理流程

步骤	信息
准备材料	（1）填写完整的中国公民因私出国（境）申请表 （2）居民身份证原件及复印件 （3）户口簿原件及复印件 （4）2张免冠彩色照片（在出入境管理处或指定的照相馆照相）
办理地点	户口所在地（可就近办理护照的43个城市除外）的公安局（市/县）的出入境管理处。部分城市开通了网上预约服务，可提前在网上预约
手续费	首次办理：200元/本 换发：220元/本（含换发加注费）
办理时限	受理申请后，审批、制作和签发护照的时间为10~15个工作日
领取护照	领取护照时，须携带本人身份证或者户口簿、领取护照《回执》，若在《回执》上标明取证日期3个月内没有领取证件，公安局出入境管理处将予以销毁。 也可在办理护照时选择快递送达，并填好收取地址等相关信息

签证

中国公民可申请韩国个人旅游签证前往韩国，韩国济州岛目前对中国公民免签。旅游签证分为单次、两次、多次3种，但都只能通过韩国驻华大使馆指定的代办机构（旅行社）申请。家人、同事申请同一类签证时，可由其中一人申请。签证申请表可在http://chn.mofa.go.kr网站下载。

签证有效期及费用

类型	有效期及费用
单次	从签发之日起3个月内，260元，加急390元；从签发之日起3个月以上，390元，加急520元
两次	从签发之日起6个月内，455元，加急585元
多次	从签发之日起1~5年内，585元，加急845元

办理签证需准备的材料

1. 签证申请表。
2. 1张近6个月内拍。摄的两寸(3.5cm×4.5cm)相片。
3. 护照、身份证复印件及其原件。
4. 经济能力证明材料（以下三种中任选一种即可）：（1）最近6个月内的信用卡对账单原件；（2）最近6个月内的个人所得税完税证明原件或社会保险参保证明原件（3）近6个月内的银行账户交易明细(需由银行签发)。

韩国驻华大使馆部分指定的签证代办机构					
名称	电话	所在地	名称	电话	所在地
北京北辰国际旅行社	010-64959711	北京	海峡旅行社	010-68998981	北京
北京迈途国际旅行社	010-65696591	北京	中国太和国际旅行社	010-51099059	北京
中国妇女旅行社	010-85169730	北京	北京广顺国际旅行社	010-58047701	北京
天津友好国际旅行社	022-58683367	天津	天津大亚国际旅行社	022-88219095	天津
内蒙古赤峰国际旅行社	0476-8287959	内蒙古	青海省中国旅行社	0971-8130567	青海省
山西商务国际旅行社	0351-5278609	山西	新疆生产建设兵团中国青年旅行社	0991-2334120	新疆

免签

济州岛免签：以观光、过境等为目的，乘坐直达济州地区的飞机或船舶从济州岛口岸入境的个人及团体游客(含中国籍个人观光客及团体观光客)，可免签入境，停留时间为30天。

过境旅客免签：持有美国、日本（团签除外）、加拿大、澳大利亚（除持电子签证者以外）或新西兰，以及30个欧洲国家中任何一国入境签证的中国旅客，经过韩国去以上国家，或由上述国家出发经由韩国回国时，通过入境审查后可免签在韩国停留30天以内。此类免签入境人员，必须持有30天内有效离境机票，并在以上国家没有非法滞留等违法行为，停留期满后必须前往第三国，不允许返回原出发地。

换乘旅客免签：在仁川国际机场转机并参加换乘观光项目的人，持有72小时之内离境的转机飞机票（包括日本团体签证持有者），可以在首尔、京畿道、仁川等地停留72小时。

济州行换乘中国团体观光客免签：从中国（含香港、澳门）出发，到韩国仁川、金浦、金海、襄阳、清州、务安及大邱国际机场的中国团体观光客，在120小时内游览首都圈、岭南圈、江南圈、忠清圈、湖南圈后再换乘韩国国内航班前往济州岛时，可在首都圈、岭南圈、江南圈、忠清圈、湖南圈地区免签停留120小时，抵达济州后再停留15天。（条件：仅限韩中两国指定旅行社组织的团体，韩国指定旅行社(地接社)应在游客入境48小时之前将团体游客名单以电子邮件的形式发送给仁川机场及金浦、金海、束草、清州、光州、大邱出入境管理事务所）。

豪华游轮旅客免签：韩中两国间的有关协定已得到承认的中国（驻华使领馆指定的代办团签旅行社）和韩国的旅行社招募的中国籍豪华游轮团体观光客，登陆韩国，可以免签停留3天。

机票

前往韩国

飞机是前往韩国最方便的交通工具之一。购买机票前可浏览有关航空公司的网站，一般提前15~30天可以买到比较优惠的机票。购买低价票会有些限制，如不能退票、不能改签等。寻找廉价机票最简单的方法就是上网查询，很多网站提供在线查询和订购机票服务。

常用机票预订网		
名称	网址	信息
天巡	www.tianxun.cn	可比较一月之内或一年之内任何航班线路的机票价格，比较从出发地至世界各国、各地或特定国家各城市的机票价格，辅助用户选择价格最优的机票
一起飞	www.yiqifei.com	有一年内各国航空公司的航班，价格便宜，可在不付款的情况下出飞机票订单
艺龙	www.elong.com	提供酒店、机票等预订服务，并有旅行产品团购活动
去哪儿	www.qunar.com	信息全面，有特价机票
携程	flights.ctrip.com	信息全面，有特价机票

韩国境内

韩国境内的航班主要由大韩航空、韩亚航空、济州航空、釜山航空、Eastarjet航空、韩国真航空负责运营，其中大韩航空、韩亚航空为大型航空公司，票价比较贵；济州航空、釜山航空、Eastarjet航空、韩国真航空的票价则较为便宜，建议游客选择在这四家航空公司预订。

韩国境内机票预订	
名称	网址
济州航空	www.jejuair.net/jejuair/main.jsp（中文版）
釜山航空	www.airbusan.com/AB/airbusan/CH/main.jsp（中文版）
Eastarjet航空	www.eastarjet.com/book/index.htm?lang=en#（英文版）

游轮

从中国上海、天津、香港、厦门、秦皇岛等地，都有游轮前往韩国济州岛、仁川、釜山等城市。乘游轮前往韩国一般都由旅行社带领，具体情况可以在携程（cruise.ctrip.com）、去哪儿（flight.qunar.com）等网站中游轮的相关板块了解。

Part 1 韩国行前攻略

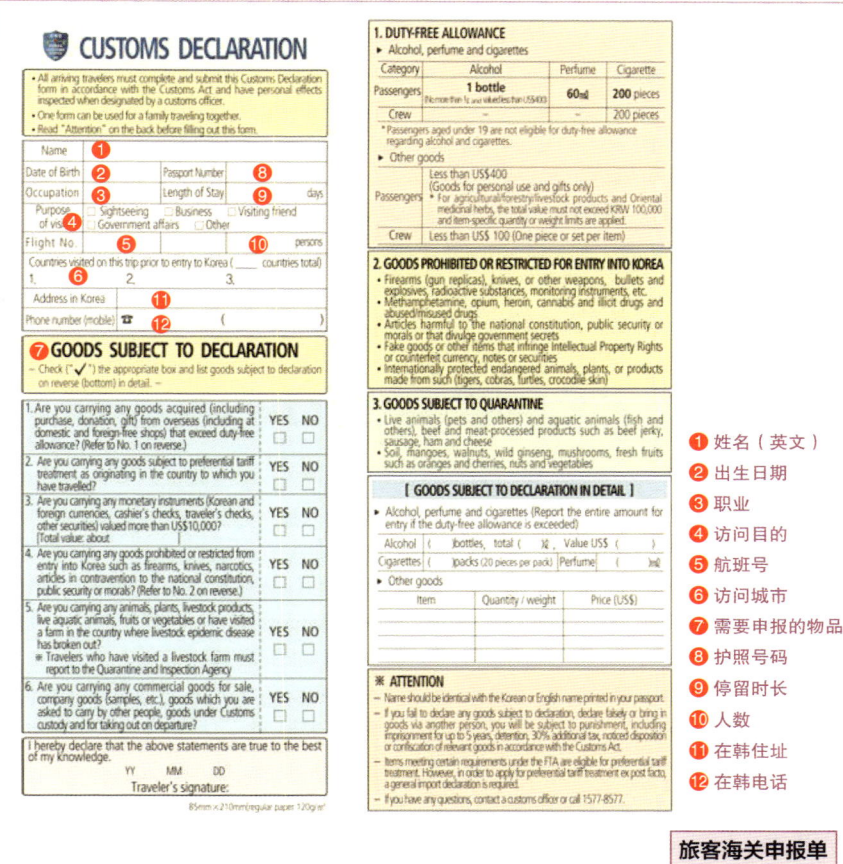

旅客海关申报单

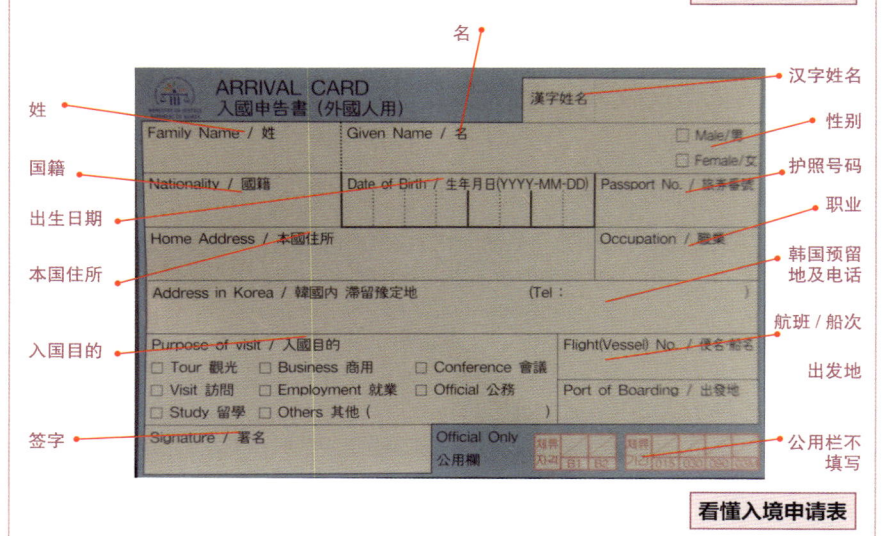

① 姓名（英文）
② 出生日期
③ 职业
④ 访问目的
⑤ 航班号
⑥ 访问城市
⑦ 需要申报的物品
⑧ 护照号码
⑨ 停留时长
⑩ 人数
⑪ 在韩住址
⑫ 在韩电话

看懂入境申请表

- 姓
- 国籍
- 出生日期
- 本国住所
- 入国目的
- 签字
- 名
- 汉字姓名
- 性别
- 护照号码
- 职业
- 韩国预留地及电话
- 航班／船次
- 出发地
- 公用栏不填写

出入境

入境

入境时，海关检查分为无申报通道（绿色）和申报通道（红色）。若旅客所持外币不超过1万美元、携带品的总价格不超过600美元 [只限酒1瓶（1000毫升）、烟200支、香水60毫升]、没有携带禁止出入境的物品（包括枪炮、火药、毒品、动植物、危害公共安全的物品、伪造货币或证券、仿冒品、无线电机用品、肉类制品等），可走绿色通道。一切进口的动植物及其制品入境时均须在机场和入境口岸接受检疫。

入境手续步骤	
步骤	信息
1. 填写入境材料	入境材料将在飞机上分发，建议在飞机上提前填写，若持有外国人登录证，无需填写入境卡，只填写海关申报单即可
2. 入境审查	前往外国人专用入境审查台排队，向审查人员递交护照和入境卡，并提供指纹和面部扫描信息（提交护照及入境卡→采集双手食指指纹→脸部拍照→审核信息）
3. 领取行李	前往所乘航班行李传送台，领取托运行李
4. 海关申报、行李检查	取回行李之后，将海关申报单提交给工作人员即可。如没有特别申报的内容时，可顺利通过。若携带有10000美元以上的现金，须向海关人员申报

出境

离开韩国的非居住旅客如携带相当于1万美元以上的外币或韩币（包括旅行支票和银行支票），必须得到韩国银行或海关的许可。但在入境时申报的金额不需再次申报。

时差

韩国以东九区为标准时间，中国以东八区为标准时间，所以韩国时间比我国快一个小时。以北京和首尔时间为例，当北京时间为11:00时，首尔时间为12:00。

电话

中国移动和中国联通的国际漫游在韩国不能使用，可在当地购买电话卡或使用公用电话。在机场，可租借韩国国内使用的手机，持护照、信用卡前往服务中心申请，回国前退还押金。

韩国国内城市间电话互打

在韩国，从一个城市拨打另一个城市的电话，只要在电话前加上各市、道的区号即可。如从首尔往釜山打电话：051（釜山区号）+ 电话号码。

外国打电话到韩国

拨打固定电话：国家代码 + 区号（区号前面的0去掉）+ 电话号码，如拨打首尔（区号为02）长途电话，方法为0082-2- 电话号码。

拨打手机：国家代码 + 手机号码（手机号码前面的0去掉），方法为0082- 手机号码。

韩国打电话到外国

使用固定电话拨打：先按韩国电信公司专设的国际接入号001、002、008等（拨打时选择其一）+ 国家代码 + 区号（区号前面的0去掉）+ 电话号码。如从韩国往北京拨打电话，方法为：001-0086-10- 电话号码。

使用手机拨打：先按国际接入号00365、00700、00770等（拨打时选择其一）+ 国家代码 + 手机号码。如拨打北京手机，方法为：00365-0086- 手机号码。

网络

韩国的网络覆盖率很高，市区内很容易找到网吧，一般网吧都24小时营业，上网速度快。一般的咖啡厅也会免费提供 Wi-Fi，密码都会标识在咖啡厅内墙上较显眼的位置，如果不清楚可以询问服务人员。

邮寄

韩国邮局的外观为红色，邮筒也是红色的。在韩国，邮寄信件、物品等，无论国内还是国外，均按照克重为单位进行价格的核计。如果想要寄信或明信片，可以在酒店的服务台或邮局邮寄。明信片的费用与重量无关，空运350韩元/张，海运250韩元/张。在邮局或文具店买好邮票，粘贴好后，投入信筒或邮局内的国际信箱内即可。

货币

韩币有纸币和硬币两种。纸币有1000韩元、5000韩元、10000韩元、50000韩元，硬币有10韩元、50韩元、100韩元、500韩元。兑换韩元可在韩国国内的主要银行或兑换所，也可以在中国国内银行直接兑换韩元。韩国大部分银行都拥有独立的兑换窗口，营业时间一般为周一至周五9:00—16:00，自动现金提款机（ATM）服务时间一般为7:00—23:30。

小费

韩国一般不接受小费。偶尔会有高级餐厅和宾馆在基本费用中附加10%服务费的情况，此时账单里已经包含服务费，不需另给小费。

语言

韩语为韩国通用语言，方言分为6大类，主要是首尔京畿道方言、江原道方言、忠青道方言、全罗道方言、庆尚道方言、济州岛方言。济州岛方言有些词语甚至连其他地区的韩国人也听不懂。除了济州岛外,其他地区的韩国人在对话时基本上没有问题。一般韩国华侨都懂中文,在机场、豪华观光酒店及大百货公司等场所可使用英文,有一些公共设施和大型的百货公司还有中文解说广播。

行李

关于行李,衣物只要根据季节及个人喜好带些即可,最重要的是带些常用药品,比如感冒药、肠胃药等,出国旅游最大的困扰就是生病,语言障碍、高昂费用都是难以面对的。另外,去韩国还要注意以下几点:

・韩国使用的插头与中国国内使用的不同,其都是圆口的插头,建议携带插座转换器

・望远镜、手电筒、遮阳帽、太阳镜值得带

另外,要注意向自己购买机票的航空公司咨询携带行李的件数、重量和行李的尺寸。一般来说,行李限带2件,每件不得超过23千克或32千克,行李的尺寸不超过158厘米。随身行李一般是5~8千克,尺寸不超过115厘米。随身行李不能携带打火机、指甲刀等。

女性及儿童出行建议

外出旅行时,女性及儿童需要特别注意。如果带小孩出行,既要照顾小孩的吃、喝、拉、撒,还要玩好,实属不易。

(1)外出最好结伴而行,尤其是晚上。单身女性或儿童最好能随身准备必备的防卫工具。

(2)入住酒店时,选择无烟楼层或女士楼层。

(3)用餐时,可选择在非吸烟区域或禁止吸烟的餐厅。

(4)带儿童外出旅行,因儿童需要时常停下来吃喝、上厕所,建议行程以慢节奏为主,最好事先规划好休息点。

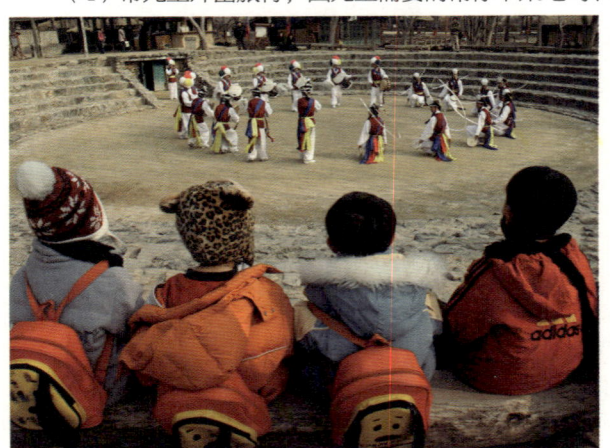

(5)女性前往韩国整容时,切勿盲目听信广告宣传。韩国整形医院水平参差不齐,应通过可靠渠道慎重选择正规整形医院。手术前务必与医院签订相关协议,仔细确认手术项目、费用及可能发生的风险,以免发生纠纷。

应急准备

出门在外,难免会遇到些麻烦,尤其是出境旅游,无论是吃住行,还是游玩中,都有可能遇到不少的问题。为了避免遇到问题时手忙脚乱,最好的办法就是提前做好准备,沉着应对,懂得寻求帮助。

护照或签证丢失怎么办

在境外旅行丢失护照或签证的话,是一件很令人烦恼的事情,可以说是整个行程的一大阴霾。但万一不小心丢失,也不必慌张,应立即到当地的公安部门报案,取得遗失证明,然后再前往当地所属领区的中国驻韩国使领馆申请补办。建议在出行前,将护照和签证拍照或复印。

中华人民共和国驻韩国使领馆

名称	地址	电话	网址
驻大韩民国大使馆	首尔市中区南山洞2街50-7	062-7381038	www.chinaemb.or.kr
驻釜山领事馆	釜山广域市海云台区佑2洞1418	051-7437985	busan.chinaconsulate.org
驻济州总领事馆	济州特别自治道济州市厅舍路1条10	064-9008830	jeju.chineseconsulate.org

机票丢失怎么办

丢失机票后需要先到航空公司在当地的办事处挂失,填写遗失机票申请表(Lost Ticket Refund),然后凭机票的复印件,让航空公司补发机票。如果是电子机票丢失,重新打印一份即可。

注意人身安全问题

韩国是一个整体治安很好的国家,但免不了有意外发生。在外出游玩时,最好是结伴而行,尽量不要单独行动。如果是独自去爬山等,最好将自己行踪或旅行计划告诉旅馆主人或者朋友,以便发生意外后能被及时找到。晚上出行时,最好少去人少的地方,但在人多的地方也要看好自己的财物,以免丢失。如果与人发生争执或开车发生意外,要及时找警察调节。要注意的是发生意外时,如果不是因你的问题造成或在事情的是非还没有分辨清楚时,最好不要随意道歉,否则会对之后的交涉十分不利。切勿贸然自行交涉,而应请保险公司、旅行社或租车公司代办交涉;同时,需向警方取得事故证明。

韩国常用电话

韩国常用电话	
火警及救护	119
匪警报警电话	112
外国人综合服务	1345
监察厅报案	1301
女性紧急热线	1366
寻人启事	182
法律咨询热线	132

租车自驾

准备好驾照公证

能在韩国使用的驾照为韩国签发的驾照与国际驾照两种。如果有中国驾照,需要先办理公证翻译件,拿到韩国驻华大使馆(或其他领事馆)认证。本人到达韩国后,到韩国车管所提交申请,参加韩国驾照的笔试,通过后可拿到韩国驾照。如果有国际驾照,则可以直接持国际驾照在韩国租车。需要注意的是国际驾照在中国不能考,而韩国驾照可通过旅行社代办,比较方便。

关于租车公司与车型

在韩国自驾游,租车最好选择赫兹、安飞士等全球连锁的大型汽车租赁公司。这些公司都有中文网站,方便实用,而且能享受较为低廉的租车价格。另外,这些大型正规的租车公司也能在出现交通事故等意外时给予及时的帮助,处理问题也较公平合理。

韩国主要租车公司推荐	
名称	网址
赫兹租车公司(The Hertz Corporation)	www.hertz.com
安飞士租车公司(Avis Rent a Car System)	www.avis.com
欧洛普卡租车(Europcar)	www.europcar.com
国家租车(National Car Rental)	www.nationalcar.com
Sixt 租车	www.sixt.com

在挑选合适的车型时,最好根据出行人数确定。一般3个人出行的话,选择5座汽车比较合适,这样可以留出足够的空间放行李和休息。韩国的公路状况较好,如果不前往山区,一般的轿车或是商务车就可以基本满足出行需求。如果去济州岛、汉拿山等地,则需选择越野功能的四驱车辆。

韩国自驾租车常见车型		
车型	特色	代表
经济型(Economy)	经济型的微型车,最多可载4人,通常为两厢,行李箱较小,可装两件标准登机箱	雪佛兰爱唯欧(Chevrolet Aveo)、丰田雅力士(Yoyota Yaris)、现代雅绅特(Hyundai Accent)
紧凑型(Compact)	适合家用,较为省油,最多可载4人,有两厢车型和三厢车型。一般可装一件大行李和一件标准登机箱	尼桑骐达(Nissan Versa)、福特福克斯(Ford Focus)、道奇酷博(Dodge Caliber)

续表

车型	特色	代表
标准型（Standard）	适合家用，油耗一般，最多可载5人，多为三厢车型，可装两大两小行李箱	现代索纳塔（Hyundai Sonata）、丰田花冠（Toyota Corolla）
全尺寸型（Fullsize）	大型轿车，较为耗油，适合长距离旅行，最多可载5人，三厢车型，比较适合多人一起旅行	道奇公羊（Dodge Charge）、福特金牛座（Ford Taurus）
豪华型（Luxury）	大小与全尺寸车辆相同，配置更豪华	基金莱斯勒300C（Chrysler 300）、福特皇冠（Ford Crown Victoria）
面包车（Van）	适合较多人数家庭出游或拼车出游，适合长距离旅行，可载7人，可装载较多行李	道奇凯领（Dodge Caravan）、克莱斯勒（Town&Country）、别克GL8
多功能运动车（SUV）	旅行用车多面手，既可在路况较好的公路奔驰，也可在山路越野，适合长距离旅行，较为耗油，按座位数可分5座和7座，可装载较多行李	M级：福特翼虎（Ford Escape）、吉普自由客（Jeep Liberty）；S级：大切诺基（Jeep Grand Cherokee）、福特探索者（Ford Explore）
特殊车型（Exotic）	一般为敞篷跑车，适合在风景秀丽的景区公路观景，较为耗油，车厢紧凑，一般可装载两件行李	克莱斯勒赛百灵（Chrysler Sebring）、福特野马版敞篷（Ford Mustang Convertible）

驾车需知

和中国一样，韩国的道路也是靠右行驶的。在韩国，7岁以下儿童禁止坐前排，并且乘坐时需使用儿童座椅。所有乘客均需佩戴安全带，否则罚款30000韩元。韩国道路交通指示牌一般同时使用韩语及英语，最好提前准备一张带有双语标示的地图，行车中可多利用GPS导航。

限速与通行费

韩国的公路限速一般为：普通公路不得高于60千米/小时，省道为30~90千米/小时（视现场标志而定），2车道高速公路48~80千米/小时（视现场标志而定），4车道高速公路50~100千米/小时（视现场标志而定）。一旦被发现超速，处罚非常严厉。

韩国高速公路可使用现金或车载设备（On Board Unit）+HI-Pass通行卡进行支付。高速公路通行费根据车型决定，普通车辆高速公路费用3000~6000韩元。

停车场收费

韩国大型停车场内均设有残疾人专用的免费停车位，普通车辆禁止使用。普通地段停车费约每小时 1200 韩元，繁华地段停车费会更贵一些。违规停车（如在巴士站停车）罚款约 40000 韩元。

加油须知

韩国境内加油站以人工服务居多，也有自助式加油站，基本都能接受信用卡或现金结账。当地油品以汽油和 LPG 为主。汽油每升约 1700 韩元，柴油一般比汽油便宜 10% ~ 15%。

带齐随车设备

中文 GPS 导航仪

在韩国自驾准备一个中文导航仪十分必要，可自己购买，也可从租车公司租赁。如果前往山区等信号不好的地方，可以再租赁一个随身 Wi-Fi 搭配使用。

当地最新地图

可在中国购买中韩文版的韩国地图，或是在租车公司提车的时候购买。最好也买一份韩语的最新地图对照使用。

儿童（婴儿）座椅

如果同行人员中有儿童，一定要准备儿童（婴儿）座椅，因为韩国法律规定 7 岁及以下儿童不能坐在副驾驶位置，且必须使用儿童（婴儿）座椅。座椅可以自己准备或在租车公司租赁。

雪地轮胎 / 防滑链 / 滑雪板架

如果冬季前往韩国，由于经常下大雪，自驾时最好能更换为雪地轮胎，或者携带 / 租赁防滑链等防滑设备。

文明出行

尽管中国和韩国历史交往非常多，地理上也仅有黄海之隔，但两国的文化还是有着比较鲜明的差异。近年来，由于地理位置较近，加上韩剧热播，很多中国人选择去韩国游玩。但地域差异和生活习惯不同，在旅游中很容易引发一些问题。一旦走出国门，游客就会带上自己国家的标

签,成为国家形象的代表,因此,出行中尽量了解和尊重当地习俗,做到文明出行。

在韩国旅游时,应做到:

※ 讲秩序(排队、不在不允许拍照的地方拍照、不乱扔垃圾)

※ 公共场合不大声喧哗

※ 尊重当地习惯和信仰

听听韩国的那些事

在韩国泡菜是一种文化

韩国泡菜的大名可谓人人皆知,它是由卷心菜、红色辣椒酱和凤尾鱼糊腌制而成,味道辛辣且发酸,很多中国人吃不习惯。但韩国人非常喜爱泡菜,几乎每餐饭都离不了,甚至泡菜已成为韩国文化的象征。在韩国,如果你可以吃泡菜的话,会赢得当地人真心诚意的尊重。

韩国人吃饭礼仪

韩国人吃饭不会捧着碗,而且不能用嘴直接接触桌上的饭碗,一定要把碗放在桌上,用勺子一口一口地吃,另一只手老老实实地藏在桌子下面。吃饭的时候不大声说话、咀嚼声音小、尽量不谈商业话题。在吃饭的时候,用勺子盛汤、捞汤里的菜、装饭,筷子只负责夹菜。筷子不夹菜时,传统的韩国式做法是放在右手方向的桌子上,两根筷子要拢齐,三分之二在桌上,三分之一在桌外。

地板文化

韩国人的生活离不开地板,他们坐在地板上,还经常在地板上睡觉。住宿韩屋,体验地板文化也是很受欢迎的旅游项目。

响应文明

国家旅游局出台了专门的《中国公民出国(境)旅游文明行为指南》,全文如下:

中国公民,出境旅游,注重礼仪,保持尊严。

讲究卫生,爱护环境;衣着得体,请勿喧哗。

尊老爱幼,助人为乐;女士优先,礼貌谦让。

出行办事,遵守时间;排队有序,不越黄线。

文明住宿,不损用品;安静用餐,请勿浪费。

健康娱乐,有益身心;赌博色情,坚决拒绝。

参观游览,遵守规定;习俗禁忌,切勿冒犯。

遇有疑难,咨询领馆;文明出行,一路平安。

Part 2
韩国旅游线路规划

- A 韩国 5 天经典游线路推荐
- B 韩国 7 天精华游线路推荐
- C 韩国 10 天深度游线路推荐

A 韩国5天经典游线路推荐

首都圈5天游路线

提起韩国，大家最熟悉的莫过于首尔及其周围的区域。如果你有5天时间，那么肯定希望在首尔周边好好地游览一番。首尔是韩国最大的城市，集中了很多韩国历史上著名的古迹。首尔又是一个现代化的城市，有诸多的现代建筑或公园值得前往。首尔周边的江华与水源都是著名的古城，水原华城和江华支石墓都是不可错过的景点。

线路规划

首尔

1号地铁线约1小时；仁川机场快线直通列车，约45分钟

Day1：景福宫周边历史游

景福宫所在的首尔北部是一个历史古迹非常集中的地区。首先到达光华门广场游玩（20分钟），之后前往附近的景福宫（2.5小时），景福宫里有国立古宫博物馆和国立民俗博物馆。景福宫的北面就是韩国总统府所在地青瓦台（30分钟），游览青瓦台后可前往北村韩屋村游玩（1.5小时），顺道参观韩屋村附近的昌德宫与昌庆宫（2小时）。

Day2：现代首尔游

第2天可以去感受现代首尔。可先到李明博当首尔市长时修建的清溪川广场（30分钟），而后南行到首尔广场（20分钟）。首尔广场附近是著名的德寿宫（1.5小时）。最后前往乐天百货和明洞化妆品街购物（3小时）。这一天的旅程不紧张，晚上可以去看看N首尔塔的灯光秀（30分钟）。

Day3：首尔自然游

首先前往N首尔塔南边的南山公园（1.5小时），在这里饱览秀美风光后前往著名的北汉山国立公园（3小时）。傍晚前往仁川。

仁川

8851班长途巴士，约1.5小时；40分钟/班

Day4：仁川江华岛古迹游

游览韩国三大支石墓遗址之一——江华支石墓遗址（3小时）之后从仁川乘车前往水原。

Day5：水原古城游

游览著名的水原华城（5小时）。水原华城是韩国城邑中的精品，1997年被联合国教科文组织列入世界文化遗产名录。

水原

如果多 1 天

如果行程可以增加 1 天，就在仁川多待 1 天。除了江华岛，还再可以选择舞衣岛、永宗岛、月尾岛中的一个畅游一番。这些岛屿各有特色，可根据自己的喜好前往。

如果少 1 天

如果行程只有 4 天，可压缩在首尔的时间，可以选择不去南山公园，远一些村落也可以放弃，购物可以只去明洞化妆品街。如果你不想压缩首尔行程，也可以放弃去江华岛。

仁川海岛 5 天游路线

朝鲜战争时期，美军从仁川登陆让这个城市广为世人所知。抛开历史带来的诸多传奇故事不说，这里本身就有很多值得畅游的地方。仁川中国城是韩国最大的华人华侨聚集地，仁川大桥是韩国著名的跨海大桥，而永宗岛、江华岛、月尾岛、舞衣岛像珍珠一样在这里散落，各有特色，等待游客们一探究竟。

线路规划

仁川市区

304 路巴士，约 50 分钟，1.5 小时 / 班

Day1：仁川市区游

首先去著名的仁川中国城感受"韩式中国风"（2.5 小时）。之后去千年古刹传灯寺（1.5 小时），最后去壮观的仁川大桥（20 分钟），通过仁川大桥去永宗岛。

永宗岛

轮船，约20分钟

Day2：永宗岛一日游

先去永宗岛最具代表性的山——白云山（3小时），这座山早晚总有云和雾笼罩。登上山顶，眺望永宗大桥和西海。然后前往龙宫寺（1小时），这座著名寺庙由元晓大师创建，后来兴宣大院君父子对其进行重修，并改名为龙宫寺。最后到乙旺里海水浴场吹吹海风（1小时）。傍晚从永宗岛前往月尾岛。

月尾岛

轮船，约1小时

Day3：月尾岛风情游

在月尾岛一边吹着凉爽的海风一边欣赏着西海美景。首先前往月尾公园（3小时），公园内最不能错过的地方是韩国传统庭院地区。然后前往文化大街（2小时），在这里看看美丽的夕阳和晚上的"灯火的列柱"。不要忘了文化大街的露天舞台，这里经常有各种演出，每个季节都有所不同。

舞衣岛

Day4：舞衣岛体验游

首先攀登虎龙谷山和国思峰（3小时）。然后在一开海水浴场的奇岩怪石寻找韩剧外景的影子（1小时）。再去以葱郁海松为背景的实尾海水浴场（1小时），最后去大众渔村体验村参加海上钓鱼体验等活动（2小时）。

到首尔市内仁川客运中心乘700路汽车，约50分钟到达

Da5：江华岛古迹历史游

首先前往被列入世界文化遗产的江华支石墓（3小时），了解青铜器时代江华岛居民的墓葬文化。然后去江华历史博物馆（1小时），通过丰富的展品深入江华的历史。最后前往摩尼山（2小时），山里有高丽时期的净水寺，还有位于顶峰的堑星坛。一定不要忘了买些江华人参、江华芜菁及花纹石等有名的特产。

江华岛

如果多1天

如果行程可以增加1天，可以在喜欢的岛屿多待1天。4个风情各异的岛屿总有一个你特别倾心的。

如果少1天

如果行程只有4天，可以不去舞衣岛，舞衣岛主要是浴场和渔村体验村，以各种休闲活动居多，可以放弃。

京畿道5天自驾路线

京畿道是韩国的一个道级行政区，拱卫首尔（实际上首尔在京畿道的"包围"中）。京畿道位居首都圈地区已超过1000年，这里山水相依、海洋在侧，风景十分美丽。这里有被指定为世界文化遗产的水原华城，有各种韩国传统村舍，也有适合跟家人、朋友一起游玩的大型主题公园。在京畿道游玩，可以说是精彩无限，每个游客都能找到自己的乐趣。

线路规划

果川
↓ 自驾约1小时
水原
↓ 自驾约50分钟
龙仁
↓ 自驾约1.5小时
利川

Day1：果川首尔大公园
果川市距离首尔非常近，是一个休闲娱乐的好地方。首尔大公园就位于这里，这个大公园里既有植物园、动物园，还有大型游乐场和美术馆，足够你好好逛一天。

Day2：水原华城
游览韩国古代军事城邑杰作——水原华城，这座古城绝对值得你待一天。如果你是足球迷，还可以去看一场韩国K联赛劲旅水原三星的比赛。

Day3：龙仁韩国民俗村、卧牛精舍
龙仁市有被誉为"韩国露天民俗博物馆"之称的韩国民俗村（3小时）。这里的佛教圣地卧牛精舍里有释迦牟尼的真身舍利（2小时）。

Day4：龙仁爱宝乐园
在韩国最大的主题乐园爱宝乐园畅游一天。

Day5：利川陶艺村
早晨从龙仁市前往利川市。利川陶艺村是韩国传统陶瓷艺术的摇篮（3小时），这里还有海刚陶瓷美术馆可以参观（1小时），每年的9月，这里还会举办国际性的"利川陶瓷节"。

如果多1天
如果行程增加1天，可以从果川前往水原时，在首尔逗留一下，不管是购物还是游玩都非常值得。

如果少1天
如果行程只有4天，可以不去龙仁市的爱宝乐园，毕竟已去过果川的首尔大公园，5天的行程在游乐场待2天也有些"奢侈"。

豪华游轮5天游路线

韩国与中国隔海相望,很多坐不惯飞机的人或是想体验海洋风情的人都喜欢乘坐游轮前往韩国。因而,乘坐豪华游轮游览韩国也越来越受人们欢迎。下面,介绍一条乘坐歌诗达·维多利亚号从中国上海出发,游览韩国济州岛、仁川的线路。

线路规划

上海
歌诗达·维多利亚号,约21小时

Day1:从上海出发
从上海办理完游轮登船手续后,于17:00出发前往韩国济州岛。

济州岛
歌诗达·维多利亚号,约17小时

Day2:游览济州岛,出发仁川
14:00抵达济州岛。之后,前往泰迪熊博物馆观看深受全世界人们喜爱的玩具熊(1.5小时)。接着,前往城邑民俗村了解济州岛独特的居住文化(1小时)。最后,前往形状特异,恰似龙啸天之状而得名的龙头岩游玩(1.5小时)。20:00出发前往仁川。

仁川
歌诗达·维多利亚号,约1小时

Day3:游览济州岛,出发仁川
13:00抵达仁川。之后,前往韩国最大的华侨聚集地仁川中国城游玩(2小时)。接着,前往仁川的一处千年古刹传灯寺参观(1.5小时)。然后,前往壮观的仁川大桥参观(20分钟)。

海上
歌诗达·维多利亚号,约25小时

Day4:全天候海上巡游
8:00,从仁川离港后,往上海行驶,开启全天候的海上巡游。在这一天中,可以享受船上的休闲娱乐设施及各式美食,可以体验丰富多彩的娱乐项目,可以参加独具特色的船上课程,还可以站在船头吹海风或垂钓。

上海

Day5:抵达上海
9:00,迎着微微海风的吹拂,抵达上海,结束这一难忘的假期。

B 韩国 7 天精华游线路推荐

南部海岸 7 天游路线

韩国是一个三面环海的国家，迷人的海岸风光是必不可少的。相较而言，韩国的南部海岸更受游客欢迎，美丽的济州岛和韩国第二大城市釜山就在这里。还有位于东南海岸的庆州，除了自然海岸之美，还有着千年古都的历史厚重，吸引了很多游客的目光。那么，不妨安排一趟海岸风情游吧，海风与古迹将让你的旅程别样精彩。

线路规划

庆州
↓ 高速巴士，约 1 小时
釜山
↓ 飞机，约 50 分钟
济州岛

Day1：庆州

庆州位于韩国的东南海岸，是一座已有千年历史的文化名城。这里有著名的佛国寺（2 小时）和石窟庵（1 小时），佛国寺堪称佛教最卓越的文化遗产之一。雁鸭池/临海殿址（2 小时）也是庆州不容错过的新罗王朝古迹。

Day2：釜山广安里

从庆州前往釜山后，可以先去广安里海水浴场晒晒太阳、游游泳（2 小时）。晚上则去浴场附近的广安大桥，看看五彩缤纷大桥灯光秀（1 小时）。

Day3：釜山东部海边游

釜山东部海岸最为迷人，海东龙宫寺（1 小时）、迎月路（1 小时）、釜山水族馆（1 小时）、海云台（30 分钟）、釜山 APEC 世峰楼（30 分钟），从东至西依次排列，都是釜山大名鼎鼎的景点。海东龙宫寺是韩国最迷人的海边寺庙，迎月路和海云台都是观赏海景的好去处，釜山水族馆则呈现了精彩的海底世界。

Day4：釜山南部海边游

釜山南部海边同样是一个景点集聚地，龙头山公园、南浦洞街、札嘎其市场、太宗台等景点自北向南紧密分布。龙头山公园（1 小时）是釜山市民最喜欢的休闲地，南浦洞街（1 小时）是一条著名的文化街道，附近就是著名的札嘎其市场（1 小时）。太宗台（2 小时）位于釜山最南端，是海岸绝壁、奇岩怪石与海松林形成的天然绝景。晚上坐轮船或飞机去济州岛。

Day5：济州岛汉拿山国立公园

前往著名的汉拿山国立公园（3 小时），汉拿山是济州岛的名片，其自然风光无可挑剔。在公园的山麓地带，有保存完好的城邑民俗村（1 小时），这里可以接触到韩国独特的土种文化。

Day6：济州岛西归浦市

西归浦市有中文观光区（4 小时）、城山日出峰（1 小时）等著名景点。中文观光区的信不信由你博物馆、如美地植物园、天帝渊瀑布、泰迪熊博物馆、太平洋乐园都非常受游客欢迎。城山日出峰号称"济州第一景"，绝对不容错过。

Day7：济州岛济州市

济州市有龙头岩、牛岛等景点。龙头岩（1.5小时）形状特异，恰似龙啸天之状而得名。牛岛（3小时）是属于济州岛的一个小岛，因形如牛躺下时的样子而得名。牛岛充满了诗情画意，有独特的黑色岩石海岸。

如果多1天

如果行程增加1天，就可以在庆州多待一天，去良洞村、新罗千禧公园等地方。也可以将济州岛的行程加1天，汉拿山国立公园和中文观光区都非常的大，可以多些时间游玩。

如果少1天

如果行程少1天，可以不去庆州，或者将釜山的行程压缩一下，减少一些目的地，不去广安里海水浴场和广安大桥，提前1天去济州岛。

韩国北部7天游路线

韩国北部历来是韩国的政治中心，这里有很多著名的文化古城。首尔及附近的水原、利川等地有很多名胜古迹。东面的江陵是韩国历史名城，靠海的它自然风光也是一绝，五台山、大关岭等都非常受游客欢迎。

线路规划

首尔

地铁1号线约1小时

↓

水原

5001、5005班长途巴士，约50分钟，15分钟/班

↓

Day1：首尔景福宫附近游

光华门广场（20分钟）、景福宫（3小时）、青瓦台（30分钟）、昌德宫（1小时）、昌庆宫（1小时）等历史建筑集中在首尔北部，自驾前往非常方便，可以游玩一天时间。著名的景福宫无疑是游玩的重点。

Day2：首尔南部游

先到清溪川广场（30分钟），而后南行到首尔广场（20分钟），首尔广场附近是著名的德寿宫（1小时），最后前往著名的明洞化妆品街购物（3小时）。晚上去看看N首尔塔的灯光秀（30分钟）。

Day3：水原华城

坐地铁从首尔到水原，去著名的水原华城。水原华城很大，城门众多，值得好好地玩一天，华城行宫是游玩的重点。

龙仁
　　长途巴士
　　约1.5小时

利川
　　自驾 约2.5
　　小时

江陵

Day4：龙仁
　　早晨从水原到龙仁。龙仁市有被誉为"韩国露天民俗博物馆"之称的韩国民俗村（3小时）、佛教圣地卧牛精舍（2小时）及著名的爱宝乐园（4小时）。

Day5：利川
　　早晨从龙仁市前往利川。利川陶艺村（3小时）是韩国代表性的生产传统陶瓷的地方，海刚陶瓷美术馆（1.5小时）里有众多精美的传统陶瓷工艺品。

Day6：江陵
　　江陵是一座以美丽的海岸风光和海水浴场闻名的海滨城市，也有众多的历史古迹。镜浦台（1小时）、乌竹轩（1小时）、临瀛馆址（1小时）等古迹距离得较近，可集中游览。下午去正东津海水浴场（3小时）。

Day7：江陵
　　游玩五台山（3小时）和大关岭自然休养林（2小时）。

如果多1天
　　如果行程可以增加1天，就留给首尔吧。首尔其实足够你玩三四天，多出来的1天可以去著名的北汉山国立公园，也可以去一些地方购物。

如果少1天
　　如果行程少1天，可以只在江陵待1天。集中参观古建筑。

C 韩国10天深度游线路推荐

10天深度游线路

　　韩国总面积并不大，主要的旅游城市也非常突出，大约10天左右就能实现韩国深度游。这条线路，你将体会到韩国北部城市的历史气息，也能领略到南部旅游胜地的海洋风光。北部可以去首尔、仁川江华岛、水原、江陵等地；南部则可以去庆州、釜山，还有最负盛名的济州岛。

线路规划

首尔
↓ 地铁1号线，约1小时
仁川
↓ 8851长途巴士，约1.5小时
水原
↓ 高速巴士，约3.5小时
江陵
↓ 火车，约6小时
庆州
↓ 高速巴士，约1小时
釜山
↓ 飞机，约50分钟
济州岛

Day1：首尔景福宫附近游
光华门广场（20分钟）、景福宫（2小时）、青瓦台（30分钟）、昌德宫（1小时）、昌庆宫（1小时）等历史建筑集中在首尔北部，昌德宫附近还有北村韩屋村（1小时）。

Day2：首尔自然游
去首尔北部的北汉山国立公园（4小时），傍晚前往仁川江华岛。

Day3：仁川江华岛
游览世界文化遗产江华支石墓（3小时），了解江华岛居民的墓葬文化。最然后前往摩尼山（2小时），山里有高丽时期的净水寺。

Day4：水原华城
早晨从仁川前往水原。当天参观著名的水原华城（4小时）。下午乘车去江陵。

Day5：江陵市
游玩临瀛馆址（1小时）、乌竹轩（1小时）、五台山（3小时）。

Day6：庆州
早晨从江陵乘车去庆州。游览庆州著名海边寺庙——佛国寺（1小时），还可以去雁鸭池——佛临海殿址（2小时）。

Day7：釜山东部
早晨乘车去釜山。游览釜山东部的海东龙宫寺（1小时）、迎月路（1小时）、釜山水族馆（2小时）、海云台（30分钟），晚上看看广安大桥的灯光秀（30分钟）。

Day8：釜山南部
自北向南游览龙头山公园（2小时）、南浦洞街（1小时）、太宗台（1小时）等地。晚上乘坐飞机前往济州岛。

Day9：济州岛
前往济州岛的代表——汉拿山国立国家（3小时）和山麓地区的城邑民俗村（1小时）。时间充足的话可以去中文观光区（3小时），不太充足可以去城山日出峰（1小时）。

Day10：济州岛济州市
游览济州市的龙头岩、牛岛等景点，重点是牛岛的黑色岩石海岸。

如果多1天

如果行程增加1天，就可以充分游览仁川，中国城、永宗岛、月尾岛、舞衣岛都值得细细品味。

如果少1天

如果行程少1天，可以不去江陵市。从水原去江陵的路较远，而且从江陵再去韩国南部，时间也会比较紧张。

济州岛春季风光

Part 3
首尔

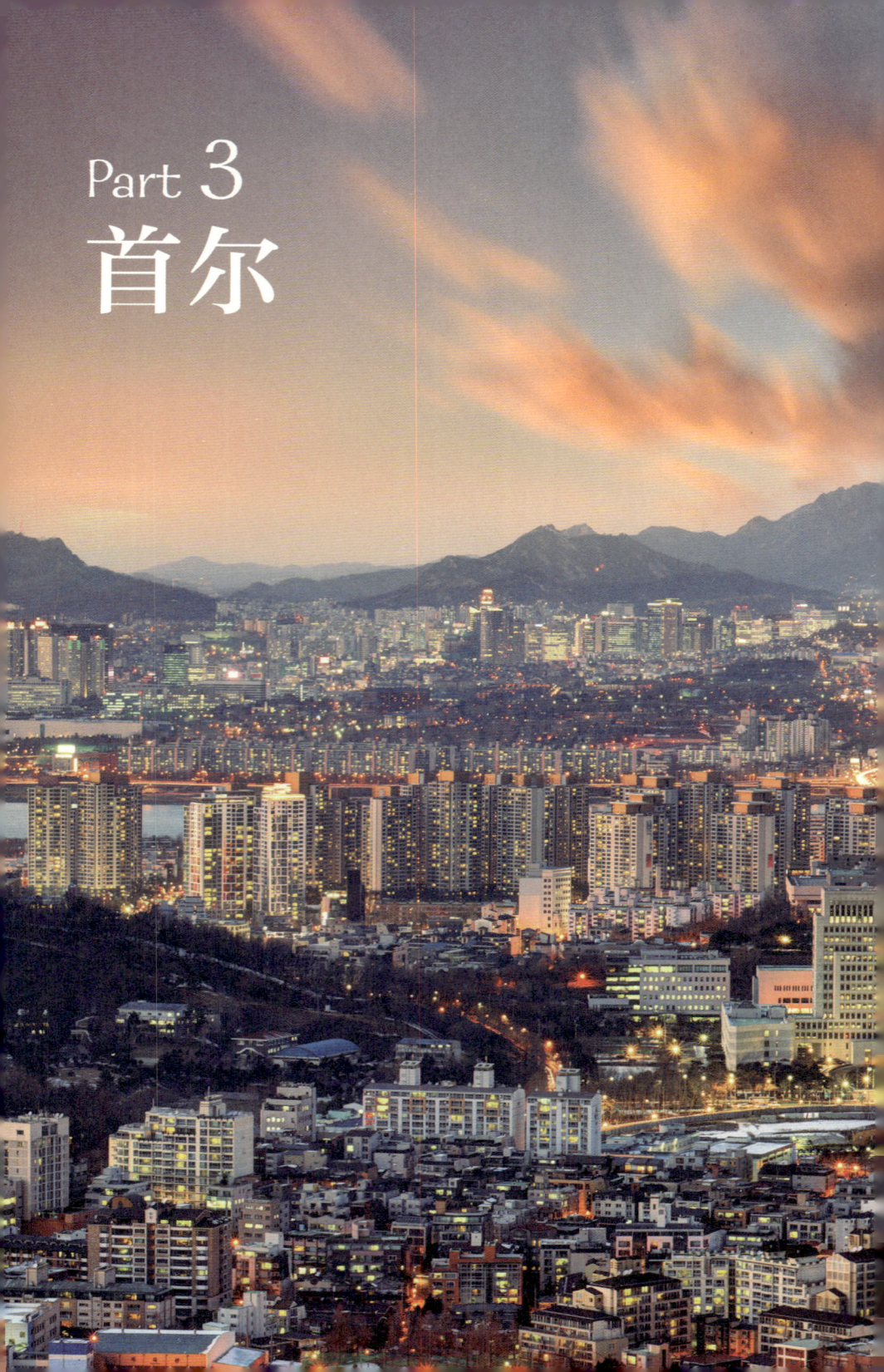

潺潺不息的汉江
巍巍壮观的南山
古老的宫殿
鳞次栉比的高楼大厦
繁华的商业街
涌动的人群
首尔
时尚与传统完美交融之地
一年四季精彩不断

首尔 Archives 档案

首尔具有600多年的历史,是韩国的首都和最大城市,也是韩国政治、经济、文化和教育的中心。它位于韩国西北部的汉江流域,处在韩半岛的中部,市内有南山、仁王山等多座山脉。属温带季风气候,四季分明。春、秋季节少雨,气候温和;夏季受夏季风影响,高温多雨。

这是一个让人倍感亲切和贴心的都市,既有景福宫、昌德宫等历史悠久的遗址地,又有北村韩屋村、仁寺洞、南大门传统市场等可以感受传统文化的地方。感受了首尔的传统魅力后,还可以体验最摩登的现代生活。这里各类购物场所和娱乐设施一应俱全。东大门市场、明洞、新村、仁寺洞等引领时尚的阵地,每年都吸引大量游客前来观光、购物。风靡整个亚洲的韩流文化,体现在城市的各个角落,让追星族疯狂不已。这里还有各式各样的特色美味,让你尽享美食盛宴。走累了,还可以到传统韩屋去住,感受首尔古老、传统的一面。

首尔档案	
城市名称	首尔
英文	Seoul
正式名称	首尔特别市
位置	韩半岛的中部、汉江和南山之间
行政区级别	首都
气候	温带季风气候
著名景点	景福宫、昌德宫、乐天世界、N首尔塔等
下辖区县	25区、15267洞、112734番地
吉祥物	獬豸
市花	连翘
市鸟	喜鹊
市树	银杏
火车站	首尔站、龙山站、清凉里站等

行程计划

Day1 光华门广场(0.3h)—景福宫(3h)—青瓦台(0.5h)—北村韩屋村(1h)—昌德宫与昌庆宫(2h)

Day2 北汉山国立公园(3h)—乐天世界(3h)

多1天
Day3 清溪川广场(0.5h)—首尔广场(0.3h)—乐天百货(1.5h)—明洞化妆街(1.5h)—N首尔塔(0.5h)

玩 游在首尔的3大锦囊

1 在最佳旅游时间前往首尔

首尔春秋季早晚温差很大，出门前最好带上轻便夹克。夏季阳光照射强烈，太阳镜必备，且天气变化无常，出门最好带雨伞。冬季寒冷，要准备暖和保温的加厚衣服，此时的首尔成为滑雪爱好者的宝地。首尔秋季气温适宜，雨水较少，是最佳旅游时间。10月初的雪岳山枫叶转红，落英缤纷；11月上旬的首尔古宫已是红叶满园，秋意正浓，美景值得期待。

2 感受盘浦大桥彩虹喷泉

连接首尔市龙山区和瑞草区的盘浦大桥是一座双层桥梁。其中一层桥梁是与盘浦汉江公园相连，并上演知名的月下彩虹喷泉的地方。沿着大桥安装的喷泉装置，在不同颜色的灯光映照下，呈现出一道美丽的彩虹。整场喷泉秀进行15分钟左右，游客可在此体验浪漫之感。

3 秋天邂逅火红"枫"情

在首尔，可以观赏成片枫叶景观的路有80处之多，其中最著名的有南山北侧循环路、贞洞胡同、世界杯公园循环路、江南区林荫大道等。每年10月底—11月中旬，这些道路不清扫落叶，市民和游客可以尽情体会秋天的火红"枫"情。

景福宫

推荐星级：★★★★★

景福宫是朝鲜建国初期建造的第一座宫殿，迄今已有600多年的历史，规模为五大宫殿（景福宫、庆熙宫、德寿宫、昌庆宫、昌德宫）之首，也是韩国封建社会后期的政治中心。宫内保存有朝鲜时期的代表性建筑庆会楼和香远亭。兴礼门外西侧是国立古宫博物馆，香远亭东侧是国立民俗博物馆。

勤政殿

勤政殿为景福宫正殿，是王室举行各种登基仪式的场所，简洁而又不失雄伟。殿内中心位置是国王的御座，后方立有象征国王威严的日月五峰图屏风。

庆会楼

庆会楼位于勤政殿一侧，是印于韩国面值一万元旧币之上的代表建筑。楼阁起于四方端正的莲花池之内，风格简洁而又不失奢华，充分体现了韩国传统建筑的特征。

香远亭和醉香桥

香远亭在宫殿北侧，在原后苑的基础上新建而成，是一座建在人工岛上的六角型亭子，意为"香气远播"。连接小岛的醉香桥为木结构桥，为"醉卧香里"之意。如果说庆会楼是国王举行正式宴会之地，那么香远亭则是王室休闲娱乐的场所。

乾清宫

乾清宫是高宗和夫人明成皇后的居所。宫内建有高宗居住过的长安堂和明成皇后的起居之所坤宁阁，在宫内展有再现宫中生活的用品。

国立古宫博物馆

国立古宫博物馆里收藏有4万多件记录了朝鲜王室历史与文化的遗产，可以了解朝鲜王室生活的各方面。

国立民俗博物馆

国立民俗博物馆是介绍韩国民俗文化的代表性博物馆，每周六、周日举办免费的韩国传统文化演出，可以欣赏到传统舞蹈、传统武艺和假面舞等。周六演出在室内，周日演出在国立民俗博物馆前面的院子。

景福宫背后的故事

景福宫历来被视为韩国命脉的象征，其于韩国犹如故宫于中国。1910年，日本吞并朝鲜半岛，为镇压其"王气"，在1926年，日本在景福宫门前建立"总督府"。从空中俯视，总督府的外形是一个"日"字，象征日本控制着韩国的命脉。而从侧面望去，韩国的王宫笼罩在它巨大的阴影下。日本还以修复昌德宫为名将景福宫南面的殿阁全部拆除。

1995年8月15日，韩国光复50周年之际，拆除了总督府。韩国人认为，只有拆除这座建筑，才能恢复象征本国民族传统的景福宫原貌，才能驱赶走历史的屈辱。

光化门

　　光化门位于景福宫南侧，为景福宫正门。据记载，光化门由三个虹霓门组成，其中中央的虹霓门供国王通行，左右两个虹霓门供大臣出入。日本殖民时期和朝鲜战争时期被焚毁。在景福宫复原工作中发现被焚毁的光化门位置也曾被挪动，复原时又重新移至原址。

兴礼门

　　过了光化门，首先看到的就是威风凛凛的兴礼门。兴礼门在日本殖民时期建造朝鲜总督府时被烧毁，直到1995年才被复原。

旅游资讯

地址 ⊙ 首尔市钟路区世宗路1号
交通 ⊙ 地铁3号线景福宫站下5号口出，步行约5分钟可到
门票 ⊙ 成人（19～64岁）3000韩元，儿童（7～18岁）1500韩元，其余年龄免费
开放时间 ⊙ 3—10月9:00—18:00（入场截至17:00），11月—次年2月9:00—17:00（入场截至16:00），周二休息
网址 ⊙ royalpalace.go.kr

小贴士

1. 解说时间

　　英语解说时间为11:00、13:30、15:30，汉语解说时间为10:30、13:00、15:00，在兴礼门内景福宫咨询室前开始解说，所需时间1～1.5小时。参观时禁止摄像，只能拍照。

2. 王宫守卫将士交接仪式

　　在景福宫兴礼门前，每天10:00—16:00之间的整点时间都会举行守门将士守卫仪式和交接班仪式，游客可以一睹朝鲜时期王宫守卫将士们井然有序的仪式表演场景。仪式结束后，守卫将士将立于兴礼门前进行守卫，游客可以和他们一起合影留念。

光化门广场

推荐星级：★★★★★

　　光化门广场是韩国的代表性广场，拥有600多年的历史，连接了钟路十字路口和清溪广场，被赞为"韩国代表广场""市民城市文化广场"等。广场以李舜臣将军铜像和世宗大王铜像为中心，分割成许多区。广场上展示着"韩文""日晷""测雨器"等，李舜臣将军铜像下面的"12·23光化门喷泉"吸引着来往行人的目光。此外，这里还放着首尔市的吉祥物——獬豸像。广场两旁的水道中刻着韩国历史重大事件，地下设置了"世宗故事"展区，展示了体现世宗大王生平和业绩的各种资料、遗物。

旅游资讯
地址 ⊙ 首尔市钟路区世宗路
交通 ⊙ 地铁5号线光化门站下1号、8号口出
网址 ⊙ plaza.sisul.or.kr

李舜臣与世宗大王

　　李舜臣将军是韩国历史名将。朝鲜时代日本侵略朝鲜半岛，他为抵抗日本入侵立下汗马功劳，成为半岛的民族英雄。鸣梁大捷和闲山岛大捷是李舜臣最负盛名的两场海战，他使用的"龟船"让日本海军闻风丧胆。李祹是李氏朝鲜的第四代国王，被认为是朝鲜王朝最出色的国王之一，被尊称为"世宗大王"，正是他发明了韩国文字——韩文。

N首尔塔

推荐星级：★★★★★

　　N首尔塔于1969年建成，是韩国第一座综合发射塔，为首尔的地标性建筑。"N"既是南山（Namsan）的第一个字母，又有全新的含义。塔内大厅设有播放电影预告片和音乐录影带的多媒体区、儿童体验学习馆及举办展览和演出的空间，是名副其实的复合性文化空间。其主要亮点有华丽的灯光秀、数字化观景台、屋顶露台、韩酷餐厅、空中卫生间等。数字化观景台是首尔最佳观景区，站在这里整个首尔的景致尽收眼底。

旅游资讯

地址 ⊙ 首尔市龙山区南山公园路105号（龙山洞2街）
交通 ⊙ 乘地铁4号线在明洞站下3号口出，步行约15分钟可到乘缆车处；或乘地铁3号线在东大入口站下6号口出，搭乘02路黄色南山循环巴士可到
门票 ⊙ 观景台9000韩元
开放时间 ⊙ 10:00—23:00，周五、周六延长至24:00
网址 ⊙ nseoultower.co.kr

小 贴 士

1. 观赏美丽的夜景

N首尔塔灯光秀的演出时间为每天19:00—24:00。在Plaza一层的玻璃露台和二层的环形露台及大厅，都可以免费欣赏首尔景色。

2. 拍摄精彩照片的地方

要想拍N首尔塔全景，可在通往二层环形露台的阶梯上；芦苇庭院的照明将在傍晚亮起，届时拍摄以首尔夜景或芦苇照明为背景的照片一定不错，但记得闪光灯不要打得太强。

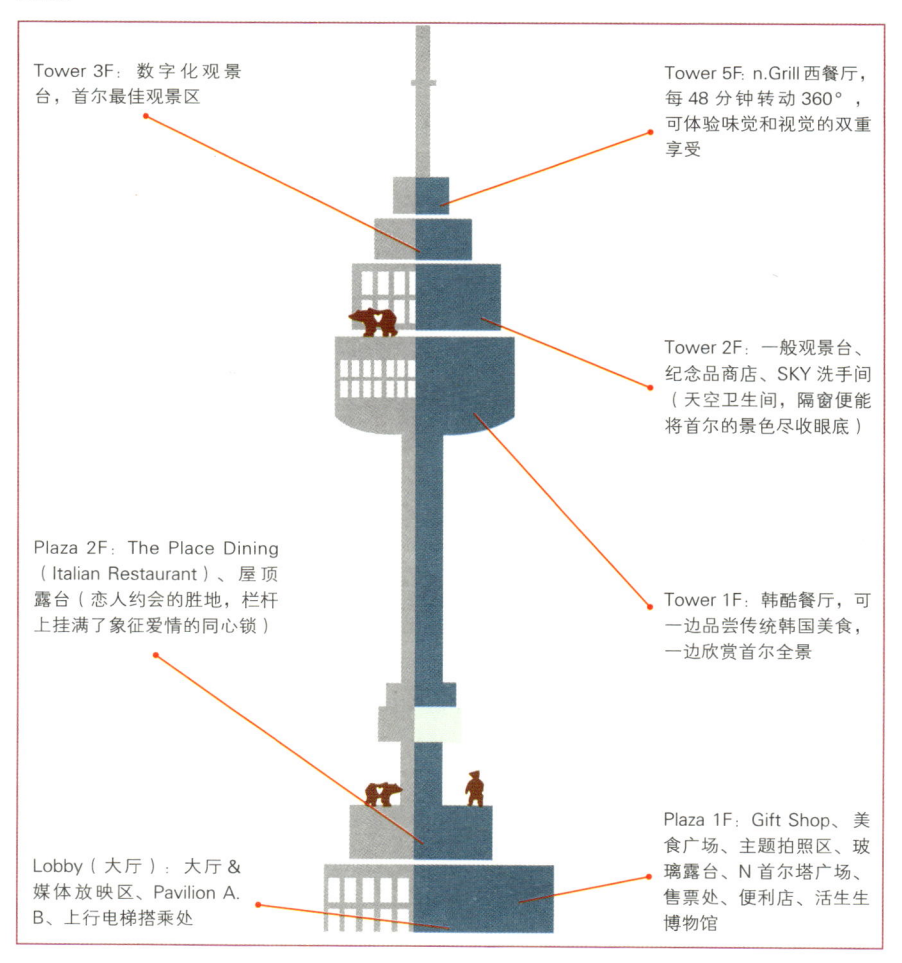

Tower 3F：数字化观景台，首尔最佳观景区

Tower 5F：n.Grill西餐厅，每48分钟转动360°，可体验味觉和视觉的双重享受

Tower 2F：一般观景台、纪念品商店、SKY洗手间（天空卫生间，隔窗便能将首尔的景色尽收眼底）

Plaza 2F：The Place Dining（Italian Restaurant）、屋顶露台（恋人约会的胜地，栏杆上挂满了象征爱情的同心锁）

Tower 1F：韩酷餐厅，可一边品尝传统韩国美食，一边欣赏首尔全景

Lobby（大厅）：大厅&媒体放映区、Pavilion A、B、上行电梯搭乘处

Plaza 1F：Gift Shop、美食广场、主题拍照区、玻璃露台、N首尔塔广场、售票处、便利店、活生生博物馆

德寿宫

推荐星级：★★★★★

德寿宫以富有韵味的石墙路而闻名，在首尔的宫殿中这是唯一建有西洋式庭院和喷泉的宫殿。德寿宫原来是朝鲜成宗的哥哥月山大君的住宅，光海君即位后将其改称为景云宫，从而使之具有了王宫的面貌。后来又改称为德寿宫。

大汉门

大汉门原为庆运宫的东门——大安门，后成为正门，原正门为南侧的仁化门。大安门意为"大平安"，1906年经过修葺，改为大汉门，"大汉"意为"首都昌大"之意。

中和殿

中和殿为德寿宫正殿，是举行国王登基大典、接受大臣朝贺、接见外国使臣等重要仪式的场所。前往中和殿的台阶踏道上刻有两条龙，与现在的中和殿和中和门一起被指定为韩国的宝物。

即阼堂一带

即阼堂一带是德寿宫的母体，壬辰倭乱时期为宣祖的临时居住地。它由浚明堂、即阼堂、昔御堂构成，其中昔御堂为木结构建筑，未涂刷宫中御用油漆，因此看上去与一般住宅无异。

静观轩

静观轩位于宫殿后苑的坡地，是一座供王室休息的建筑，融合了西洋式建筑风格与传统宫殿样式。据载，高宗曾在此品尝咖啡、接见外交使节、举行宴会，可以说是韩国最早的咖啡馆。

石造殿

石造殿为高宗的寝殿兼偏殿，是一座西洋式石结构建筑，颇有西洋新古典主义风格。建筑的前面和东西两侧建有阳台，为该建筑的特征之一。石造殿前面建有韩国最早的喷泉。

旅游资讯

地址 ⊙ 首尔市中区南大门路1街57号（太平路2街）
交通 ⊙ 地铁1号线（2号口出）、2号线（12号口出）市政府站下
开放时间 ⊙ 3—10月9:00—18:00（周六、周日到19:00），11月—次年2月9:00—17:30
门票 ⊙ 成人（18～64岁）1000韩元，青少年（7～17岁）500韩元，其余免费
网址 ⊙ www.deoksugung.go.kr

小贴士

每年2—12月，每天10:30、14:00、15:00（周一除外），在德寿宫正门——大汉门前，都会举行再现当时负责开关宫门、守卫及巡逻的守门将士守卫和交接班仪式，仪式的顺序和服装都经由专家考证，现已成为首尔市的代表活动之一。守门将士交接班仪式大约需时20分钟，结束后，特意留有和守门将士的合影时间。游客还有机会免费试穿守门将士服装和传统服饰。

昌德宫

推荐星级：★★★★★

昌德宫位于景福宫东侧，也被称为东宫，建于1405年，是朝鲜时期使用时间最长的宫殿。在壬辰倭乱时替代被烧毁的景福宫，成为国王起居及处理政务的宫殿。现在的宫殿是1611年由光海君重建，保存完整，与周围自然地形完美融合。1997年，与水原华城一起被指定为世界文化遗产，内有仁政殿、大造殿、宣政殿、乐善斋等文化遗产。后苑尤为著名，是韩国唯一的宫殿后苑，代表着韩国庭院的最高水平，吸引了众多游客前来参观。

敦化门

敦化门是昌德宫正门，也是昌德宫规模最大的宫门，为两层门楼式木结构建筑。壬辰倭乱时被烧毁，于1608年重新修复。

仁政殿

仁政殿为昌德宫正殿，是举行国王登基大典、接受大臣朝贺、接见外国使臣等国家重要仪式的场所。朝鲜8位国王的登基大典先后在此举行。殿顶的李花纹饰是大韩帝国皇室的象征。

后苑

后苑又称秘苑、禁苑，是昌德宫的后花园，也是韩国最美及最具代表性的庭园之一。苑中修有多座亭阁，有荷塘和几百种不同的树木，秋天枫叶变红的时候，景色尤为美丽。

旅游资讯

地址⊙首尔市钟路区栗谷路99号（劝农洞）
交通⊙地铁3号线安国站下3号口出，步行约5分钟
门票⊙成人（18～64岁）3000韩元，后苑5000韩元；儿童（18岁以下）1500韩元，后苑2500韩元；64岁以上长者免费
开放时间⊙2—5月、9—10月9:00—18:00，6—8月9:00—18:30，11月—次年1月9:00—17:30
网址⊙cdg.go.kr

昌德宫的辛酸

1618年（光海君十年），朝鲜王朝正宫转移至昌德宫。从此以后昌德宫取代景福宫，一直作为朝鲜的正宫使用，地位十分显赫。这座宫殿也是历经磨难。1803年，处理日常政务的宣政殿西行廊失火，并烧毁了仁政殿。1829年，为孝明世子举行葬礼时，昌庆宫发生火灾，而正当重修时，又于1830年发生大火，大火将内宫地区全部化为灰烬，这是壬辰倭乱之后朝鲜宫殿最大的一次火灾。1868年之后，昌德宫在朝鲜王朝末期的动荡中也陷入混乱，并在1885年后20余年的时间里几乎被废弃。

1910年8月22日，在昌德宫兴福轩召开了大韩帝国最后一次御前会议，会议决定日韩合并，签订《日韩合并条约》。从此之后，韩国正式成为日本殖民地，直到1945年才光复。

云岘宫

推荐星级：★★★★

云岘宫原非宫殿，为高宗之父兴宣大院君的府邸，也是高宗与明成皇后举行结婚大典之地。高宗时，这里经过大幅改建、扩建，成为规模庞大的宫殿。但很多建筑历经战争，损毁严重。现存的部分规模很小。现存的有守直舍（值班室）、老安堂、老乐堂、二老堂、洋馆等建筑。云岘宫每年都举办活动重现高宗和明成皇后的结婚大典，还举行各种宫廷文化相关活动。每年前来体验韩国传统宫廷文化的游客络绎不绝。

守直舍（值班室）

守直舍（值班室）位于云岘宫正门右侧的长廊，曾作为负责警卫和管理的工作人员的居所。现在守直舍被用作展示馆，内有火炉、家具、煤油灯等生活用品，重现了当时的样子，房外展示有身穿军服的警卫模型。

老安堂

老安堂为典型的韩式瓦房建筑，飞檐檐头造型纤细俊美，特征显著。老安堂为大院君生前主要的议政场所，规模不大，较为简朴。

老乐堂

老乐堂位于云岘宫的中心，在云岘宫中规模最大，是高宗与明成皇后结婚之地。云岘宫的华丽雄伟在此可体现。据记载，老乐堂主要是兴宣大院君府内举行重大仪式的场所。

二老堂

二老堂位于云岘宫北侧，为四角形，进入比较困难，是当时女眷主要的生活地方。经修复，现为展示文物和生活家具的展示馆。

洋馆

洋馆原是为兴宣大院君孙子李埈镕所建，是一座法国文艺复兴时期风格的砖石混用两层宅邸，其主要特征是16个房顶的图案各不相同。

旅游资讯

地址 ◎ 首尔市钟路区三一大路464号（云泥洞）
交通 ◎ 地铁3号线安国站下4号口出，或地铁5号线钟路3街站下5号口出
门票 ◎ 免费
开放时间 ◎ 4—10月 9:00—19:00（入场截止时间18:30），11月一次年3月 9:00—18:00（入场截止时间17:30），周一休馆（如周一为规定公休日，当天开放，周二休馆）
网址 ◎ unhyeongung.or.kr

小贴士

云岘宫是向国内外游客宣传朝鲜宫殿文化的特别场所，其中最为典型的是重现朝鲜宫廷结婚大典的高宗和明成皇后结婚大典仪式。此仪式分婚前仪式和主仪式，婚前仪式是由御驾队列、宫廷舞蹈及吹打队（演奏韩国传统乐器大吹打的队伍）从云岘宫出发，经仁寺洞，再重新进入云岘宫的演奏组成；主仪式分为明成皇后接受王妃任命的仪式和国王高宗在云岘宫迎接王妃的仪式组成。尤其是从昌德宫出发的御驾队列返回云岘宫的仪式规模宏大，值得一看。

昌庆宫

推荐星级：★★★★

昌庆宫是圣宗为先王王妃们所建宫殿，最初称为寿康宫。与其他宫殿相比，昌庆宫显得雅致简洁。昌庆宫与昌德宫互相连接，位于景福宫东侧，因此与昌德宫并称为东宫。昌庆宫为独立宫殿，同时还可以补充昌德宫所缺居住空间。现有弘化门、明政殿、通明殿、大温室等建筑，其中明政殿为昌庆宫正殿，为17世纪朝鲜时期代表建筑风格，在朝鲜王宫法殿中历史最为悠久。

弘化门

弘化门是昌庆宫的正门，是一座前三间、侧两间的两层建筑，为17世纪初期木结构建筑，保存价值极大。

明政殿

明政殿是昌庆宫正殿，为朝鲜前期的建筑风格。是李氏王朝宫殿中最为古老的正殿。李氏王朝时代的正殿一般都是朝南，而明政殿却朝东，这是因为先王的宗庙在其南侧。

通明殿

通明殿位于明政殿西北侧，是昌庆宫中最大的内殿，也是国王和王妃的主要生活场所。这里是内宫权力斗争的中心，曾发生过很多历史事件，也有许多传说故事。

大温室

大温室为韩国最早的植物园，建成于1909年。由于是根据19世纪末期开始的世界博览会展馆形式而建，因此建筑材料都是19世纪现代建筑中所使用的钢铁和玻璃。

旅游资讯
地址 ⊙ 首尔市钟路区昌庆宫路185号（卧龙洞）
交通 ⊙ 地铁3号线安国站下3号口出，步行约10分钟
门票 ⊙ 1000韩元（与宗庙通用）
开放时间 ⊙ 2—5月、9—10月 9:00—18:00，6—8月 9:00—18:30，11月—次年1月 9:00—17:30
网址 ⊙ cgg.cha.go.kr

北村韩屋村

推荐星级：★★★★

北村韩屋村位于景福宫、昌德宫和宗庙之间，是首尔最为集中的传统韩屋区，有600多年的历史。当时是高官们或贵族人士居住的高级住宅区，因而非常有名。宏伟的宫殿建筑之间聚集着的这些传统韩屋群，数不尽的小巷都保存着原来的样子。现在虽然大都作为传统文化体验馆或韩屋饮食店使用，但是在街头巷尾也能间接地感受到朝鲜时期的氛围。韩屋密集地主要为嘉会洞11号、31号、33号，三清洞35号和桂洞135号等。

嘉会洞31号

嘉会洞31号路是北村韩屋村最著名的地方。坐落于闹市区中的数百座韩屋，让人叹为观止。道路尽头是首尔全景最佳观景胜地，被称为"北村八景"之首，吸引了大批游客前来。

乐古斋

乐古斋是一家深受外国游客喜爱的宾馆，前身是建于1934年的震檀学会办公场所。乐古斋四周围有院墙，院子宽大，种植着许多松树和竹子等传统树木，为宾馆增添了无尽的韵味。

传统酒作坊

在嘉会洞，有一家以传统工艺酿造"马格利酒"的传统酒作坊，它就是研究以传统工艺酿造马格利酒、药酒、烧酒的金泽相大师的作坊。游客在这里可以学到过去王宫中使用的"三亥酒"的酿造过程。

旅游资讯
地址 ⊙ 首尔市钟路区桂洞37号
交通 ⊙ 地铁3号线安国站下，步行约10分钟
网址 ⊙ bukchon.seoul.go.kr

小贴士
如果是韩剧迷，不要错过距北村文化中心不远处的"桂洞街"，这里是《冬季恋歌》的外景地——中央高中和幼真的家，每年都吸引大批游客前来游览。

南山谷韩屋村

推荐星级：★★★★

南山谷韩屋村是把散布于市区各地的韩式传统房屋统一搬迁到此处修建的村子，既有朝鲜时期两班们（士大夫及其家属集团的代名词）的住宅，也有平民百姓的生活住宅，其中最有名的就是纯贞孝皇后尹氏的娘家。这里曾经住着国王的驸马、银行官吏等不同阶层的人，房子里摆着反映出当时主人身份的家具和各种生活用品，可以了解到过去人们的生活方式。这里有传统工艺展览馆，可以看到各种各样的纪念品。此外，茶铺里可以喝到传统茶，还可以在院子里亲自体验跳跳板、尤茨等各种传统游戏。

旅游资讯

地址 ⊙ 首尔市中区退溪路 34 路 28 号（笔洞 2 街）一带
交通 ⊙ 地铁 3 号或 4 号线在忠武路站下，3 号或 4 号口出，步行约 5 分钟
门票 ⊙ 免费
开放时间 ⊙ 4—10 月 9:00—21:00，11 月—次年 3 月 9:00—20:00，周二休息
网址 ⊙ hanokmaeul.seoul.go.kr

小贴士

韩屋村里的传统婚礼值得一看，周六、周日可以到朴泳孝家去看一看。韩国传统结婚仪式最显著的特点是参加人多，除了新人的亲戚朋友外，整个院子里都挤满了观看的人群。在 11 月—次年 2 月，天气寒冷，婚礼相对较少，而春天则较多。一般 12:00—13:00 可以看到传统结婚仪式。不过婚礼并不总在固定时间进行。如果是外国人，经过新郎新娘允许还可以和他们合影留念。

乐天世界

推荐星级：★★★

乐天世界是以冒险与神秘为主题的室内主题公园，由探险王国、魔幻冰岛、购物中心、民俗博物馆、滑冰场、酒店、百货店等组成，是韩国最受欢迎的游乐园，也是世界最大的室内主题乐园。整个游乐园充满了诱惑力。不论是儿童还是成人，都可以在这里构筑一个属于自己的童话梦。

探险王国

探险王国以"小小地球村"为主题，设有西班牙海盗船、激流勇进、蹦极降落、法国大革命、旋转木马等游乐设施。二楼与魔幻冰岛相连，三楼则与民俗博物馆相接。

民俗博物馆

民俗博物馆分为历史展览馆、模型村、游乐区、店铺街等，将韩国的历史与民俗文化很好地再现。游客在这里可以学习历史、体验文化。

魔幻冰岛

魔幻冰岛位于石村湖湖心，以魔法城为中心，营造出浓郁的中世纪欧洲风情。设有多种游乐设施，其中最具代表性的是能够体验高空自由降落的新高空降落。

旅游资讯
地址 ⊙ 首尔市松坡区奥林匹克路240号（蚕室洞）
交通 ⊙ 地铁2号线蚕室站下4号口出
门票 ⊙ 通票成人（18岁以上）46000韩元、青少年（13~18岁）40000韩元、儿童（3~12岁）36000韩元、3岁以下儿童免费，夜场16:00开始，通票成人37000韩元、青少年32000韩元、儿童28000韩元、3岁以下儿童免费
开放时间 ⊙ 9:30—23:00
网址 ⊙ www.lotteworld.com

小贴士
乐天世界的游园表演是园内的主要看点之一。每天14:30和19:00开始的游园活动，形式多样，有假面狂欢、激情舞蹈游园等丰富多样的节目。

宗庙

推荐星级：★★★★

宗庙是供奉朝鲜王朝历代国王和王妃牌位、举行祭祀的地方，建筑雅致、简洁，显得肃穆和庄重。进入宗庙正门后，有三条路，中央稍高一些的路是为去世的国王所设，东边和西边的道路分别是现任国王和太子行走的。宗庙分正殿和偏殿，偏殿包括永宁殿、典祀厅、御肃室、香大厅、神堂等。其核心建筑是供奉神位、进行祭祀的正殿，内有19间房间，每个房间供奉着一个国王的牌位，记录着悠久的王室历史。

旅游资讯
地址 ⊙ 首尔市钟路区钟路157号
交通 ⊙ 地铁1号、3号、5号线钟路3街站下4号口出，步行约5分钟
门票 ⊙ 成人（18岁及以上）1000韩元，青少年（6~17岁）500韩元，其余免费
开放时间 ⊙ 3—9月9:00—18:00，10月—次年2月9:00—17:30

小贴士
在宗庙游览，不得不提宗庙祭祀乐，它由器乐、歌曲、舞蹈组成。500多年前的旋律至今仍在传唱，可以算得上是当今世界上最古老的综合性祭祀礼仪文化之一。每年5月的第一个周日都可在此看到祭祀典礼，这是一个观赏规模盛大传统仪式的绝佳机会。

奉恩寺

推荐星级：★★★

奉恩寺始建于新罗时代，距今有1000多年的历史。寺内收藏了包括《华严经疏》在内的许多木刻版本佛经，以及多处物质文化遗产。其镇寺之宝为韩国最大的弥勒大佛，始建于1986年，大佛矗立的广场是信徒们祷告的场所。朝鲜时期著名书法家金正喜亲笔题写的板殿牌匾也是奉恩寺的宝物。板殿是1939年大火灾中唯一没有被焚毁而幸存下来的建筑，历史悠久。此外，寺院还开设有许多针对外国游客的体验活动，并配有外语讲解，吸引了大批外国游客前来。

旅游资讯
地址 ⊙ 首尔市江南区奉恩寺路531号（三成洞）
交通 ⊙ 地铁2号线三成站或7号线清潭站下
网址 ⊙ bongeunsa.org

小贴士

1. 体验寺院寄宿

在奉恩寺，代表性的项目当属寺院寄宿。参加者吃、住在寺院里，体验寺院日常生活，学习佛教文化和精神。主要活动安排有清晨礼佛、参禅修行、钵盂供养、茶道等基本修行活动，一般为期2天1夜。此外，还开设有2～5个小时的短期项目。

2. 别开生面的"寺院生活"项目

每周四寺院专门为游客开设"寺院生活"项目，活动时间14：00—16：00，活动包括寺院介绍、莲花制作、茶道表演、与大师面对面等，均用英语进行。想要参与这项活动，游客可以在入口处的外国游客咨询处申请，费用为每人1万韩元，有纪念品赠送。咨询电话：02-32184895。

3. 莲花灯节

每年5月佛祖诞辰日时，奉恩寺都会在附近的江南区三成洞大街上挂起莲花灯，举行莲花灯节。如果恰好在此期间旅游，不妨到此一游。

青瓦台

推荐星级：★★★★★

青瓦台是韩国总统官邸，是韩国的政治中心，也可以说是韩国的心脏。青瓦台最显著的特征就是它的青瓦，因其颜色也被称为"蓝宫"。由位于中央的主楼、迎宾馆、绿地园、无穷花花园、七宫等组成。这些建筑的外观各不相同，但都是按照韩国传统建筑模式建造。

主楼的青瓦和曲线设计的房顶是青瓦台最具代表性的地方，每块青瓦能使用100年以上。现可参观的景点有春秋馆、绿地园、旧主馆旧址、主馆、迎宾馆、七宫和喷泉。

春秋馆

春秋馆是记者采访、报道总统国政运营情况的地方，一层设记者室和新闻发布厅，二层是总统召开年初记者招待会、举行其他各种活动的多功能室。参观者在通过银幕看完宣传视频后，都会获得纪念品。

绿地园

绿地园是青瓦台最漂亮的庭院，共种植有120多种树木，"与总统夫妇一起过儿童节"等各种户外活动就是在这里举行。

旧主馆旧址

这里是青瓦台的旧主馆——青瓦台"警务台"，后被拆除。为了让人们记住这里曾是首任总统的官邸和办公区，在此立起了一座纪念碑。

主馆

主馆为总统办公和接待外宾所用。建筑采用韩国建筑样式中最漂亮的歇山顶样式，并用韩式青瓦覆盖。一层设第一夫人办公室和会议室，二层设总统办公室。

迎宾馆

迎宾馆是接待外国总统、举行大型会议的地方。一层设接待处和剧场，二层是举办宴会和其他活动的地方。参观者不能入内参观，但可以在迎宾馆前拍照留念。

七宫

七宫是指位于青瓦台西南侧的七个宫殿，宫殿建筑为朝鲜时期传统样式，十分雅致。

喷泉

喷泉前的广场上常年为游客进行仪仗队表演，有市内公交车途经这里，交通便利。

旅游资讯

地址 ⊙ 首尔市钟路区青瓦台路1号
交通 ⊙ 地铁3号线景福宫站4号口出
开放时间 ⊙ 周二—周五（每月第二周、第四周的周六）10:00、11:00、14:00、15:00（夏季和冬季时间会有变动）
网址 ⊙ president.go.kr

小贴士

前往青瓦台参观须在希望参观的日期前10天在青瓦台的网页上申请。选择到访日期后填写姓名、电子邮箱、护照号码、护照有效日期等信息即可。申请成功后，在参观日提前20分钟到达景福宫东侧停车场上的"相逢广场"集合，在登记窗口确认自己的身份后，便可乘班车开赴青瓦台。进入青瓦台前先过安检，不可带食物进入。行程大约持续2个小时，游客参观时必须遵守相关规定，只能在指定地点照相，不允许拍摄视频。

盘浦大桥月光彩虹喷泉

推荐星级：★★★★

　　盘浦大桥月光彩虹喷泉是世界上最长的桥梁喷泉。整座桥上设有众多喷嘴，如果一同喷放，场面非常壮观。这是一个音乐喷泉，在音乐的伴奏下喷出的水流会做出各种造型，让人耳目一新。喷泉表演白天和晚上的喷放方式不同，白天喷泉可以做出100多种造型；晚上喷泉的灯全打开，灯光与喷泉相互映衬，演绎出炫丽的七色彩虹夜景。

旅游资讯
地址 ⊙ 首尔市瑞草区盘浦洞
交通 ⊙ 地铁9号线新盘浦站下1号口出
开放时间 ⊙ 每天5～8次，每次20分钟

小贴士
　　盘浦大桥下是盘浦汉江市民公园，公园设有假山、室外舞台、月光广场、全球化广场及各种体育设施，是人们悠闲娱乐的好地方。其中，假山被认为是月光彩虹喷泉的最佳观赏点，可将整个喷泉尽收眼底。

北汉山国立公园

推荐星级：★★★★★

　　北汉山国立公园横穿首尔及京畿道，四季景色秀丽，是世界罕见的城中心自然公园。公园以牛耳岭为界，南为北汉山，北称道峰山。北汉山主要由巨大花岗岩构成，岩峰高耸，千姿百态，溪流清澈，犹如一幅天然水彩画。除了优美的风光，北汉山还有悠久的历史。这里有真兴王巡狩碑、北汉山城，以及祥云寺等众多寺庙，是名副其实的文化遗产。其中北汉山城更是北汉山之行的必经之地。北汉山城是为了抵御外敌侵入而修建的朝鲜时期山城的代表，从山城上远眺北汉山的景色更是格外漂亮。

旅游资讯
地址 ⊙ 首尔市江北区牛耳洞道峰区一带
交通 ⊙ 地铁首尔站乘150路干线公交在道峰山站下
网址 ⊙ english.knps.or.kr

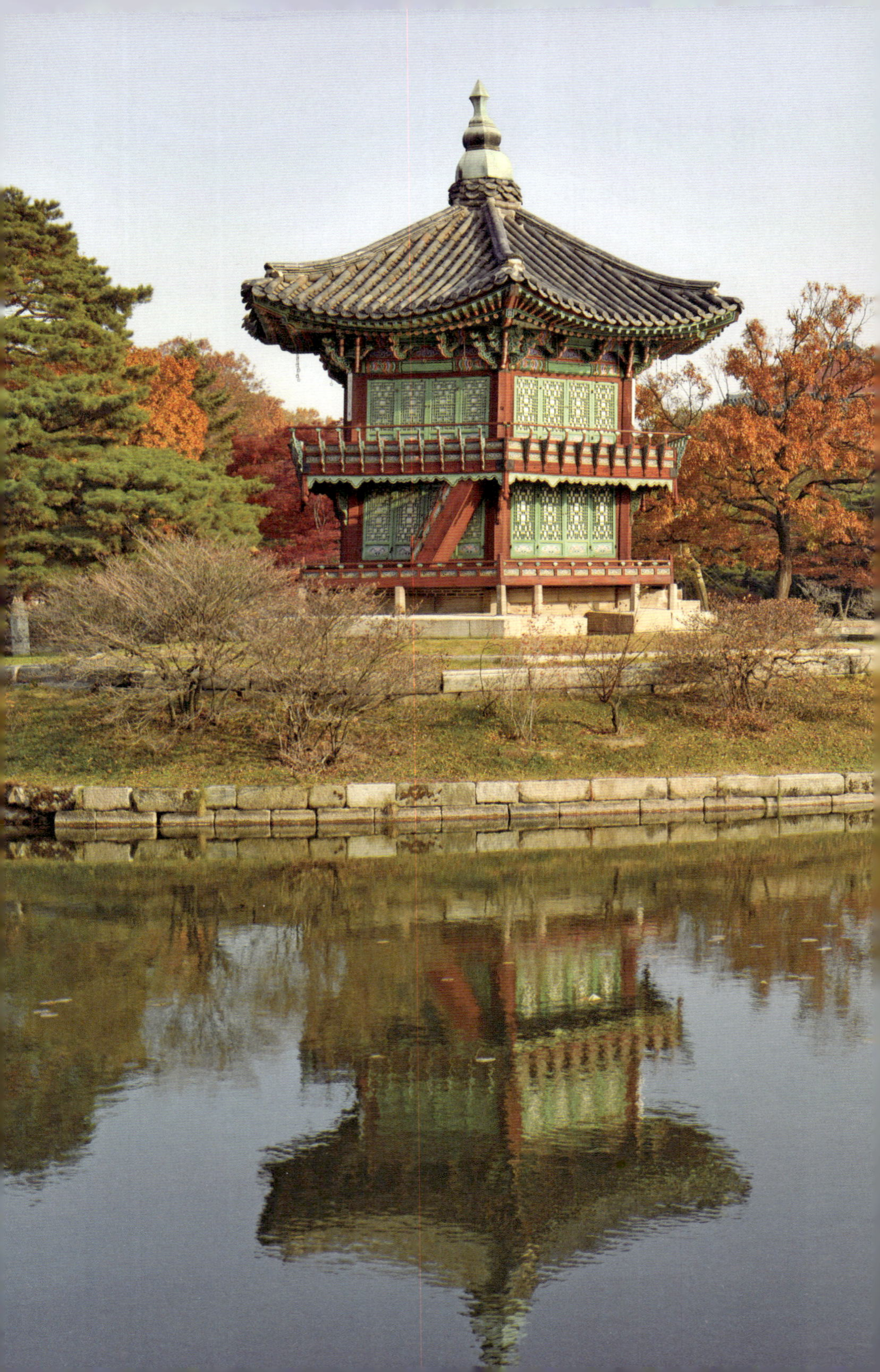

景福宫的秋天

行 首尔交通的3大警示

首尔至韩国各地的交通网密集,交通非常便利。市内有发达的地铁、公交车、出租车、观光巴士运行网络,地铁是市内旅行最便利的交通工具,只要乘坐地铁就可以到达市内任何地方。

1 享受12小时免签入境的待遇

在仁川机场转机到第三国或济州岛的外国乘客可以享受12小时免签入境。在仁川机场转机前往第三国的外国人需要参与文化体育观光部与仁川机场认证并运营的转机观光计划才能免签入境。前往济州岛的中国团体游客可以免签入境,进行12个小时以内的首都圈观光,然后到济州岛之后再办理正式的入境手续。

2 购票要选座并说清楚地名

购买车票时,在售票处说明目的地后,售票员会告诉巴士的时间和等级。巴士分为豪华巴士和普通巴士,可自行选择。只能购买单程票,没有往返票。付款时可使用信用卡。在购买车票时,一定要注意说清楚目的地的名字。有些地名的韩语发音很相近,容易混淆,为了避免弄错,最好写在纸上向售票员出示。

3 颜色各异的公交巴士

不同类型的巴士采用不同颜色标示,绿色代表直达巴士,蓝色代表干线巴士,红色代表市外巴士。有一种被称为"短途小巴"的支线巴士,这类车辆只在一定区域内运行。

飞机

首尔拥有两座机场,分别是仁川国际机场和金浦国际机场,可浏览网站(www.airport.kr)查询两座机场信息。

仁川国际机场

仁川国际机场位于韩国仁川市西侧永宗龙游岛上,距离首尔市中心约70公里。它是首尔主要的联外国际机场,为韩国最大的民用机场。目前主要起降国际航班,国内航线以大邱、釜山和济州为主。在机场出境大厅10号口,即G和H出口中间,可以免费领取首尔地图和各种优惠券。

● 从机场到首尔市区交通

巴士

从机场前往首尔市中心最便利、最省钱的方式之一就是乘坐机场巴士。高级机场巴士费用为7000~15000韩元,一般机场巴士费用为5000~10000韩元。在旅客客运站一层(入境场)的内部(4号、9号出口旁)、外部(4号、6号、7号、8号、11号、13号出口旁)的巴士售票处,均可获取有关机场巴士或软席巴士的信息,亦可购买到巴士车票。从仁川国际机场到首尔或金浦机场的机场巴士每10~15分钟一班。从机场出发的巴士路线非常多,建议游客事先在交通咨询中心确认好相关的站点编号及位置。

仁川国际机场铁路

仁川国际机场铁路(A'REX)的车站位于主客运大楼邻近的交通中心,分为沿途停靠所有11个站点的普通列车和直达首尔火车站中途无停靠的直通列车。普通列车有6个站点与首都地铁系统交叉,换乘十分便利,可方便前往首尔的各个区域。机场铁路还连接了仁川机场和金浦机场两个国际机场,所需时间约为30分钟。

仁川国际机场铁路乘坐信息			
列车形式	站名	车费/韩元	所需时间/分钟
普通列车	仁川国际机场		
	机场货物办公楼	900	3
	云西	900	7

续表

列车形式	站名	车费/韩元	所需时间/分钟
普通列车	青罗国际城	2300	18
	黔岩	2400	22.5
	桂阳	3050	28.5
	金浦机场	3550	35
	数码媒体城市	3750	44.5
	弘大入口	3850	48.5
	孔德	3850	52
	首尔	3950	56
直通列车	仁川国际机场站—首尔	8000	43

出租车

仁川国际机场目前运营着分别隶属于首尔、仁川、京畿地区（富平、光明、金浦、高阳）等地区的出租车，乘车点在旅客客运站入境场（一层）4D~8C号。从首尔、仁川、京畿地区前往仁川国际机场无需缴纳额外费用，但从仁川国际机场到这三个地区时，则需按乘车时间不同缴纳相应的附加费。高速道路过路费由乘客支付。

金浦国际机场

金浦国际机场位于首尔江西区空港洞，运营着韩国国内的大部分航班。现在国际航线只有东京、大阪、名古屋、北京、上海等线路，分为国内和国外两个候机大厅。

金浦国际机场到首尔市区交通

方式	信息
地铁	乘坐地铁是前往首尔最便捷、最省钱的交通方式。可乘坐地铁5号、9号线
巴士	机场的各个出口及乘车点都有前往首尔及仁川国际机场的机场巴士、市外巴士、金浦市内巴士。开往贸易中心（三成洞）、蚕室、明洞、光化门等首尔主要地区的巴士均可在8号门前的3~5号站点乘坐，费用为4000~7000韩元
出租车	各出口前有出租车乘车点，另有短距离出租车专用乘车点。此外，还可以在国际航班入境场2号门旁选择乘坐外国人专用出租车（International Taxi），需要提前预约，咨询及预约电话为070-75082256

火车

从首尔火车站发出的列车可分为KTX列车（Korea Train Express）、无穷花号列车、新村号列车。车票可以在每个车站大厅的售票窗口购买，也可以提前在各车站的官网上预订。

首尔火车站信息

站名	特点	资讯
首尔站	这是首尔最重要的火车站，也是连接首尔与釜山的KTX列车的始发站，有到达釜山、木浦、龙山站、光州、蔚山、庆州、大邱、大田和天安牙山站与水原的列车。从首尔站开往釜山的火车每周一、周四、周五、周日，5:00—23:00每10~30分钟一趟不间断运行	地址：首尔市中区蓬莱洞2街 交通：地铁1号、4号线首尔站下 网址：www.korail.com
龙山站	龙山站是首尔重要的交通枢纽之一，也是首尔的大站，很多KTX列车从这里发车，如首尔至木浦的湖南线	地址：首尔市龙山区汉江路3街40-999号 交通：地铁1号、4号线龙山站下 网址：www.korail.com
清凉里站	清凉里站是通往江原道江陵和旌善、庆尚北道安东和庆州等旅游城市的一般列车的始发站。KTX列车不在此站停靠。无穷花号列车每天6:00—23:00由首尔行至海云台，约50分钟每班。票价视距离长短而定，约需2500~15700韩元。这里有公交车换乘中心	地址：首尔市东大门区典农洞588-1号 交通：地铁1号线清凉里站下4号口出，或乘中央线至清凉里站下1号口出 网址：www.korail.com

巴士

在韩国，长途巴士发车班次密集、路线灵活，乘巴士出行是普通韩国民众采取较多的出行方式之一。首尔作为韩国国内最大的长途客运集散地，是连接各地的交通枢纽。在首尔乘车，可以轻松到达韩国的任何地方。

长途巴士内没有卫生间。一般每行驶两个小时左右会在高速路上的服务区休息15分钟，供乘客去卫生间、充饥、休息。服务区通常停靠许多相似的高速巴士，上车时一定要确认上对车。

首尔客运站信息		
名称	路线	资讯
高速巴士客运站	首尔规模最大、运营行线路最为密集的车站，路线覆盖首尔和釜山之间的京釜线，途经釜山、庆州、大田、大邱、庆尚道等东南部地区，岭东线及东海岸的江原道地区	地址：首尔市瑞草区盘浦洞19-4号 交通：地铁3号线在高速巴士客运站下，沿"京釜线"和"岭东线"标示走 网址：www.exterminal.co.kr
中心城市客运站	路线覆盖全罗道的湖南线，途经忠清道、全州、光州、丽水、木浦和南部沿海地区	地址：首尔市瑞草区新盘浦路190号（盘浦洞） 交通：地铁3号线高速巴士客运站下，沿"湖南线"标示走可到
东首尔客运站	东首尔客运站主要运营前往东部京畿道、江原道的长途巴士	地址：首尔市广津区九宜洞546-1号 交通：地铁2号线在江边站下4号口出 网址：www.ti21.co.kr
南部巴士客运站	主要运营前往韩国南部和西部的长途巴士	地址：首尔市瑞草区瑞草洞1446-1号 交通：地铁3号线在南部巴士客运站下5号口出 网址：www.nambuterminal.co.kr
上凤巴士客运站	主要运营前往韩国北部和东部的长途巴士	地址：首尔市中浪区上凤洞83-1号 交通：地铁7号线在上凤站下2号口出

地铁

首尔地铁有1～9号线，这9条线与国铁中央线、盆唐线、京义线等相连接，形成了首都圈的铁路网。地铁的每条线都有代表性颜色，车厢、路线图及地铁站里的标示等大部分都用了统一的颜色，可方便前往目的地。

地铁每个站有多个出口，出口附近分布着景点、购物地、美食区、办公区、医院等。地铁站内可以购票，在自动售票机、人工售票窗口都可以买票，也可以使用T-money卡。地铁运营时间一般为5:30—23:00或24:00。

首尔地铁及国铁信息

线路（代表性颜色）	信息
1号线（藏青色）	首尔最早开通的线路，以首尔站为中心，连通了市厅、钟路等市内中心地区，另与水原、仁川、天安等首尔圈的主要都市相连接
2号线（绿色）	首尔市内的循环线路，连接了弘大入口、新村、梨大、市厅、乙支路入口、东大门历史文化公园等江北的旅游点及蚕室、三成、江南等江南主要地区
3号线（橙色）	从京畿道、高阳市、日山延伸到首尔南部的线路，连接了新沙、狎鸥亭、高速巴士客运站等江南的中心地区。沿线还有仁寺洞附近的安国站和钟路3街站
4号线（天蓝色）	纵穿首尔南北的线路，沿线有大学路、东大门市场、明洞、南大门市场、首尔站等主要地点
5号线（紫色）	连接金浦机场和首尔市内的线路，在钟路3街站可以换乘1号线和3号线
6号线（土黄色）	途经世界杯体育场、梨泰院等景点
7号线（橄榄色）	连接首尔北边议政府市和首尔江南地区的线路，沿途经过高级街区清潭洞，在高峰期比较拥挤
8号线（粉红色）	首尔南部和城南市相连接的线路。沿途经过著名的outlet、文井洞及首尔最大的农产市场、可乐市场等。
9号线（金黄色）	分为快车和慢车，金浦机场到江南地区只需要30分钟
盆唐线（黄色）	连接了宣陵站到京畿道龙仁市器兴区宝亭站的线路，途经江南地区和郊外住宅区
新盆唐线（红色）	韩国国内最早一条无人驾驶的线路，连接了江南、板桥、亭子，沿线有良才市民树林、盆唐亭子洞咖啡街等
中央线（翠绿色）	连接了龙山站到京畿道杨平郡的龙门站
京义线（浅翠绿色）	连接从首尔站到京畿道汶山站的线路，有从汶山站出发到都罗山站方向的列车
京春线（浅绿色）	连接了7号线上凤站和江原道春川站的线路，方便前往清平、加平和春川

首尔地铁费用参考

对象	T-money 交通卡 / 韩元	车票 / 韩元
普通乘客（19岁及以上）	1050	1150
青少年（13～18岁）	720	1150
儿童（6～12岁）	450	500
备注	10～40公里：每5公里增加100韩元 40公里以上：每10公里增加100韩元 A'REX的运营区间（黔岩站—仁川国际机场）价格另算，新盆唐线（江南—亭子区间）需要另付700韩元 只有居住在韩国者才可以享受青少年和儿童 T-money 的优惠	

搭地铁玩首尔

首尔地铁每站都有一个3位阿拉伯数字的编号,以地铁线路号为首位数,自东向西或从北到南按次序给每个站一个编号。例如:地铁1号线从"逍遥山站"到"仁川站",主要方向为东西向,所以就从东到西方向为每站编号。"市政府站"编号是132,"首尔站"编号是133等,每个站均以"1"为首位数。这样乘客可以从一晃而过的车厢窗户中,迅速根据编号来判断到了哪个站。首尔地铁每条路线的颜色各不相同,便于乘客识别。

327 景福宫站(Gyeongbokgung)
——韩国的历史长廊

景福宫站是首尔地铁3号线的一站,地铁站编号是327。这个地铁站附近集中了首尔北部很多景点,其中绝大部分为历史建筑。可以按景福宫—青瓦台—三清洞—北村韩屋—仁寺洞路线游览。远一点还可以走到昌德宫与昌庆宫。

533 光化门站(Gwanghwamun)
——首尔市中心

光化门站位于地铁5号线上,其所在的光华门区域既是首尔的市中心,也是首尔旅游观光的起点和中心。著名的光华门广场就在这个站旁边。这里很受欢迎的景点有三清阁和曹溪寺。实际上光华门区域和景福宫地区连成了一片,从这里开始游首尔非常方便。

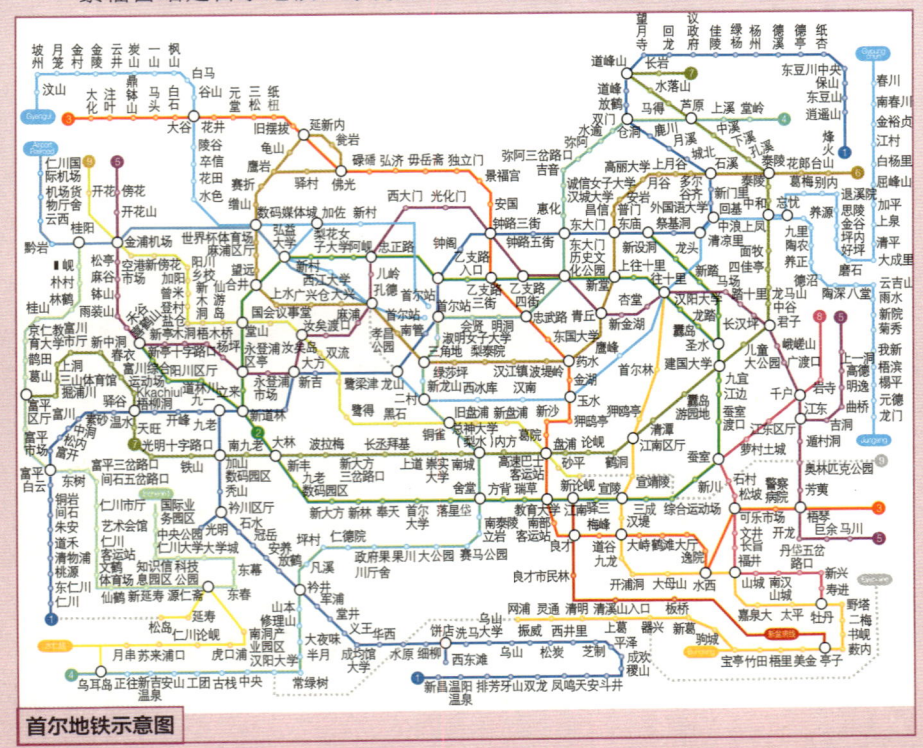

首尔地铁示意图

424 明洞站（Myeong Dong）——韩国流行最前线

明洞站位于首尔市中区，是首尔地铁4号线上最有名的一站。这里集中了韩国最时尚最流行的品牌，明洞Migliore、会岘二手LP商街、SPAO明洞店都是著名的购物地。乱打专用馆、獬豸厅是体验韩国文化的好去处。

132/201 市政府站（City Hall）——文化艺术集中地

市政府站是首尔地铁1号线和2号线的交汇换乘站，编号分别是132和201。其所在的区域是首尔最具艺术气息的地方之一。该站西边是德寿宫，东边是首尔广场，从首尔广场北行就到漂亮的清溪川广场。市政府站旁边还有一些剧场、画廊，艺术氛围非常浓厚。

630 梨泰院站（ITea Won）——浓郁的万国风情

梨泰院站是地铁6号线最著名的一站，编号是630。梨泰院街上尽是英文、日文招牌。历史上，日军和美军先后驻扎在这里。现在这里是外国使馆聚集的区域。在这里能体验到万国风情。梨泰院大街的古董家具一条街是这里最具看点的地方。首尔的地标建筑N首尔塔也在这个地铁站附近。这个区域还汇聚了具备各国风味的餐厅，在这里吃饭最好不过了。

241 梨花女子大学站（Ewha Womans University）——时尚女性购物区

梨花女子大学站位于地铁2号线上，编号是241。其所在的区域"女性"主题非常突出。这里有梨花女子大学和著名的梨大时尚街。梨大时尚街长约250米，汇聚了很多服装店、鞋店、饰品店、美容SPA店、发型沙龙等，多是面向年轻女性。这里的商店各有特色，价位也很合适。

240 新村站（SinChon）——潮流文化聚集地

新村站与梨花女子大学站相距不到800米，是属于年轻人的潮流文化聚集地，编号是240。新村附近有咖啡店、酒吧、练歌房、录像厅等众多娱乐场所，还有许多著名发型设计师经营的造型店、美容店等。在这里你完全被韩国的时尚文化所包围。游玩的话，这里也有西大门自然史博物馆等景点。

216/814 蚕室站（Jamsil）——休闲游乐地

蚕室站是首尔地铁2号线和8号线的交汇站，在汉江南边，整个地铁站和乐天世界融为一体，是首尔著名的游乐地，编号分别是216和814。这里还有汉江地区唯一可以享受水上摩托车的地方。乘坐游艇畅游汉江也是这里著名的游乐项目。在蚕室地区，还有首尔传统民俗表演。

131 钟阁站（Jonggak）——传统与现代的结合地

钟阁站位于地铁1号线上，编号是131。历史上，钟阁地区长期是韩国的政治、文化中心，所以有一些古迹，如600余年历史的普信阁。现在这里车水马龙，商务大厦林立，是首尔著名的商业区，三星公司的"钟阁大楼"就是这里的地标建筑。在这里漫步，好好体验一下首尔的繁华吧。獬豸厅是体验韩国文化的好去处。

公交车

首尔公交线路十分发达，公交划分为8大区域，市外廓有7大区域。对于不同区域的公共汽车，按照颜色分成了四类，分别为蓝色（干线）公交、绿色（支线）公交、红色（广域）公交、黄色（循环）公交。为保证公交车畅通，道路中间设有公交专用道路，使乘车更加快速方便。乘公交车时，前门上车后，可往车票箱里投币，也可使用T-money卡，如果用卡付车费，下车时要记得刷卡。

由于公交车上采用的是全韩语服务，游客在乘车前可先准备好写有目的地的小纸条，上车后交给车上的人员，他们会告诉你下车的站点。

公交车信息			
类型	范围	价格	公交号码体系
蓝色（干线）公交	首尔市内远距离运行的公交	交通卡：19岁及以上1050韩元，13～18岁720韩元，7～12岁450韩元，6岁及以下免费；	3位号码：出发区域+到达区域+编号（0～9） 如101 1：起点（道峰、江北、城北、芦原） 0：终点（钟路、中区、龙山） 1：编号
绿色（支线）公交	与干线公交或地铁相连，方便区域内出行的公交	现金：19岁及以上1150韩元，13～18岁1000韩元，7～12岁450韩元，6岁及以下免费	4位号码：出发区域+到达区域+连号（11～99） 如1212 1：起点（道峰、江北、城北、芦原） 2：终点（东大门、中浪、城东、广津） 12：编号
红色（广域）公交	连接首尔和首都圈各城市的快速公交	交通卡：19岁及以上1850韩元，13～18岁1360韩元，7～12岁1200韩元，6岁及以下免费； 现金：19岁及以上1950韩元，13～18岁1800韩元，7～12岁1200韩元，6岁及以下免费	4位号码：9（广域号码）+出发区域+连号（00～99） 如9212 9：广域公交 2：京畿道出发区域 12：编号
黄色（循环）公交	循环于首尔的主要地区内	交通卡：19岁及以上850韩元，13～18岁560韩元，7～12岁350韩元，6岁及以下免费； 现金：19岁及以上950韩元，13～18岁800韩元，7～12岁350韩元，6岁及以下免费	2位号码：区域号码+连号（1～9） 如51 5：区域类型 1：编号

出租车

首尔的出租车分为一般出租车、模范出租车和大型出租车三类。一般出租车为白色,模范出租车和大型出租车为黑色。市区内都设有出租车停靠站,坐车时可在站内或路边挥手示意。如担心语言沟通不便,可提前准备一张地图或是写有目的地信息的纸条。出租车采用计时付费的方法,到达目的地后,只需要根据计时器上显示的金额付费即可。

出租车信息				
类型	起步价/韩元	地区	起步价超过后收费	注意事项
一般出租车(中型)	3000	首尔、仁川、京畿道	每行驶140~150米或30~40秒加收100韩元	夜间(0:00—4:00)及营运区域外运营加收总费用的20%
	2800	釜山、大邱、光州、大田、蔚山、江原道、忠清道、全罗道、庆尚道、济州道		釜山市出租车夜间(0:00—4:00)及市外运营时加收总费用的20%(其他城市无此规定)
模范/大型出租车	5000	首尔、仁川、京畿道	每行驶150~170米或30~40秒加收200韩元	无任何加收费用
	4500	釜山		
	4200	全罗南道		
	4000	大邱、忠清北道、庆尚南道		
	3800	全罗北道、济州道		
	3500	全罗北道、济州道		
	3200	光州		

专题 Special Topic

各种各样的交通卡

来到韩国后,可根据需要办理相应的交通卡,用于支付车费,方便又便宜。韩国有各种各样的交通卡,最普通的是卡片形式,还有手机链样式的。

●T-money

T-money 是首尔市民普遍使用的一种交通卡,使用这种卡可乘坐首尔所有的地铁或巴士,比直接买票方便。T-money 最大的优点是携带方便及可以享受换乘优惠。使用 T-money 一般比用现金付费优惠 100 韩元,换乘时还可以得到优惠。可在网站(www.t-money.co.kr)查询相关信息。

购买

在有 T-money 卡标志的交通站点、便利店及地铁站售票处都可以购买。购买了 T-money 卡之后,可在购买的地方充值,也可在地铁站内充值,自助充值机有中文提示。

如何使用

乘坐地铁或巴士时,进出站各刷一次,如果在下车的时候没有刷卡,在换乘的时候就会以最长距离的费用自动结算。仅在巴士上才能两人以上共用一张卡。如果是两人,只需要将卡放在传感器上,跟司机说"两人"即可。换乘也一样,跟司机说"两人换乘"即可。但是换乘地铁时,必须一人一卡,两人不能使用同一张卡。

换乘

使用 T-money 换乘时,只能在巴士—地铁、地铁—巴士、巴士—巴士、巴士—区间巴士、区间巴士—巴士间使用,地铁换乘地铁时不能使用,也不可在同一条线路的巴士间使用。最多可换乘 4 次,换乘在 30 分钟之内有效。

退卡

退卡时,卡内余额不足 20000 韩元时,可到贴有 T-money 标志的便利店取出余额。如果卡内余额超过 20000 韩元时,需到地铁、韩国铁道车站的服务窗口办理。办卡的 500 韩元手续费不退还,交通卡可带走留作纪念。

保证期

T-money 基本有 1 年的保证期，装饰型的 T-money 的保证期是 6 个月。在保证期间因不注意引起卡的损坏，可得到全部赔偿（T-money 卡的费用及卡内的余额）。

类型	特色	价格
普及型 T-money	没有积累额的功能，T-money 卡中价格最优惠，是来韩国旅行或短期访问的游客最佳的选择	2500 韩元
装饰型 Smart T-money	分为青少年型和一般型，拥有丰富多样的图形和颜色，携带方便，可用作手机的装饰品	T 形 7000 韩元 I 形 5000 韩元

T-money 使用范围

区域	城市	范围
首都圈	首尔市、京畿道、仁川市	地铁、国铁、机场道路、市内公交车、广域公交车、T-money 出租车
忠清道	大田市	T-money 出租车
	天安市、牙山市	市内公交车
江原道	原州市、江陵市	市内公交车、T-money 出租车
庆尚道	釜山市	市内公交车、地铁
	浦项市	市内公交车、地铁
	统营市、巨济市、密阳市、四川市、安东市、蔚山市	市内公交车
全罗道	全州市、木浦市、益山市、群山市、金堤市、南原市、高敞市、井邑市、镇安市、任实市、扶安市、丽水市、海南市、光阳市、和顺市、长城市	市内公交车
济州岛	济州市、西归浦市	市内 / 市外公交车、T-money 出租车

◆M-Pass

M-Pass（Metropolitan Pass）是专为来访韩国的外国游客所设计的大众交通卡。使用此卡可以乘坐首尔地铁 1～9 号线、仁川国际机场铁路（A'REX）、机场铁路一般列车（直达列车除外）及首尔市区巴士的干线（蓝色）巴士和支线（绿色）巴士。在有效期内，一天最多可使用 20 次。游客可根据需要购买 1 日、2 日、3 日、5 日、7 日卡。除了交通卡的功能之外，还能在便利商店、计程车等 T-money 合作加盟店小额付款。购买这种卡时，还能得到中文宣传册、卡套及相关餐厅的优惠券。

购买地点

可在仁川国际机场一层5号、10号出口前的首尔市旅游信息咨询中心（电话：032-7433270）内购买。购买时需要另付5000韩元（保证金4500韩元+手续费500韩元），且购买M-Pass卡时会同时提供旅游景区和餐厅10%~20%的优惠券。

退卡

M-Pass可在仁川国际机场首尔市旅游咨询中心退卡，取回4500韩元保证金金额。

M-Pass 种类及价格	
种类	价格/韩元
1日卡	10000
2日卡	18000
3日卡	25500
5日卡	42500
7日卡	59500

◆Korea Pass

Korea Pass是在首尔及釜山等主要城市旅游期间，用于巴士、出租车、地铁等（除大田、庆尚北道、大邱地区以外）交通工具，旅游设施、住宿、购物等消费活动结算时使用的综合性电子消费卡。在所有信用卡加盟店都可使用，而且在加盟店消费时可享受一定优惠。官网：www.koreapass.or.kr。

类型

Korea Pass卡分为预付卡和消费卡（Check Card）两种。预付卡有面值5万、10万、30万、50万韩元等4种类型，加付1万韩元可选择开通交通卡功能。

购买及充值

可在京畿、仁川、首尔贴有"Cashbee"标志和釜山贴有"Mybi"标志的便利店及代售点购买。充值点有7-11便利店、地铁站（首尔、京畿、仁川）、交通卡代售点等。

余额退还

预付卡内余额不足卡面值的20%时，在Tax Free Korea及7-11便利店退还，不收手续费；预付卡内余额超过卡面值的20%时，退还地点在Tax Free Korea，收取余额的5%作为手续费。交通卡余额可到Tax Free Korea及7-11便利店退还，收取手续费500韩元。

Korea Pass 卡可享受的优惠信息		
类型	使用范围	优惠
景点及公演	N首尔塔、国立中央博物馆、63大厦、乐天世界、乐天影院、韩国之家、乱打、涂鸦秀、传统戏剧常设公演、爱舞动等	5%~30%
购物	乐天免税店、乐天超市、7-11便利店、乐天Super、乐天百货店等	5%~10%
住宿	乐天酒店	10%~30%
用餐	TGIF、乐天利（Lotteria）快餐店、韩国之家等	10%~30%
美容	Zenhair、Bella Skin Care等	10%

♦Seoul City Pass

　　Seoul City Pass 是专为游客设计的交通卡。凭卡一天内可自由搭乘首尔地铁及巴士20次，当天还可免费无数次搭乘首尔观光巴士古宫及市区路线，红色巴士及京畿、仁川地区公车巴士不可以使用。

购买地

　　在韩国Smart Card总公司、仁川机场入境大厅及大部分旅游咨询中心等地都可以买到。韩国Smart Card总公司地址：首尔中区南大门路5街Seoul City Tour大楼10楼（地铁首尔站10号口出）。

Seoul City Pass 信息			
	一日券	两日券	三日券
价格/韩元	15000	25000	35000
首尔观光巴士（市区路线）	一天之内不限乘坐次数	两天之内不限乘坐次数	三天之内不限乘坐次数
巴士/地铁	一天限乘20次	一天限乘20次，共可乘40次	一天限乘20次，共可乘60次

♦Seoul City Pass Plus

　　Seoul City Pass Plus是在T-money交通卡上增加了旅游性能的交通卡。持此卡可以在1天内20次换乘蓝色、绿色、黄色公交车及地铁，可以无限次乘坐首尔城市观光巴士，可以以门票本身价格9折的优惠参观贞洞剧场、世宗文化会馆、乱打剧场、三清阁、乐天世界、首尔塔、有趣独特物品博物馆，还可以免费参观首尔市立美术馆。

　　在所有贴有T-money标志的便利店都可以购卡、充值及退款，价格3000韩元，退卡时可以返还余额。

♦外国人铁路通票

　　韩国铁路公社（Korail）为普通外国游客和在韩居住的外国人提供可在一定时间内使用的通票。持通票游客搭乘次数不受限制，同时还可以享受酒店入住费或旅游景点入场费的优惠。韩国铁路通票主要类型有Korea Rail Pass（KR-Pass）、Happy Rail Pass等。在世界任何地方均可在网站（www.letskorail.com）提前订购。

KR-Pass

　　仅限非韩国籍的外国人及在韩国居住6个月以内的外国人使用，持有其他国家永住权或长期有效商业签证的韩国游客也可以购买使用。春节、元旦、中秋节、夏季休假期间等韩国主要的公休日和旅游旺季期间，可能无法使用KTX、新村号、无穷花号等列车的普通座席，乘坐时也许有站票的情况。

Happy Rail Pass

持有 Happy Rail Pass 的在韩居住外国人可以不限次数和区间乘坐KTX、新村号、无穷花号等所有普通列车。

外国人铁路通票价格参考

KR-Pass 价格 / 韩元

类别 \ 种类	普通票（Normal）成人票（12岁以上）	普通票（Normal）儿童票（4～12岁）	同行票（Saver）2～5人	学生票（Youth）年龄：13～25岁
1天	66900	33500	60300	53600
3天	93100	46500	83700	74500
5天	139700	69900	125700	111800
7天	168400	84200	151600	134700

Happy Rail Pass 价格 / 韩元

2日票	95700	47900	86100	76600
3日票	107800	53900	97000	86300
5日票	179900	89900	161900	143900

注 1. 4岁以下儿童免费。
    2. 学生票需持国际学生证。

住 首尔住宿的 4 大选择

首尔住宿非常方便，如果以购物为目的，可以选择住在明洞和东大门；如果想体验韩国传统文化，可以住在仁寺洞及韩国传统文化区的韩屋；如果想感受韩剧中浪漫的街道，可以住在梨花女子大学和大学路附近。观光协会推荐的旅馆主要分布在首尔的江南地区三星洞、明洞和奖忠洞一带，大众化的旅馆主要集中在市中心的江东一带。此外，首尔有两个非正式的背包客聚集区，分别是市区东北部的钟路和西部的弘大、新村一带。

1 仁寺洞

仁寺洞是韩国传统文化保留最完好的地区之一，也是特色的文化商业街。以中央大街为中心，两旁有许多传统工艺品店、古董店、画廊等。来到该地区建议选择住在传统韩屋式旅馆，可以充分体验韩国传统文化。

2 新村 / 弘大 / 梨大

这里是韩国大学街区的代表，有很多商店、餐馆、酒吧、夜店聚集。新村以烤肉出名，弘大是夜店的聚集地，梨大有许多时尚服饰店。这里的酒店价格比首尔市中心便宜，性价比较高。

3 市政厅及韩国传统文化区

这里是汇集历史遗迹、博物馆、纪念馆和剧场的观光区，主要景点有景福宫、德寿宫、清溪川和光化门广场。如果想体验韩国传统文化，可以选择这里住韩屋、穿韩服照相。

4 狎鸥亭 / 清潭洞

这里是韩国上流社会的富豪、明星、名人聚集的地方，有很多名品店、百货店、高档餐馆和明星经纪公司。所以这里以豪华酒店居多，部分豪华酒店会增收 10% 的服务费。

传统韩屋

● 乐古斋

乐古斋（Rakkojae）由有 130 多年历史的韩屋古宅改造而成，是许多韩国电视剧和电影取景的地方。这里最多可容纳 10 名团体游客，备有韩国的传统饮食、传统表演及茶道体验等活动。

旅游资讯
地址 ⊙ 首尔市钟路区桂洞街 49-23 号
电话 ⊙ 02-7423410
交通 ⊙ 地铁 3 号线安国站 2 号口出
网址 ⊙ www.rkj.co.kr

● 明家斋

明家斋（Myeonggajae）是使用白头山松树建造的古宅，由传统瓦顶、围墙、酱缸和石墙等构成的景致，充分体现了韩国传统建筑文化的特色。这里提供免费早餐、无线上网及洗衣服务等。此外，还可以进行漆树工艺、茶道、韩服等文化体验。

旅游资讯
地址 ⊙ 首尔市钟路区昌德宫街 150-4 号
电话 ⊙ 02-7636979
交通 ⊙ 地铁 3 号线安国站 5 号口出，转乘 1 号小区巴士在 Wonseo Hill 下
网址 ⊙ www.myeonggajae.com

● 南岘堂韩屋

南岘堂韩屋（Nam Hyun Dang）位于仁寺洞，由具有 100 多年历史的传统韩屋改建而成，设有 5 间客房、3 间洗手间，有厨房、客厅和庭院，有家庭房、双人房、单人房等可供选择。

旅游资讯
地址 ⊙ 首尔市钟路区三壹大路 446-15 号
电话 ⊙ 02-26598788
交通 ⊙ 地铁 1 号、5 号线钟路 3 街站 5 号口出（云岘宫方向）
网址 ⊙ www.namhyundang.co.kr

● 海米韩屋旅馆

海米韩屋旅馆（Haemil Guest House）是一间历史悠久的传统韩屋，保留了岁月的痕迹，韩屋内有 4 间客房，有客厅和庭院，每间客房内设有独立洗手间，房内散发着淡淡木香，相当温馨。此外，还提供免费早餐、免费无线上网、公用计算机、免费洗衣服务及导游预约服务等。

旅游资讯
地址 ⊙ 首尔市钟路区栗谷路 10 街 15-14 号
电话 ⊙ 02-89501546
交通 ⊙ 地铁 1 号、5 号线钟路 3 街站 7 号口出
网址 ⊙ www.haemilguesthouse.com

● 首尔农场韩屋旅馆

首尔农场韩屋旅馆（WWOOF Korea Guest House）位于北村韩屋村附近，内有小型的有机菜田，可在私人有机农场住宿，并体验休闲的农园生活及韩屋文化。这里有会说中文的服务员，提供免费的早餐、无线上网及洗衣服务。

旅游资讯
地址 ⊙ 首尔市钟路区桂洞街 52-11 号
电话 ⊙ 02-7234510
交通 ⊙ 地铁 3 号线安国站 3 号口出，步行 7 分钟
网址 ⊙ www.wwoofkoreaguesthouse.com

都市民宿

● 哇山民宿

哇山民宿（Wow Hills Guest House）位于弘大区，是首尔最热闹的地方之一。这里提供免费早餐、免费洗衣机（包括洗衣粉），可提前预约机场接送服务。周围有很多俱乐部、咖啡厅、画廊和餐馆等，可以体验各种"弘大区生活"。

旅游资讯
地址 ⊙ 首尔市麻浦区仓前洞 6-86 号
电话 ⊙ 02-3257888
交通 ⊙ 地铁 2 号线弘大入口站 9 号口出
网址 ⊙ www.wowhillsguesthouse.com

● 芒果民宿

芒果民宿（Mango Guest House）是一个适合国际游客、学生和团体游客的休息区，这里有单人间、大床房、双床房、6 人集体客房等，提供免费 Wi-Fi 和自助厨房。

旅游资讯
地址 ⊙ 首尔市麻浦区西桥洞 404-10 号
电话 ⊙ 02-60532922
交通 ⊙ 地铁 2 号线弘大入口站下
网址 ⊙ www.mangoguesthouse.co.kr

● 绿洲民宿

绿洲民宿（Oasis Guest House）位于弘益大学和购物街新村与梨花女子大学之间，是一个以家庭为基础的住宿，设有一个共享厨房、一个公共用餐区和客厅，提供免费 Wi-Fi，有一台计算机供客人使用。可以安排行李寄存服务和旅游服务。

旅游资讯
地址 ⊙ 首尔市麻浦区西桥洞 336-9 号
电话 ⊙ 02-22910945
交通 ⊙ 地铁 2 号线弘大地铁站下

● 鸿斯民宿

鸿斯民宿（Hongsi Guest House）中的每个房间都包含了卫浴、厨房、冰箱等设备，免费提供吹风机、牙膏、Wi-Fi 等。在此可与其他人分享旅游经验。

旅游资讯
地址 ⊙ 首尔市麻浦区麻浦洞 463-22 号
交通 ⊙ 地铁 2 号线弘大站下 2 号口出
网址 ⊙ hongsiguesthouse.com

♦ 24 旅馆弘大

24 旅馆弘大（24 Guest House Hongdae）有着外国人最喜欢的韩式风格，价格合理，客房实用，交通便利。这里还有特有的惊喜活动——Social Club 和 Crowd Funding，可以更好地体验韩国的文化。

旅游资讯
地址 ⊙ 首尔市麻浦区延南洞 570-35 号
电话 ⊙ 02-88273296
网址 ⊙ hongdae.24guesthouse.co.kr

青年旅馆

♦ 黄砖 2 号旅馆

黄砖 2 号旅馆（Yellow Brick 2 Hostel）位于首尔中心地带的钟路区，步行可到昌德宫、仁寺洞、明洞、东大门等主要景点和购物地。旅馆提供免费国际长途电话服务和 Wi-Fi，所有客房设施齐全，早上提供简单的西式早餐，并有会说英、中、法、日语的店员。

旅游资讯
地址 ⊙ 首尔市钟路区敦化门路 66 号（卧龙洞）
电话 ⊙ 02-7446844
交通 ⊙ 地铁钟路 3 街站 7 号口出，然后直行 300 米即到

♦ Stay in GAM Hostel

Stay in GAM Hostel 拥有干净整洁的设施，一层餐厅提供早餐，晚上提供各种饮料、酒类和下酒菜。附近有仁寺洞、北村、昌德宫、昌庆宫、宗庙等景点。

旅游资讯
地址 ⊙ 首尔市钟路区栗谷路 10 街 12 号（卧龙洞）
电话 ⊙ 02-7642052
交通 ⊙ 地铁 1 号、3 号、5 号线在钟路 3 街站下
网址 ⊙ stayingam.com

♦ 旅行者旅馆

旅行者旅馆（Travelers A Hostel）提供宽敞、干净的房间，在前台可免费致电国外固定电话。24 小时都有人当值，比较安全。由于没有电梯，搬运行李比较吃力。旅馆周边有广藏市场、中部市场、世运商街等。

旅游资讯
地址 ⊙ 首尔市中区乙支路 27 街 35 号
电话 ⊙ 02-22855511
交通 ⊙ 地铁 2 号、5 号线乙支路 4 街站下 6 号口出

♦ 首尔奥林匹克青年旅馆

首尔奥林匹克青年旅馆（Seoul Olympic Parktel）位于奥林匹克公园附近，提供标准双人间、家族间、套房、韩式房等，内有美容室、花园、健身俱乐部等设施。附近有梦村历史馆、梦村土城等名胜古迹。

旅游资讯
地址 ⊙ 首尔市松坡区奥林匹克路 448 号（芳荑洞）
电话 ⊙ 02-4102514
交通 ⊙ 地铁 8 号线梦村土城站 1 号口出
网址 ⊙ www.parktel.co.kr

吃 食在首尔的 4 大体验

首尔作为首都的历史已有 500 多年,不仅保留着朝鲜时代的饮食特色,也融合了世界各国的饮食风格,传统与现代碰撞出独有的魅力。

1 感受首尔浓浓的咖啡文化

首尔的大街小巷中分布着无数别致的咖啡馆,每一家都有着独特的迷人气质。很多咖啡馆还因出现在浪漫的韩剧之中而出名。在首尔的咖啡馆里,不仅可以品尝到香浓的咖啡,店内的自制甜品也非常值得一试。来到这里,你一定会爱上浓香的的咖啡文化。

2 品尝韩定食的注意事项

韩国传统套餐在韩国称"韩定食"。品尝韩定食一定要做好充足的时间准备,因为一道道菜按顺序慢慢上桌,需要 1 ~ 1.5 小时。干果上来以后,可以点少量的酒,与一起用餐的人边聊天边等待其他料理。

3 单一的菜单

韩国餐馆里的菜单大多品种单一品种,想要一次性吃到辣炒年糕、石锅拌饭、紫菜包饭、大酱汤、泡菜汤等不同菜品非常难。可以去紫饭天国等承包连锁店,里面出售的韩式小吃品种达 100 个之多,且价格便宜,韩国的学生、上班族也喜欢来此就餐。

4 不要浪费食物

韩国人对浪费食物极其反感,多数韩国人用餐都会吃得很干净,用餐时一定要特别注意。大多数韩食按每人份计算,普通食量的人点一份就够吃,食量大的人可以点两人份或酌情加单。

首尔地道美味

● 泡菜

泡菜是韩国最具代表性的美食之一，也是韩国最常见的一种小菜。它以鲜辣著称，通常会和米饭一起伴食。在韩国甚至有泡菜学校专门教做泡菜。

● 韩国传统套餐

韩国传统套餐（韩定食）讲究排场，由前菜、主食、副食、饭后食组成，分成3碟、5碟、7碟、9碟、12碟。

● 紫菜包饭

紫菜包饭是一道十分常见的韩式料理，与日本料理中的寿司十分相似。其实，韩国的紫菜包饭正是由日本寿司演变过来的。

● 炒年糕

在韩剧中，出现最多的街头小吃非炒年糕莫属了。炒年糕是用辣椒酱、糖、葱、水翻炒而成，不油不腻，辣辣甜甜，非常好吃。尤其是炒年糕里面的鱼饼，滋味非常鲜美。

特色美食街

● 钟路

钟路历史悠久，是传统美味集中的地方。食物种类包括解救汤、雪浓汤、绿豆煎饼、刀削面等，价格低廉又实惠，深受市民的喜爱。在传统老店的旁边还有不少针对年轻消费者的餐饮店。新旧文化共存正是钟路饮食文化的特点。

● 韩式拌饭

韩式拌饭是韩国一道非常经典的美食，其是在白米饭表上铺上大葱、辣白菜、鸡蛋、牛肉等食材。食用时，可加入各种酱料一起拌匀。

● 煎饼

煎饼被称为"韩式比萨"或"韩式热香饼"，和拌饭一样深受外国朋友的喜爱。在各种各样的煎饼中，最具人气的是葱饼和泡菜饼，外脆里嫩越嚼越香。蘸上点酱油或是用酱油、白醋和辣椒粉调成的调味汁，吃起来更加鲜香可口。

● 烤五花肉

五花肉是猪肚子上肥瘦相间的肉，特别受到韩国人的偏爱。在韩国，五花肉比其他部位的猪肉要贵三四倍。正宗吃法是把厚厚的五花肉放在炭火上烤至金黄，再配上调味酱和大蒜，用生菜或紫苏叶包起来吃。而"五花肉配烧酒"一直都是大家公认的绝配。

旅游资讯

交通 ⊙ 地铁1号线钟路5街站下

北仓洞

北仓洞是指广场酒店后侧往南的一片三角形地区，传统风味大受欢迎，是首尔知名的美食区。附近上班族的需求

使得这一带逐渐聚集起诸多、餐馆、酒吧。其中最具特色的有金枪鱼生鱼片、烧烤、中国菜、章鱼餐厅等。

> **旅游资讯**
> 交通⊙ 地铁1号、2号线市厅（市政府）站8号口出

广场市场

广场市场位于钟路5街与清溪川之间，胡同内有数量众多的小吃摊。将绿豆磨碎加油煎成的绿豆煎饼是这里著名的小吃。

> **旅游资讯**
> 交通⊙ 地铁1号线钟路5街站7号口出

孔德洞煎饼胡同

此胡同是孔德地铁站外传统市场的一部分，分布着大量出售煎饼的饭馆。这里的煎饼适合与马格利酒一起品尝，炸大虾、炸辣椒、炸蘑菇等美食也众多。因胡同的名气大，美食价格比其他地方稍贵。

> **旅游资讯**
> 交通⊙ 地铁5号、6号线孔德站5号口出

奖忠洞猪蹄街

韩国人很喜欢吃猪肉，猪蹄更是韩国人的代表菜肴。奖忠洞猪蹄街的奖忠体育馆附近，有不少猪蹄店均自称是历史最为悠久的"元祖猪蹄店"。吃猪蹄时，配上烧酒更美味。

> **旅游资讯**
> 交通⊙ 地铁3号线东大入口3号口出

新堂洞辣炒年糕街

这里是韩国最有名的辣炒年糕街，以材料丰富、品味多样、24小时营业为特色。每年10月中旬都会举办"新堂洞辣炒年糕节"。

> **旅游资讯**
> 交通⊙ 地铁2号、6号线新堂站8号口出左转

首尔江南

首尔江南地铁站一带是时尚弄潮儿的美食天堂。街上的餐厅以满足年轻人口味的西餐厅、日餐厅等居多，也有不少符合年轻消费群特征的酒吧。

> **旅游资讯**
> 交通⊙ 地铁3号线狎鸥亭站下

明洞

明洞古韵尚存，虽是青春气息浓郁的现代化街区，但餐厅中却不乏传统老店。纵然岁月流逝、新店如雨后春笋般涌现，这些店家仍能以不变的味道招揽回头客。

> **旅游资讯**
> 交通⊙ 地铁3号线安国站下

特色美食店

◆ Gorilla in the Kitchen

这是韩星裴勇俊运营的餐厅。整个餐厅全部用白色装饰,给人以高雅、整洁的印象,以健康为主题的食谱更是受到大众的好评。推荐 Human 套餐、Gorilla 套餐及燕儿鱼子意大利面等美食。

旅游资讯
地址 ⊙ 首尔市江南区新沙洞 650 号
交通 ⊙ 地铁 3 号线狎鸥亭站 3 号口出

◆ 凤酒楼

凤酒楼是一家中国餐厅,装潢是其一大特点,通往地下的入口处为秦始皇的佣兵,内部以红和黄为主的颜色布局,更添皇室气氛。一层为传统料理的餐厅,二层是提供中国汇菜和酒的名为"布车"的酒馆空间。此外,还有乐队演出,是和朋友们聚餐的好地方。

旅游资讯
地址 ⊙ 首尔市江南区新沙洞 600 号 ISA 建筑地下 1 层
交通 ⊙ 地铁 3 号线狎鸥亭洞 3 号口出

◆ Black' Smith

Black' Smith 是韩国著名影星宋承宪经营的一家意大利餐厅,以意大利面和比萨为主,还有沙拉、汤、意大利烩饭等各色料理。其中,用鱿鱼墨汁制作的意大利黑色烩饭,味道鲜美、独特,也是宋承宪最喜欢的料理之一。

旅游资讯
地址 ⊙ 首尔市江南区新沙洞 514-20 号
交通 ⊙ 地铁 3 号线新沙站 8 号口出
营业时间 ⊙ 周一至周五 11:30—24:00、周日 11:30—22:00(点餐截至 21:30),周六休息

◆ 土俗村

土俗村是首尔最悠久的参鸡汤老店之一,这里的参鸡汤中放入了 30 多种韩药材,加入糯米、南瓜籽、葵花籽等,汤略浓稠,味香俱全。参鸡汤和烤鸡是店里的人气料理,极受欢迎。夏天一到,时常有前来就餐的人在餐厅门口排起长队。

旅游资讯
地址 ⊙ 首尔市钟路区体府洞 85-1 号
交通 ⊙ 地铁 3 号线景福宫站 2 号口出
营业时间 ⊙ 10:00—22:00

◆ 王妃家

这里是王妃家的总店,韩式而又现代化的室内装潢令人印象深刻,用餐氛围很好。这里的人气美食有调味排骨、外脊、五花肉等木炭烧肉和猪排骨套餐,韩式烧牛肉等美食也是著名的招牌美食。

旅游资讯
地址 ⊙ 首尔市中区忠武路 2 街 63-3 号 2F
交通 ⊙ 地铁 4 号线明洞站 9 号口出
营业时间 ⊙ 11:30—23:00

韩式料理店

● 菜根谭

菜根谭擅长用蔬菜、蘑菇粉和山草粉熬制高汤，虽然没有添加任何肉类，但却散发出浓浓的香味。这里以当季蔬菜为主要食材，每个季节的菜单都有所不同。用餐前需预约。

旅游资讯
地址 ◉ 首尔市江南区驿三路98街23号
交通 ◉ 地铁2号线三成站

● 素饭

素饭（Soban）可以品尝到将传统韩式料理和稍改良过的现代韩式料理。有多个包间适合聚会聚餐，价格合理。

旅游资讯
地址 ◉ 首尔市江南区彦州路303号
交通 ◉ 地铁2号线宣陵站7号口出
网址 ◉ www.soban.co.kr

● 七良

七良是韩式套餐专营店，不使用任何化学调料。清淡的口味，保持了食材原有的美味和营养。四良、五良、六良等菜值得推荐。

旅游资讯
地址 ◉ 首尔市江南区永东大路731号
交通 ◉ 地铁7号线清潭站13号口出
网址 ◉ www.kr7r.com

● 三清阁

三清阁不仅可以品尝高品质的韩国料理套餐，还可以欣赏高水准的韩国传统表演，参加传统文化体验活动。三清阁同时也是著名的景点名胜，许多影视剧经常来此拍摄。

旅游资讯
地址 ◉ 首尔市城北区大使馆路3号
交通 ◉ 地铁5号线光化门站，后转乘教保文库前面的班车（10:00—21:00）
网址 ◉ www.samcheonggak.or.kr

● 枫树家

枫树家布满树木的室内装潢，颇具北美风情。顾客可在宛如葡萄酒吧的氛围中享用烤猪肉或烤牛肉。将肉品置于火力十足的顶极炭火上烧烤后，以芝麻叶包裹享用风味绝佳。

旅游资讯
地址 ◉ 首尔市龙山区黎泰院1洞119-25
交通 ◉ 地铁6号线梨泰院站1号口出
网址 ◉ www.mapletreehouse.co.kr

中餐厅

● 红宝阁

红宝阁（Hongbogak）以广式和四川料理为主打，同时制作海鲜、烤肉、面食、甜点等多种中式菜肴。店内设有包厢，适合团队或家族聚餐。

旅游资讯
地址 ◉ 首尔市中区东湖路287号
交通 ◉ 地铁3号线东大入口站1号口出
网址 ◉ grand.ambatel.com

安东庄

安东庄（Andongjang）是韩国目前历史最悠久的中华料理店之一。最知名的料理为牡蛎辣汤面，分为辣和不辣两种，可根据喜好选择。

旅游资讯
地址 ⊙ 首尔市中区乙支路 124 号
交通 ⊙ 地铁 2 号线乙支路 3 街站 10 号口出

鼎泰丰

鼎泰丰（Din Tai Fung）提供招牌料理小笼包和各式台菜。始终如一的美味和高档豪华的室内装潢吸引了众多顾客，每到周末都需要排队等位。

旅游资讯
地址 ⊙ 首尔市中区南大门路 56 号
交通 ⊙ 地铁 4 号线明洞站 5 号口出
网址 ⊙ www.dintaifung.co.kr

咖啡店 / 甜品店

♦Hello Kitty Cafe

Hello Kitty Cafe 粉色系的装修风格让整间咖啡厅显得十分可爱，是很多女孩子来韩国的必游之地。内部装修温馨，咖啡、甜点的卖相和口味也不错。

旅游资讯
地址 ⊙ 首尔市西大门区沧川洞 13-3 号 2-3F
交通 ⊙ 地铁 2 号线新村站 3 号口出
营业时间 ⊙ 11:00—23:00

咖啡王子 1 号店

咖啡王子 1 号店是同名电视剧的拍摄地，这是一个充满回忆的地方，每一个角落都有许多故事。品着咖啡的香醇，看过往人群，无比惬意。

旅游资讯
地址 ⊙ 首尔市麻浦区西桥洞 337-2
交通 ⊙ 地铁 2 号线弘大入口站 8 号口出
营业时间 ⊙ 9:00—23:00，周五、周六 9:00—次日 1:00

首尔第二家

首尔第二家以红豆粥美名远扬。添加了糯米年糕、栗子和银杏的红豆粥香浓甜糯，只吃一碗就觉得饱饱的。另外还有浓浓的养生传统茶也堪称一绝。

旅游资讯
地址 ⊙ 首尔市钟路区三清路 122-1
交通 ⊙ 地铁 3 号线安国站 1 号口出

四季

此店为艺廊咖啡厅兼餐厅，一年会举行 5~6 次展示，加上店家经常更换作品，因而有"艺廊咖啡厅"的称号。在此能品茶和用餐，晚上还能享用到葡萄酒。

旅游资讯
地址 ⊙ 首尔市钟路区桂洞街 71 号
交通 ⊙ 地铁 3 号线安国站 3 号口出

淘购在首尔的 4 大秘笈

首尔是购物的天堂，有各式各样的购物街区和百货公司，明洞、梨大、弘大、东大门、南大门等购物街区，有各种国际品牌及韩国本土品牌的店铺。从女人钟爱的化妆品、服装、家居用品，到男人喜欢的新奇电子产品、唱片、手表，你能想到的一切都应有尽有，款式风格也处于时尚的最前端。

若是奔着韩国化妆品而来，明洞是让你一网打尽所有品牌的最佳去处；想要找韩国成衣，东大门则不容错过；若是喜欢各种韩国设计文具或小东西，梨大、新村和弘大一带能够满足你；若是想要找一些有设计感的服饰，林荫道、三清洞都会给你十足惊喜；若是想要在免税店血拼，乐天、新罗、华克山庄、东和等免税店的商品正等着你搜罗。

1 直接退税很方便

首尔的很多商店都对外国人开放退税措施，只要拿指定购物小票到机场就可以办理退税，令购物变得更加超值。在免税店购物时，需带上护照和机票，如果没有机票，知道航班号和出发的时间也可以，韩国的品牌可以当场领取退税，其他国家的品牌需离开的当天在机场领取。

2 可以砍价的地方

首尔的百货公司和品牌店，不论大小均明码标价，肯定不能砍价，可以礼貌地问一下店主可否打折，偶尔会成功得到一些折扣。但因游客很多，折扣幅度不高。东大门市场、南大门市场等地方则可以砍价，服饰类可以从 6 折开始尝试，食品和食材类的砍价幅度要更小一些。首尔正规商城和市场漫天要价的现象不普遍，所以抱着"对半砍"心态的购物爱好者难免会有些失望。

3 玩转四次大特卖

首尔换季期间的打折季为购物达人创造了最佳的购物环境。各大百货商店与购物中心每年 4 次开展大规模特卖活动，最盛大的特卖季在春节与中秋节前后。夏季召开首尔夏季特卖会，冬季召开韩国购物季，而各美妆品牌在 12 月竞相提供大幅折扣。

4 在优惠期间购物

韩国的免税店和百货店在不同的月份会推出相应的折扣，一般免税店优惠时间在 2 月、4 月、7 月、10 月、12 月，百货店优惠时间在 1 月、4 月、7 月、10 月、12 月。其他大型优惠卖场的折扣期间也与百货店类似。南大门、东大门市场及其他主要传统市场在 1 月中旬和 7 月初左右进行优惠销售，冬、夏打折季期间内消费者可用 20%~30% 的优惠价购买商品。此外，存放 2~3 年的商品也会在此时进行半价销售。

名品特产

● 美容用品和化妆品

韩式美容在亚洲相当有名气，首尔的美容用品和化妆品更是琳琅满目。著名的购物地明洞，是韩国本土美容品牌专卖店的聚集地。在此既可以检查自己的皮肤状态，也可以随意试用所有商品。各品牌间的竞争也很激烈，商品的效果愈加卓越，价格也愈加合理。

● 传统工艺品

传统工艺品蕴含着韩国的传统与文化，成为受欢迎的礼物。在仁寺洞或北村的街头，到处都可以见到传统工艺品。传统扇子、穿着韩服的娃娃、用贝壳装饰的钥匙扣、传统面具套装……这些都是非常畅销的旅游纪念品。

● 韩服及配饰

韩服是韩国的传统服装，很多韩国人会在节日或婚礼等特别的日子穿上韩服。如今的韩服大部分为定制，也可以根据自己的尺码购买成衣。与韩服相搭配的饰物也是多种多样，既有戴在头上的，也有别在衣服上的，每一件都精美细致，如同艺术品一般，具有很高的收藏价值。购买韩服及传统饰物可到仁寺洞。

● 韩式器皿

韩式器皿有青瓷、白瓷、粉青砂器等，式样、颜色、质地多种多样。除家庭日用品外，用于装饰的艺术器皿也很多。一般家庭用及传统宫中用的器皿种类繁多，漆器、木器、玻璃器皿等均价廉物美。购买韩式器皿可前往百货公司、南大门市场、碗碟专卖店、利川陶艺村等地。

● 人参茶

人参是多年生草本植物，其根和叶都可入药，为传统的滋补品。人参袋泡茶是用人工栽培的人参鲜叶，按制作绿茶的方法，经过杀青、揉捻、烘干等工序而制成的烘青型保健袋泡茶，比较适合中老年人饮用。

● 饰品

在首尔，漂亮的饰品也是必购物品之一，耳环、项链、手链等一般饰物到高价的珠宝首饰，种类数不胜数。从南

大门市场到新沙洞林荫街，售卖饰品的场所特别多，从几千韩元的漂亮饰物到名牌古典饰品应有尽有。在弘益大学一带，很多年轻的设计师在路边售卖自己亲手制作的饰物，吸引着很多人前往。

● 韩国食品

近年来，健康食品备受关注，韩国以大米为原料制成的糕饼或酒、自然干燥的食品、有益于健康的零食等，都是很好的旅游纪念品。在大型超市和百货商场的食品区，可以见到各种包装精美的食品套装，其中最受到关注的当属健康糕点。

● 书籍

用外语撰写的介绍韩国的旅游书籍是很好的旅游纪念品。菜谱、地图和设计类等即使不懂韩语也能浏览的书籍往往会成为必购商品。如果想买二手书，可以到清溪川的和平市场，这里可以淘到真正罕见的古书。每周六首尔老市厅前开办的由市民们亲自售卖二手书的"市民书市场"也很有人气。

仁寺洞购物地

仁寺洞被游客评选为首尔旅游印象最深的街区。这里以大道为中心，两侧分布许多胡同，汇集了画廊、传统工艺店、古代美术店、古书籍店、传统茶舍、传统饮食店等。仁寺洞每周日是"无车之街"，街上会有各类表演和活动，吸引大批游客涌入。

小贴士

仁寺洞有三处旅游咨询中心，分别是仁寺洞宣传馆、南仁寺旅游咨询处、北仁寺旅游咨询处。

仁寺洞宣传馆：从 Ssam Zie Gil 向曹溪寺方向走约 100 米即到，提供外语口译、旅游信息、免费上网、试穿韩服等服务。提前一周预约的话，可提供英语、日语、汉语的文化遗产解说服务。咨询时间 9：30—18：30（节日期间休息）。

南仁寺旅游咨询处：位于仁寺洞主路南边南仁寺广场前。提供外语口译、旅游信息服务。咨询时间 10：00—18：00（年中无休）。

北仁寺旅游咨询处：位于地铁 3 号线安国站 6 号出口前 50 米，提供旅游信息、外语口译、住宿、公演信息咨询服务。咨询时间 12：00—22：00（节日当天休息）。

仁寺洞购物地推荐

名称	特色	资讯
TOTO的老古董	陈列20世纪60—70年代物品的展馆，主要出售传统食品、明信片、钥匙链、手机链、阿波罗糖等	地址：首尔市钟路区宽勋洞169-2号 交通：地铁3号线安国站6号口出 营业时间：平日10:00—20:00，周末10:00—21:00
Ssam Zie Gil	一处复合文化空间，分布着70多家工作室、画廊、小商品店，销售纤维制品、瓷器、木制工艺品、生活杂货、金属工艺品等	地址：首尔市钟路区宽勋洞38号 交通：地铁3号线安国站6号口出 营业时间：10:30—21:00
微型博物馆	这里有菜色精致的饭店和销售各种手机链、钥匙链、饰品、迷你陶瓷制品等小物件的商店	地址：首尔市钟路区宽勋洞38号 交通：3号线安国站6号口出
仁寺艺术广场	销售各种民俗工艺品、纪念品的综合型商厦，从装饰和生活用的陶瓷、漆器、韩纸工艺品、饰品挂件到传统年糕、香料、服饰等各种商品，应有尽有	地址：首尔市钟路区宽勋洞22号 电话：02-7339419 交通：地铁3号线安国站6号口出 营业时间：10:00—20:00
国际刺绣院	展示和销售韩国传统样式刺绣工艺品的地方，因青瓦台的贵客们经常光顾闻名。出售布制包、配饰、相框等，并提供刺绣体验活动	地址：首尔市钟路区宽勋洞197-28号 交通：地铁3号线安国站6号口出 营业时间：10:30—21:00
阿里郎名品馆	展示和销售韩国传统文化商品的综合观光购物中心，这里所销售的商品为韩国代表名匠们亲自制作的传统工艺品，有生活用瓷器、漆器、韩纸工艺品等各种商品	地址：首尔市钟路区仁寺洞165号 交通：地铁3号线安国站6号口出 营业时间：周一至周五10:00—21:00，周六10:00—22:00
美丽的茶博物馆	在这座韩屋风格的建筑里，游客可以体验到各国的茶文化，观赏茶和茶具文物，以及陶艺家作品，这里保留有100多种茶供游客品尝，可谓是"茶的百货店"	地址：首尔市钟路区仁寺洞193-1号 营业时间：10:30—22:20 交通：地铁5号线钟路站3街站5号口出，或3号线安国站6号口出
韩国旅游纪念品店	展示、销售富有代表性的韩国旅游纪念品，主要销售刺绣、漆器、陶瓷、紫水晶、传统工艺品、韩流商品等产品	地址：首尔市钟路区仁寺洞157号 交通：乘地铁1号线在钟阁站3号口出或乘地铁3号线安国站6号口出可到 网址：craft-shop.co.kr
谷城麻布	韩服直营店，主要销售各式各样的改良韩服，面料为纯棉质地和天然染色剂调染出的布料，款式符合现代潮流	地址：首尔市钟路区仁寺洞39号 交通：地铁1号线钟阁站2号口出 营业时间：10:00—20:30 网址：www.dolsilnai.co.kr

明洞购物地

购物天堂明洞,一直是游客首尔游的必到之处,是韩国代表性的购物街,也是首尔商业、金融、文化中心。韩国最高级的百货店——乐天、新世界的总店都位于明洞,大规模的综合购物中心、服饰、化妆品卖场等也云集于此,街边还有鳞次栉比的露天摊点。几乎韩国所有的化妆品公司都在明洞设有专营处。精通外语的店员和各种外语制作的广告纸随处可见,已经成为明洞独有的风景线,最大限度地为外国游客提供方便。

旅游资讯

交通 ⊙ 乘地铁2号线在乙支路入口站下5号口出;或乘地铁4号线在明洞站下5~8号口出

小贴士

明洞有两处旅游咨询中心,一处位于中央大街和明洞大街交口处(WOORI银行旁),另一处位于中央大街大路边(阿瓦塔旁)。两处不仅提供中文服务,还备有关于明洞的各种资料、优惠券和地图。

明洞购物地推荐

种类	名称	特色	资讯
百货商店	乐天百货店和Avenuel	乐天百货店总店是世界知名品牌商品的聚集地,还有一些免税店。Avenuel与乐天相似,但价位相对更高	交通:地铁2号线乙支路1街下 营业时间:11:00—22:00 网址:www.lotteshopping.com
	新世界百货	新世界百货中有一些中高端的品牌,诸如Kenzo、Neil Barrett、Rick Owen等,还有一些日韩品牌的专卖店及一些独立设计师品牌店	地址:首尔中区忠武路1街52-2 营业时间:周一至周四10:30—20:00,周五至周日10:30—20:30
购物中心	美利来	大型折扣购物中心,商品比百货店相对便宜,服装款式更多。除了服饰,还有首饰、鞋类的专柜	交通:地铁4号线明洞站下5号口出 营业时间:11:00—23:30,周一休息 网址:www.migliore.co.kr
	阿瓦塔(Avata)	阿瓦塔是一家高层综合购物中心,内部有服饰、鞋类、帽子、手表等商品的专卖店	地址:首尔中区明洞 交通:地铁4号线明洞站下5号口出
	M广场	这是一座综合购物中心,其正面有大型玻璃幕墙,周围聚集有ZARA、Forever21等著名品牌商店	地址:首尔特别市中区明洞2街31-1 交通:地铁4号线明洞站下6号口出

续表

种类	名称	特色	资讯
保税店	SPAI	装潢设计精美，氛围独特。典雅的小店里分季节销售各种不同款式的鞋子	地址：首尔市中区明洞2街54-35号 营业时间：11:00—21:30 网址：www.spai.co.kr/www.spaimall.com
	VERONA	明洞人群最拥挤的一角，以淑女装、包类、鞋类为主。服装款式多样，价格便宜，适合大众人群	地址：首尔市中区明洞2街85-5号 营业时间：11:00—22:00

三清洞购物地

三清洞是首尔的特色文化街区，位于朝鲜时期王室居住的景福宫和昌德宫之间，是一个将传统韩屋与现代化艺术灵感完美结合的地方。这里云集了40多个各具特色的博物馆与可欣赏到世界级作品的综合画廊、欧式风情的露天咖啡屋、精致独特的饰品店铺等。与三清洞路相连的花开路上，挤满了个性派的时尚用品店铺，是购物达人的常去之处。

小贴士

北村旅游咨询处在安国站1号出口正读图书馆前，主要提供英语、日语口译服务，并介绍北村韩屋村与三清洞的旅游景点。咨询时间：10:00—18:00。

三清洞购物地推荐

名称	特色	资讯
猫咪艺术馆	以猫为主题的艺术馆，由传统韩屋改造成的小小空间里，到处是形态各异、大大小小的猫形玩具、娃娃，销售的商品都与猫有关	地址：首尔市钟路区三清洞35-221号 交通：地铁3号线安国站1号口出 营业时间：13:00—17:00
Choijem stone	一家银质手工艺品的工坊和专卖店，制作和销售传统手工艺戒指、耳环、项链、胸花等，以顾客可以带宝石来订制首饰而闻名	地址：首尔市中区南大门市场8路7号 交通：地铁2号线安国站1号口出 营业时间：9:00—16:30
Cool Girls Room	针对想要保留少女情怀的女性顾客的卖场，主要出售女装、饰品、各种小物件等，每周都有新装上架	地址：首尔市钟路区八判洞61-1号 营业时间：12:00—21:00 网址：www.coolgirls.co.kr
芭芭拉	韩国最早的手工制鞋品牌，有深厚的传统积淀，设计水平出类拔萃，以销售平底鞋、普通皮鞋、童鞋等为主	地址：首尔市钟路区八判洞70-1号 交通：地铁3号线安国站1号口出 营业时间：10:30—21:30 网址：www.babaraflat.co.kr

续表

名称	特色	资讯
Mariano	以多个年龄层的顾客为对象的鞋类品牌，主要销售高跟鞋、饰品等，顾客以女性为主，并对团体购买的顾客提供适当优惠	地址：首尔市钟路区三清路65-2号（八判洞） 交通：地铁3号线安国站1号口出 营业时间：10:30—21:00
阿园工房	传统的金属工艺工房，主要经营手工烛台、镜子、装饰品，全部商品都出自金属工艺作家之手，散发着东方气息	地址：首尔市钟路区花洞99号 交通：地铁3号线安国站1号口出 营业时间：10:30—19:00 网址：ah-won.com
ByeoRi	主要出售饰品、银制手工艺品和日用陶瓷器等	地址：首尔市钟路区昭格洞109-1号 交通：地铁3号线安国站1号口出 营业时间：11:00—21:00，节日期间休息

东大门市场购物地

东大门市场位于首尔中心街区之一的钟路5街和6街之间，是集观光、饮食、购物为一体的时尚不夜城。这里经营布料、服装材料、新婚用品、饰品等，是一处专门性、综合性的服装批发零售市场，也是韩国最多服装商人聚集的地方。在这里不仅可以低价购买最新潮的服饰、最流行的面料，还可现场定做简单的时尚用品。

小贴士

东大门历史文化公园旅游咨询处位于东大门历史文化公园站14号出口前，提供英语、日语、汉语口译服务和市场信息、住宿设施及交通信息服务。咨询时间9:00—22:00。

东大门市场购物地推荐

类型	名称	特色	资讯
市场	广藏市场	主要出售韩服、纺织品、床上用品、厨房用品、服饰等，市场中还有一条40年历史的美食街	地址：首尔市钟路区昌庆宫路88号 交通：地铁1号线钟路5街站8号口出 营业时间：7:00—19:00 网址：www.kwangjangmarket.co.kr
市场	和平市场	衣类商品的专业市场，以历史最古老的旧和平市场为中心，沿清溪川分为新和平市场、东和平市场、青和平市场	地址：首尔市中区清溪川路246号 交通：地铁1号、4号线东大门站8号口出 网址：www.pyounghwa.com
市场	东大门综合市场	规模最大的专门市场，其韩服卖场是韩国规模最大的，饰品卖场有许多价格低廉且设计独特的饰品	地址：首尔市钟路钟路266号 交通：地铁4号线东大门站9号口出 营业时间：8:00—18:00，周日休息 网址：www.dongdaemunsc.co.kr
商场	斗塔	一座以服装为主题的游乐园式的时尚中心，一楼是知名设计师品牌，地下两层是年轻设计师的专卖店	地址：首尔市中区奖忠坛路275号 交通：地铁1号、4号线东大门站8号口出 网址：www.doota.com
商场	New Freya	以服装批发店为中心的购物城，主要销售男女装、饰物、包、帽子、钟表等，此外还有电影院、歌厅、玩具乐园等娱乐设施	地址：首尔市中区奖忠坛路13路20号 交通：地铁1号、4号线东大门站 营业时间：10:30—次日5:00，百货店10:30—22:30
商场	Migliore	首尔有名的传统市场，主要出售年轻人喜爱的服装，商品多、价格低	地址：首尔市中区奖忠坛路263号 交通：地铁1号、4号线东大门站 营业时间：10:30—次日5:00，周一休息
商场	Fashion Mall U:US	韩国流行商品的集散地，主要销售女士休闲装及正装、男士休闲装及正装、箱包、鞋、佩饰、腰带、童装等，内部购物空间大	地址：首尔市中区新堂洞乙支路281号 交通：地铁2号线东大门历史文化公园站1号口出 营业时间：8:10—18:00，周六休息 网址：www.uus.co.kr
商场	早安城市购物中心	韩国最大规模的多功能购物中心之一，产品有女装、男装、童装、幼儿装、流行商品、皮革制品、佩饰、金属首饰、运动品牌、手机、小型家电等	地址：首尔市中区奖忠坛路247号 交通：地铁2号、4号、5号线东大门历史文化公园站14号口出 营业时间：10:30—次日4:30，周二休息

南大门市场购物地

南大门市场在南大门的东侧，位于首尔站和明洞之间，是韩国最大的传统型综合市场。这里多为简单朴素的平民型传统商家及露天店铺，以销售各种服饰、纤维制品、厨房用品、家电产品、民间艺术品、土特产品及各种进口产品为主。众多小规模的店铺直接进行产品的生产和销售，还兼备批发零售，并可讨价还价。南大门市场的眼镜商街很有名，可半价购买到眼镜、墨镜、隐形眼镜等。另外，礼物用品商街内还可购买到传统玩偶、螺钿宝石盒、传统钥匙链等各种装饰品和纪念品。此外，这里还有销售泡菜、猪蹄、刀鱼等韩国料理的小吃胡同，为南大门增添了亲切感和活力。

小 贴 士

南大门旅游咨询处有两处，一处位于从会贤站5号出口向市场方向约50米处，提供英语、日语、汉语口译服务和市场信息、住宿设施信息、交通信息等服务，游客可以在此领取包括南大门市场在内的首尔市旅游指南地图。另一处位于南大门市场Burdeng童装商街与中央商街之间，提供英语、日语口译服务。这个旅游咨询处是由南大门市场株式会社直接管理运营的，可以获得南大门的详细介绍。

南大门市场购物地推荐

名称	特色	资讯
南大门人参市场	聚集了许多人参卖场，批发零售人参，还经营水参、人参茶、蜂蜜、灵芝、传统茶等保健食品	地址：首尔市中区南大门市场路25-8号 交通：地铁4号线会贤站5号口出
南大门商街	出售登山用品、电子杂货、数码相机、眼镜等，可以买到其他地方难以找到的照相机零部件，还出售各种特产	地址：首尔市中区南仓洞49号 交通：地铁4号线会贤站5号口出 网址：namdaemunmarket.co.kr
崇礼门进口商街	经营各种进口商品，其中以音响器材和相机而闻名，同时也经营各种登山、钓鱼用品	地址：首尔市中区南仓洞素月路3号 交通：地铁4号线会贤站5号口出 营业时间：9:00—19:00
长安饰品商街	拥有悠久的传统，出售玉、簪子、套袋、腰带链、钥匙链等商品	地址：首尔市中区南仓洞60-12号 交通：地铁4号线会贤站5号口出
青瓷进口商街	由销售进口厨房用品、日用百货、服装、饰品等的商品卖场构成，二楼和三楼有休息室和咖啡厅	地址：首尔市中区南仓洞49-200号 交通：地铁4号线会贤站5号口出

续表

名称	特色	资讯
大都商街	经营进口的食品、服装、日用商品、花和佩饰等	地址：首尔市中区南仓洞49号 交通：地铁4号线会贤站5号口出
中央商街	主要经营各种女性用品和韩国特色商品，一楼是女装专门卖场，二楼是传统民俗工艺品卖场	地址：首尔市中区南仓洞32号 交通：地铁4号线会贤站5号口出
Queen Plaza	主要出售成人和儿童的服装饰品等，三楼的精品店可以购买到各种名牌服装和饰品	地址：首尔市中区南仓洞46-29号 交通：地铁4号线在会贤站5号口出
Wings town	拥有20~50岁年龄层女性适合的服装，分楼层售卖，三楼有很多饰品店	地址：首尔市中区南仓洞49号 交通：地铁4号线会贤站5号口出
Burdeng	销售成人服装、杂货和儿童用品，聚集了大批婴幼儿到儿童的用品专卖店	地址：首尔市中区南仓洞31号 交通：地铁4号线会贤站5号口出
新世界百货店总店	汇集了世界各地的品牌产品，泡菜、紫菜、人参等韩国土特产品也一应俱全	地址：首尔市中区小公路63号 交通：地铁4号线会贤站 网址：english.shinsegae.com

梨泰院购物地

梨泰院位于汉江以北的龙山区中心，附近是首尔站和明洞。这里东西方文化相融合，是首尔最大的多元文化区域，街区内分布着各种餐厅、服装店、品牌店及露天摊位等。这里另一大特点是可以品尝到世界各国的特色料理，中国、意大利、法国、印度等世界各国料理俱全，各国独有的色彩标志与梨泰院式的装潢设计相呼应，世界不同肤色的人聚集在此，洋溢出独特魅力和迷人的情调，是首尔市内名副其实的"地球村"。

梨泰院购物地推荐

名称	特色	资讯
Victory Town	有多种样式和型号可供选择，无论是正装还是休闲装，都可以尽情随意挑选	地址：首尔市龙山区梨泰院58号 营业时间：9:00—19:00
Friend Lee	这里的所有商品都是直接设计制作而成，不合适还可以现场修改	地址：首尔市龙山区梨泰院72-35号 营业时间：9:00—19:00

续表

名称	特色	资讯
Italiana	以皮夹克服装秀而知名，所有商品都是真品，提供售后服务	地址：首尔市龙山区梨泰院64号 营业时间：9:00—19:00
Spring Town Star Cap	专卖最新款帽子的小店，有Von Dutch等时尚品牌的各种帽子	地址：首尔市龙山区梨泰院洞59号 营业时间：9:00—19:00
Eden Pottery	购买传统纪念品的地方，有各种泥陶工艺品和装饰相框，以及许多陶瓷杯和花瓶等	地址：首尔市龙山区梨泰院洞168-17号 营业时间：9:00—19:00
Coree Le Sm	适合所有人的衬衣和正装专卖店，规模相对较大，款式多样，色系齐全	地址：首尔市龙山区梨泰院洞119-11号 营业时间：9:00—19:00
Royal Furniture Company	店铺装饰美丽优雅，主人亲切热情，熟知传统家具，还负责产品的国内外运送	地址：首尔市龙山区汉南洞736-9号 营业时间：9:00—19:00 网址：www.royal-antique.com

梨大、新村购物地

梨大和新村是洋溢着校园浪漫与奔放的韩国大学街，其中地铁2号线新村站和梨大（梨花女子大学简称）站之间及其周边一带的街区最为繁华、有名。这里是典型的大学商业区，充满着年轻、感性和前卫气息的各种时尚用品随处可见。

小贴士

西大门区外国人旅游咨询处位于新村火车站前。提供英语、日语、汉语咨询，分发梨大与新村地区的交通指南、地区旅游介绍及地图和资料等服务。

梨大、新村购物地推荐

名称	特色	资讯
印度村	主要经营从泰国、印度、巴基斯坦、尼泊尔等地进口的服饰，所用材料轻便，实用性强	地址：首尔市西大门区大岘洞34-38号 交通：地铁2号线梨大站2号口出 营业时间：11:00—22:00
现代百货店	主要出售符合年轻人口味的品牌和商品，有饰品、化妆品、手包、女休闲服、男装等	地址：首尔市西大门区沧川洞30-33号 交通：地铁2号线新村站1号口出 网址：ehyundai.com

续表

名称	特色	资讯
爱特宝斯	店内摆满了各种主题的饰物和玩具，商品主要包括小饰品、文具及相关产品	地址：首尔市西大门区沧川洞33-20号 交通：地铁2号线新村站2号口出 网址：www.artbox.co.kr
Bany flat	专门制作和销售平底女鞋的韩国品牌，价格十分合理	地址：首尔市西大门区大岘洞56-60号 交通：地铁2号线梨大站2号口出 网址：www.banyflat.com
9 fox	主要销售用水晶手工加工而成的各种饰品配件，物美价廉	地址：首尔市西大门区大岘洞56-57号 交通：地铁2号线梨大站2号口出
悦诗风吟化妆品店	主要销售天然无公害的自然主义化妆品、护肤护发产品及男士化妆品等产品	地址：首尔市西大门区大岘洞梨花女大路78号 交通：地铁2号线梨大站3号口出 网址：www.innisfree.co.kr
Macos Adamas	经销中世纪欧洲风格的饰品，产品有戒指、项链、耳环、手链、眼镜、钱夹等，设计独特而华丽	地址：首尔市西大门区沧川洞13-2号 交通：地铁2号线梨大站2号口出 网址：macosadamas.co.kr

弘大购物地

"弘大"是指韩国最有名的艺术学院弘益大学及其周边街区。这里的商店、酒吧、咖啡店无一不洋溢着浪漫、艺术的气息。此外，每周六弘大正门附近的"弘大自由市场"里，艺术家们销售自己设计制作的手工艺品、绘画等。制作这些独一无二的作品的艺术家们可都是在事务局注册登记过的自由创作艺术家。

小贴士

弘大旅游咨询处从地铁2号线弘大入口站5号出口前行160米，然后左转走130米即到，提供英语、日语、汉语的弘大周边旅游信息服务。咨询时间：12:00—2:00（节日期间休息）。

弘大购物地推荐

名称	特色	资讯
闺房包工艺	出售以韩国传统布料精制而成的布艺包和小物件，画廊每月5日举行韩国国内艺术家们的展览，作品价格优惠	地址：首尔市麻浦区西桥洞336-19号1楼 交通：地铁5号线弘大入口站4号口出
Mee	由设计师亲自制作、样板设计制作休闲款式的服装，可谓是"T恤王国"，T恤可以试穿后再买	地址：首尔市麻浦区西桥洞330-14号 交通：地铁5号线弘大入口站3号口出

续表

名称	特色	资讯
DARIA	时尚的女装卖场，陈列着各种物美价廉的服装，可以充分满足女性消费者的购买欲	地址：首尔市麻浦区 404-5 号 交通：地铁 2 号线合井站 3 号口出 营业时间：12:00—23:00
MOMO GIRL	以浪漫怀旧为主线，主要吸引女性顾客，顾客喜欢成套搭配的商品	地址：首尔市麻浦区西桥洞 395-22 号 交通：地铁 2 号线合井站或弘大站 营业时间：12:00—23:00 网址：www.momogirl.co.kr
皮革工坊	销售皮革制作的日常用品，免费传授皮革工艺，可以参与制作，只需花费材料费用	地址：首尔市麻浦区西桥洞 358-65 号地下 1 楼 交通：地铁 2 号线弘大入口 5 号口出 营业时间：周一——周五 12:00—21:00，周六需预约 网址：www.hsgajuk.com
Hope market	韩国最早的自主投资的手工艺市场，出售从画到生活小用品、小配件等由市民作家制作的手工艺品	地址：首尔市麻浦区西桥洞 329-11 号 交通：地铁 2 号线弘大入口站 9 号口出 营业时间：3 月初开始—11 月末每周周日 13:00—18:00（夏季 19:00）
弘大前艺术市场自由超市	临近繁华的文化街区和公园，任何人可拿作品出来分享，旧物品也可以自由买卖，还可以欣赏新人的作品和艺术家创作的情景	地址：首尔市麻浦区西桥洞 359 号 交通：地铁 2 号线弘大入口站 5 号口出 营业时间：3—11 月每周六 13:00—18:00 网址：www.freemarket.or.kr

江南区购物地

　　江南地区聚集有许多名品店，是一个活力四射的高端时尚区域。汇集了世界顶级品牌专营店、豪华百货商场、著名设计师品牌店等，还有诸多顶级美容整形店，吸引了大批时尚人士和明星频频到访。这里只看不买，就足以感受到品味的升级，坐在咖啡厅里看着来往的行人，就会了解到韩国最新流行趋势。既可以购买到最新流行款式的服饰，又可以到露天咖啡馆享受美餐，运气好的话还可以遇到韩国艺人明星。

江南区购物地推荐

名称	特色	资讯
French Sole&London Sole	宋慧乔等明星常去的英国品牌鞋店，以舒适的芭蕾风格平底鞋闻名世界	交通：地铁3号线狎鸥亭站4号口出 营业时间：10:30—20:00
EYE 11	由设计师直接经营的卖场，与众不同的独特设计服饰汇聚一堂，可根据客人的要求量身订作独一无二的款式	交通：地铁3号线狎鸥亭站4号口出 营业时间：9:00—22:30，周日休业
Mogool	帽子专卖，有店主直接设计款式，还有各种进口帽子，作工精细兼具时尚与舒适	营业时间：周一至周六11:00—21:00，周日12:00—18:00 网址：www.mogool.co.kr
10 Corso Como	卖场内从时尚服饰到书籍、影碟、生活用品、咖啡屋和西餐厅等都有，是一个多功能的综合文化空间	营业时间：11:00—20:00 网址：www.10corsocomo.co.kr
Atelier and Project	兼有衣服、鞋子、首饰及各种独特商品、咖啡屋的综合文化空间，有时还开办摄影展和爵士公演，活力十足	营业时间：11:00—22:00 网址：www.atelierandpro-ject.com
Second Hotel	出售可爱装饰用品的地方，各种设计新颖、富有个性的照明、沙发、浴室用品及文具类商品等聚集在此	交通：地铁3号线狎鸥亭站3号口出 营业时间：11:00—20:00

专题 Special Topic

退税

在韩国的市面上购买的商品价格中都包含着一定金额的税金，游客在相关税务机关指定的商店中，购物3万韩元以上，3个月内携带所购商品出境时，可通过相关法定步骤可获得返还。

◆ 退税步骤

在标有"Global Blue TAX FREE"或"Global TAX FREE"标志的指定商店中购物后，取得退税单(TAX REFUND)，然后前往机场及港口退税点退税。

机场及港口

1. 在海关检查台向海关人员出示所购商品和退税单，经确认后加盖"物品出境(ALL GOODS EXPORTED)"图章。

2. 在大型物品专用柜台托运行李并接受出境审查。

3. 完成出境审查后在退税窗口领取退税金。

市区内退税所

1. 在韩国主要城市市中心的退税所内出示护照、国际信用卡(VISA、万事达、美国运通)，所购商品和退税单。

2. 当场领取退税金。

市区退税所位置

退税公司名称	概括
Global Blue（www.globalblue.com）	友利银行明洞店（明洞艺术剧场对面）
	乐天百货店总店1层
	现代百货店（新村店）10层
	Galleria百货店&名品馆外国人咨询台
	乐天百货店（釜山总店）1层
	乐天百货店（蚕室店）1层
GLOBAL TAX FREE（www.global-taxfree.com）	新世界百货店总店（首尔市中区忠武路1街52-5 新世界百货店总店1层）
	新世界百货店（首尔市瑞草区盘浦洞19-3 Centum City 新世界百货店2层）
	现代百货店（首尔市江南区狎鸥亭洞429 现代百货店2层）
	釜山银行乐天西面分店（釜山市釜山镇区伽倻大路地下777号）
	釜山银行新昌洞分店（釜山市中区光复中央路13号）
	釜山银行东釜山名牌折扣购物中心分店（釜山市机张郡机张海岸路147东釜山名牌折扣购物中心3层）
	JDS百货店（济州市连洞281-20 JDS百货店1层）

Global Blue 和 GLOBAL TAX FREE 为各自不同的退税公司。在贴有 Global Blue 标志的商店内购买的商品只能去 Global Blue 的退税所办理退税。GLOBAL TAX FREE 亦同理。

小贴士

中国春节前后及节日连休等时间，前往韩国游玩的游客较多。这时，在市区内退税所提前办理退税后可以减少在机场办理出境手续的待机时间。

娱 达人的3个玩嗨点子

首尔的夜生活繁华而热闹，大多数的饭店内设有夜总会、酒吧，极富让人沉醉的情调。在首尔既可以体验传统的温泉、桑拿和按摩，还可以进行滑雪、高尔夫球等项目，此外，大型游乐场也是娱乐的好选择。

1 滑雪场尽享滑雪乐趣

首尔的滑雪场拥有各种滑雪道和现代化便利设施，游客除滑雪以外还可以尽情享受多种多样的娱乐活动。位于首尔近郊一带的滑雪场可以去凌晨场，通宵之后再回首尔，是一个节省时间的好选择。

2 温泉中享受惬意生活

喜欢享受人生的游客，一定不要错过首尔的温泉。首尔的温泉从花岗岩中涌出，水温适宜，水质细腻，并含多种矿物质。众多温泉分布在首尔附近，其中最为人称道的是道高温泉、雪岳水上乐园等。

3 通过网络了解公演信息

在首尔，可以通过在线网络了解韩国公演的信息，不仅可以在网上购买票，还可以获得各种观演信息帮助。

首尔公演网站推荐

名称	信息	网址
K-Performance	可以在线实时预约韩国公演的门票。提供丰富多彩的公演信息，还可以线上实时选择座位	www.kperformance.org
Homestay Korea	提供以无言剧公演为主的适合外国人欣赏的公演预约服务	www.homestaykorea.com
Interpark	提供各种艺术公演、活动门票的预约服务	ticket.interpark.com
Korea DMC	为海外游客提供各种公演门票预约等线上一站式综合服务	www.koreadmc.co.kr
Visit Seoul	网站可在中国预定票	www.visitseoul.net

娱乐新推荐

● 乱打秀

乱打秀是一种没有台词的音乐喜剧，它超越了语言障碍，适合男女老少。它将各种厨房道具升华为乐器，既融合了传统韩国乐器的节奏又有现代音乐的节拍，在明快的音乐节奏和演员夸张的表演中，让人可以轻松感受到韩式幽默的魅力。在首尔，乱打表演的专用剧场有弘大剧场、贞洞剧场及明洞剧场。

● 滑雪

来韩国，不可不享受滑雪的乐趣，每年12月至次年3月是滑雪的高峰期。大部分滑雪场都具备夜间滑雪设施，住宿设施也很齐全。首尔的熊城滑雪场和龙平滑雪场最出名。

● 高尔夫

对于喜欢打高尔夫的游客来说，首尔是个不容错过的好去处。韩国的高尔夫球场大部分集中在首尔附近。龙平滑雪场所在的龙平度假村也有室内高尔夫练习场。各球场价格有所差异，一般周一——周五费用为8万~9万韩元，周末约为11万韩元。

● 夜生活

首尔有许多夜生活场所，明洞与梨泰院的迪斯科、歌厅等娱乐场所密集，江南地区也有许多鸡尾酒餐厅及啤酒店。而俱乐部是弘大文化的象征，在这里随处可见彻夜享受Techno、Hip Hop、Acid Jazz、R&B等各式音乐的地方。

传统体验／山寺体验场所推荐

● 宗家泡菜世界

这里是以外国游客为对象的韩食文化体验空间，分为信息区、体验区、销售区，体验区举办泡菜、韩餐体验等多项活动的体验型景点。项目中所提供的菜包肉泡菜（味道微辣）体验活动深受欢迎。

旅游资讯
地址 ⊙ 首尔市钟路区三一大道461号（庆云洞）
开放时间 ⊙ 9:00—18:00
网址 ⊙ www.kimchiworld.biz

● 曹溪寺国际禅中心

曹溪寺国际禅中心是让人接触韩国佛教的国际性寺庙寄宿中心。这里有看话禅修行、寺院寄宿、寺院料理等体验项目。每周定期进行的周日法会还有使用英语进行的关怀谈话项目。

旅游资讯
地址 ⊙ 首尔市钟路区坚志洞45号
交通 ⊙ 地铁1号线钟阁站
网址 ⊙ www.jogyesa.kr

♦ 北村民艺馆

　　北村民艺馆是可以观赏体验韩国有形、无形传统文化遗产的空间，馆内展示着无形文化遗产、古代美术与现代美术作品及其他各种具有纪念价值的韩国传统文化遗产。另外，游客可通过传统饮食文化体验活动来了解韩国的饮食文化。

旅游资讯
地址 ⊙ 首尔市钟路区北村路 11 号街 1 号（嘉会洞）
开放时间 ⊙ 9:00—18:00
网址 ⊙ www.bukchonstudio.com

滑雪场推荐

♦ 木洞室内滑雪场

　　木洞室内滑雪场有人工倾斜式的固定滑雪道和自动滑雪道，提供滑雪初学者安全学习滑雪的环境。不管是初次学习或是基础不扎实的滑雪者，都可以在这里安全地练习。这里还提供详细的滑雪动作分析和错误滑雪姿势的矫正服务。

旅游资讯
地址 ⊙ 首尔市阳川区新亭 4 洞 995-2 号城大厦地下 1 层
交通 ⊙ 地铁 5 号线木洞站

♦ 蠹岛雪橇场

　　蠹岛雪橇场是一个可以尽情享受雪橇乐趣的地方，有多种雪上游乐设施、3D 立体电影体验、儿童喜爱的充气游乐项目等，还有电车和民俗游戏体验空间等。场外设有便利店、咖啡厅、避风幕等便利设施。

旅游资讯
地址 ⊙ 首尔市广津区紫阳 3 洞 112 号
交通 ⊙ 地铁 7 号线蠹岛游园地站 2 号、3 号口出
门票 ⊙ 5000 韩元
开放时间 ⊙ 9:00—18:00

♦ 儿童会馆雪橇场

　　儿童会馆滑雪场除具备各种雪橇外，还配备了丰富多彩的活动。其中抓冰鱼体验、人体探险馆、传统民俗游戏体验馆深受家庭游客的喜爱。

旅游资讯
地址 ⊙ 首尔市广津区广渡口路 441 号（陵洞）
交通 ⊙ 地铁 7 号线儿童大公园站 2 号口出
时间 ⊙ 9:30—17:00
网址 ⊙ www.sselmaejang.com

汗蒸室推荐

　　汗蒸室在韩国是很受欢迎的地方，价格便宜，不仅可以洗澡、泡温泉、蒸桑拿，还可以住一晚。韩国人与朋友、恋人、家人小聚常去的地方之一就是汗蒸室。汗蒸室里有很多不同温度、多样主题装饰的桑拿房，配套设施也很齐全。汗蒸室都是 24 小时营业，年中无休，也很受外国人欢迎。在这里不仅可以蒸蒸桑拿，缓解旅途的疲劳，还可以花很少的钱舒舒服服地住上一晚，解决旅游时的住宿问题。

袋鼠旅行贴士

※ 首尔地铁车厢两端最短坐席是老弱专座，即便是空的，普通乘客也不能坐。首尔地铁里多半没有电梯，偶尔遇到电梯，也要排队乘坐。

※ 首尔的平价出租车是黄色和银色的，有的车体上写着international表示是可用英文沟通的。黑色的模范出租车和一种大型两厢黑色出租车价格较贵，乘坐时需要注意。

※ 首尔是座"Wi-Fi之城"，几乎随处都可以无线上网。韩国是网速最快的国家之一，首尔到处都可以见到Wi-Fi装置。

※ 去首尔旅行，推荐www.visitseoul.net这个网站。它是首尔旅游局主办的网站，里面的介绍很详细，各种景点、酒店、餐馆信息很全。

※ 首尔属于温带季风气候，四季分明。首尔的最佳旅游季节是秋季，此时雨水少，气候适宜。从10月初到11月上旬，首尔秋意正浓景色迷人。此时也是首尔文化活动最集中的时间。春日里的首尔，由于温差大，白天可以穿长袖的衬衫和T恤，晚上需要再穿一件薄夹克或毛衣。首尔的夏季较炎热而且下雨天较多，需要防止中暑，备好雨具。首尔的冬季非常寒冷，需要准备羽绒服或毛绒大衣，最好带着围巾和手套。带孩的话，还要为孩子准备好温暖的耳套和皮靴。

首尔四季平均温度湿度表

春季		夏季		秋季		冬季	
温度/°C	湿度/%	温度/°C	湿度/%	温度/°C	湿度/%	温度/°C	湿度/%
11.2	59	26.4	81	14.5	65	0.8	66

※ 仁川机场内有不少兑换韩元的窗口，但汇率没有首尔市内的各大银行划算。明洞和东大门等热门商圈，常见挂着"换钱所"或"两替"招牌的门面店，往往能提供比银行更实惠的汇率，而且韩元少有假钞，基本上可以放心交易。如果去银行兑换，注意营业时间，首尔的银行只营业到16:00，且周末休息。

※ 每年的5月初到10月初，中国和韩国的节假日比较多，出去游玩比较合适。这段时间中国比较炎热，而韩国由于面积较小且三面环海，气候宜人，是中国游客就近避暑好去处。

※ 春节、端午和中秋节等节日在韩国也非常重要，每到节日期间，首尔的街头将会变得十分冷清，尤其是节日当天，很多景点都不开放，大部分购物场所和餐厅也会暂停营业，出行期间要注意。

Part 4
仁川

华灯初上
映衬出仁川的璀璨
它的缩影
于霓虹中闪烁
在通往爱的天国阶梯
在浪漫满屋的世界
在水天一色的小岛
仁川
独自谱写着它的传奇

仁川 Archives 档案

仁川位于韩半岛中西部，与黄海相邻，距首尔约28公里，是韩国重要的港口。作为韩国第二大港口城市，它有着良好的工业基础，渔业十分发达。这里四季分明，属温带大陆性湿润气候，气温适中，天气温和。受季风影响，冬天刮西北风，夏天刮西南风。仁川与首尔之间由首尔地铁联系，由于两地距离太近，已经共同形成一个大的经济圈。

仁川是一个重要的旅游城市，旅游资源十分丰富。历经岁月洗礼的月尾岛和沿岸码头，见证了仁川市的成长，江华岛上以半月形沙滩闻名的乙旺里海水浴场是仁川著名的旅游景点。得益于首都经济圈的优势，这里林立着众多商业中心、百货超市、娱乐中心，是人们购物、娱乐消遣的好去处。此外，一定要品尝一下这里的海鲜和中华料理，感受一下具有韩国特色的中国菜。晚上可以选择在海岛上住宿，既舒适又能享受到海景，十分浪漫和惬意。

仁川档案

城市名称	仁川
英文	Incheon
位置	首尔西部
行政区级别	广域市
气候	温带大陆性湿润气候
著名景点	仁川中国城、仁川大桥、传灯寺等
辖区	8区2郡
城市标志	木百合
市花	玫瑰花
市鸟	鹤
市树	马褂树
火车站	仁川站、济物浦站等

行程计划

Day1 传灯寺（1.5h）—中国城（2h）
Day2 永宗岛（5h）—舞衣岛（3h）

多1天
Day3 月尾岛（3h）—江华岛（5h）

玩 游在仁川的3大锦囊

1 在最佳旅游时间前往仁川

春天和秋天是仁川最佳旅游时间。春天，樱花和杜鹃花盛开，每年4月在月尾岛都会举办樱花节。秋天，枫叶渐红，传灯寺四周丛林茂密，枫叶漫山遍野，美景无限。

2 在中华街感受中国文化

仁川有韩国唯一的一条中华街，每到10月，北城洞中华街和自由公园一带就会举行能直接体验、感受中国文化的庆典。庆典主要有舞龙、舞狮大会及游行、中国传统武术表演等，另有炸酱面烹饪技艺表演、吃炸酱面大会等活动。

3 通过"观光介绍专用线路"了解旅游信息

仁川为外国游客专门开设了"观光介绍专用线路"，咨询热线为：033-1330，有英语、日语、中文三种语言服务，口译介绍员将会对观光地区的交通、住宿、餐饮等有关信息进行介绍。如果想了解仁川旅游相关信息，最简单的方式就是通过拨打这个电话。

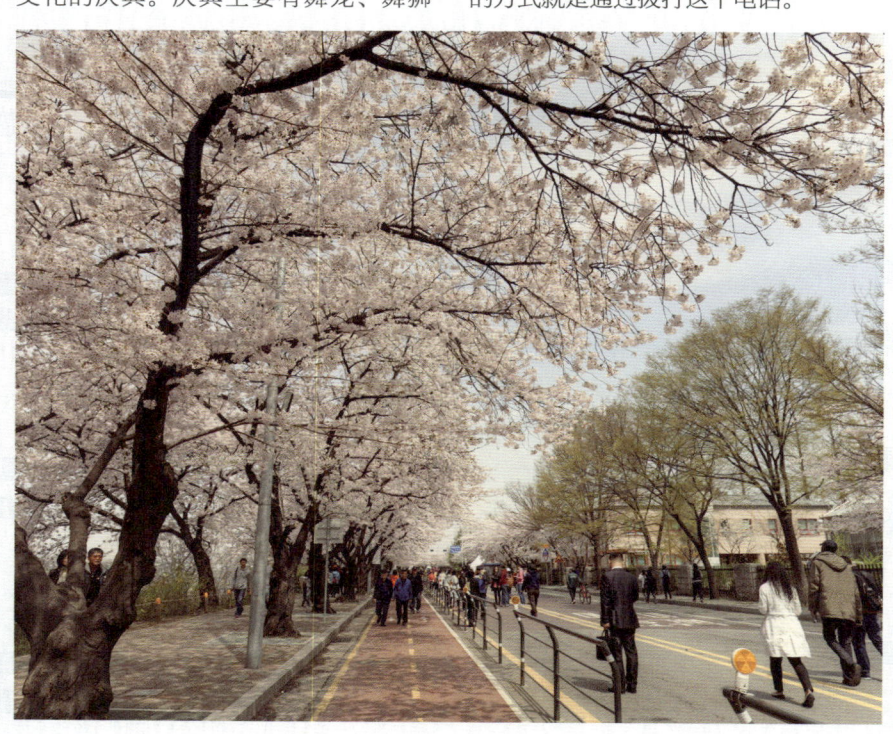

仁川中国城

推荐星级：★★★★★

仁川中国城是韩国最大的华侨聚集地。自1884年该地区被指定为清政府的治外法权地后，逐渐形成华人聚居地。现在这里以中国料理店居多，居住在这里的华人大都是早期移民的第二代或第三代后裔。历经几代消磨，虽然中国的传统文化已变得相当淡薄，但中式美食仍很正宗，能从中体会到中国的特色和气息。

旅游资讯
地址 ⊙ 仁川市中区善隣洞
交通 ⊙ 地铁1号线仁川站下
网址 ⊙ www.ichinatown.or.kr

仁川大桥

推荐星级：★★★★★

仁川大桥是连接仁川国际机场和松岛国际都市的6车道跨海大桥，目前是韩国最长的大桥，曾被英国建设专业周刊评为"世界十大惊人建筑"之一。大桥开通后，缩短了从首尔到仁川国际机场及从仁川国际机场到松岛的时间。

永宗岛上有座4层的"仁川大桥纪念馆"，可以看到关于仁川大桥的设计过程、施工办法等一系列资料。在这里可以到欣赏壮观美景的展望台眺望整座桥梁，也可在休闲咖啡厅享受美好时光。

旅游资讯
地址 ⊙ 仁川市中区仁川大桥高速公路（云南洞）
网址 ⊙ incheonbridge.com

传灯寺

推荐星级：★★★★

传灯寺是一处千年古刹，相传为高句丽时期的阿道和尚所建，高丽忠烈王的贞和王妃曾向佛寺捐献玉灯，此后传称为传灯寺。传灯寺的大雄殿和药师殿颇具特色，大雄殿里有奇特雕像，而药师殿则以其雕塑之美而闻名。药师殿屋顶采用"井藻"式，周围有彩色绚丽的雕塑和莲花、飞天等图案。山寺的院落中有一座中国宋朝时期的梵钟，形态优雅。传灯寺清早和傍晚可观海，景色十分壮观，这里的日落也非常有名。此外还有一处竹林茶苑，可在此小憩。

旅游资讯
地址 ⊙ 仁川市江华郡吉祥面传灯寺路37-41号
交通 ⊙ 新村客运站乘坐直达传灯寺的公交车
网址 ⊙ www.jeondeungsa.org

永宗岛

推荐星级：★★★★★

永宗岛位于仁川月尾岛西北角，由龙游、三木等岛填海而成，永宗大桥将岛与陆地连接起来，仁川国际机场就坐落在该岛上。岛中央屹立着白云山，白云山上的龙宫寺和药水岩非常有名。从白云山顶上能俯瞰到仁川国际机场及周边的景色。岛上的乙旺里海水浴场也吸引着众多的游客前来，可在沙滩上嬉戏，也可在海水中享受阳光。

白云山

白云山是永宗岛最具代表性的山，山不高却陡峭，早晚总有云和雾笼罩。登上山顶，可以眺望永宗大桥、仁川国际机场和西海。从入口行至山顶再下山，约1.5小时。从永宗洞居民中心开始上山，然后从原路返回是最佳的登山路线。

龙宫寺

龙宫寺是离仁川国际机场最近的寺庙，由元晓大师创建。兴宣大院君曾入住此寺，在这里做了10年祈祷，其子登上王位后，寺庙重新修建，改名为龙宫寺。龙宫寺里有兴宣大院君重建的观音殿、挂有他亲笔所提牌匾的疗舍，还有七星阁等殿阁，寺前有两棵树龄1300多年的榉树。

乙旺里海水浴场

乙旺里海水浴场位于仁川国际机场附近龙游岛的西南侧，浅海坡度平缓，沙滩美丽，是观测天象的绝佳场所。浴场附近设有各种便利设施和旅馆，价格便宜，很受游客青睐。

旅游资讯
地址 ⊙ 仁川市中区云南洞
交通 ⊙ 地铁1号线仁川站下，在广场前乘2路、15路、23路巴士到月尾岛，在月尾岛乘开往永宗岛的客船

江华岛

推荐星级：★★★★★

江华岛是韩国第五大岛，位于西海岸，由江华大桥将岛与陆地连接。岛上自史前就有许多人居住，历史遗迹、文物较多，其中最具代表性的是被指定为世界文化遗产的江华支石墓。它是韩国三大支石墓遗址之一，也是韩国境内桌式支石墓最集中的地方。支石墓是韩国青铜器时代江华岛居民在埋葬属于统治阶级的人物时完全用石头修建的坟墓。此外，江华岛有江华人参、江华芜菁及花纹石等有名的特产。以精巧工艺和功能闻名天下的花纹石是韩国的传统特产。

江华富近里支石墓

江华富近里支石墓在江华支石墓遗址中最具代表性，又被称为江华支石墓。位于支石墓公园内，是一座典型的桌式支石墓，重量虽不轻，盖顶石形态却显得细长，让人印象深刻。

江华历史博物馆

江华历史博物馆位于江华支石墓公园内，主要介绍江华岛的历史和文化。博物馆运用实物、场景模型、复制品、视频等多种方式展示了史前时代到近现代在江华地区出土的文物。博物馆一层主题为高丽、朝鲜及近代的江华岛，主要展出与江华民俗相关的物品；二层共有三个展览空间，分别介绍江华的青铜时期、海上故事及最为有名的支石墓。

摩尼山

摩尼山是江华岛最高的山，山里除了有高丽时期的净水寺以外，还有位于顶峰的堑星坛。堑星坛据说是檀君向上天祈祷的地方，以四周的美丽景致而闻名。现在每年的开天节，这里都会举行纪念檀君的仪式。韩国体育大会的圣火也在这里点燃并传递下去。

旅游资讯
地址 ⊙ 仁川市江华郡江华邑
交通 ⊙ 地铁2号线新村站7号口出，至市外公共汽车乘往江华方向的车在江华公共汽车站下

小贴士
摩尼山的登山路有两班路和阶梯路之分，两班路比较平缓，而阶梯路则较陡峭。不过，阶梯路因直通向视野宽广的顶峰而备受欢迎。

支石墓

支石墓是史前时期石墓的一种，在韩国分布最为集中，已发现近3万座。支石墓由厚重的扁平石块作支架和上托面，下面安葬死者遗骸和随葬品。有些支石墓是祭祀时所用的祭台。支石墓分为桌子式支石墓和盖石式支石墓。桌子式支石墓，用一些平坦的石头作垫石（一般2～4块）垫着盖石，中间的空间里面做长方形的棺室使用。因为大部分在汉江以北发现，所以又叫北方式支石墓。盖石式支石墓是用平坦的石头作石棺部放在地下，在地上用小石垫大盖石。因为大部分在南部的荣山江、锦江、洛东江下流发现，所以又叫南方式支石墓。

月尾岛

推荐星级：★★★★

月尾岛名字来源于岛屿半月尾的形状，岛上设有咖啡厅、生鱼片店、大众餐厅等，可欣赏西海美景，品味可口食物，还可在游乐场上享受无穷乐趣。此外，从月尾岛可随时乘坐游船环游四周美景。凉爽的海风、清澈的西海海水和盘旋于天空的海鸥，一切都让人沉醉。

月尾公园

月尾公园是月尾岛上避暑的绝佳场所，也是人们休闲娱乐的空间。公园内最不能错过的地方是韩国传统庭院地区，这里是蕴藏着月尾岛历史的地方。荷花池（芙蓉池）、爱莲池、养真堂等是压轴之作，游走其中，犹如进入朝鲜时期做穿越旅行。

文化大街

文化大街怀抱大海，是一条充满梦想和浪漫的大街，周末还举行各种公演。这里也是观赏美丽夕照景观的地方，游客络绎不绝。每到夜晚，"灯火的列柱"将海洋和天空照射得无比辉煌。

露天舞台

　　露天舞台在文化大街尽头，背对着大海。优雅的舞台向任何人敞开，这里经常举行舞蹈、诗朗诵、传统公演等，舞台随季节和时间的变化而变换背景，趣味十足。

游乐园

　　游乐园是一个充满惊喜的约会场所，深受年轻人喜爱。每个游戏设施边都有外貌和口才兼备的DJ们助兴，激情的音乐和兴奋的惊叫声，带给人另一种开心。

仁川登陆作战标志石

　　仁川登陆作战标志石是为了纪念仁川登陆作战的成功而建立，这种标志石在月尾岛文化大街的入口（绿色海洋）和从仁川站往月尾岛之路的大韩制粉公司场地上（红色海洋）都可以看到。

旅游资讯
地址 ⊙ 仁川市中区月尾路
交通 ⊙ 地铁1号线仁川站下1号口出，换乘2路、15路、23路等巴士在月尾岛终点站下

小贴士
　　月尾岛每年10月都会举行月尾庆典，庆典期间将会开展船歌、假面舞、国乐表演等各种活动，游客也可以加入到表演的行列中，与当地人同乐。

舞衣岛　　推荐星级：★★★★

　　舞衣岛与仁川国际机场所在地永宗岛比邻。舞衣岛意思是"舞姬的衣裙"。舞衣岛的自然风景如少女一般婀娜多姿。岛上有一开海水浴场、实尾海水浴场等，还有虎龙谷山、国思峰等山岳。游客来到这里，在欣赏海上自然风光的同时，还可以钓鱼、捡贝壳，享受海滨乐趣。

一开海水浴场

　　一开海水浴场是舞衣岛的代表性海水浴场，在如半圆展开的白沙场南侧有奇岩怪石形成的壮观美景，曾是电视剧《天堂的阶梯》和《刀手吴秀贞》的拍摄取景地。

实尾海水浴场

　　实尾海水浴场以葱郁的海松为背景，可尽情享受大海和松林相映的景致。在落潮时，海水尽退，可以体验别具一格的挖蛤子、捡海螺、捉小蟹子等活动。

大众渔村体验村

　　大众渔村体验村可以享受登山和游海乐趣，这里拥有秀丽壮观的自然景观，可以进行渔场体验、海上钓鱼体验、火把捉蟹子体验、水产生物观察体验等，还可以进行摔跤、踢足球等活动。

旅游资讯
地址 ⊙ 仁川市中区
交通 ⊙ 地铁1号线仁川站下，换乘306路巴士前往舞衣岛
网址 ⊙ www.muuido.co.kr

仁川交通的3大警示

仁川作为首尔经济圈的成员之一，交通很便利。仁川国际机场、仁川港口让仁川与外界的联系变得紧密。此外，市内有便捷的地铁、公交车、出租车等交通网络，方便游客前往各旅游地。

1 机场购买高级大巴票很方便

机场高级大巴的售票处位于一层KAL高级机场大巴柜台及4B、11A口。除了在柜台购买车票之外，还可以在机场便利店购买T-money卡并且充值，乘车时可直接使用。T-money卡可以同时多人使用，上车时请告诉司机乘坐人数，然后在刷卡器前刷一下就可以，非常方便。

2 多样交通工具前往海岛

仁川的海岛众多，前往海岛旅游时，可先咨询有没有汽车到岛上，如果没有，可以选择乘渡轮。乘渡轮时，需要了解清楚乘坐的港口，购票时要看清单程和往返的票价，以免买错票。如果前往月尾岛，可以选择单轨铁路、出租车、汽车等交通工具。

3 时间用"日月金木水火土"表示

乘轮渡时，通常可以看到日期后面跟着"日月金木水火土"等词语，在韩国，用这些词代表一周内不同的时间。其中日曜日代表周日、月曜日代表周一、火曜日代表周二、水曜日代表周三、木曜日代表周四、金曜日代表周五、土曜日代表周六。

飞机

仁川国际机场位于仁川前海的永宗岛和龙游岛之间，经过填海造地而成，距离仁川海岸约 15 公里，是韩国最重要的国际机场。机场与仁川市中心之间有很方便的公共交通系统，以地铁、巴士、出租车为主。

地铁

从机场到市区或其他地方较经济的方法是乘坐地铁。地铁站位于第二搭客大厦，从第一搭客大厦通过空中列车也可到达，到达市区约需 27 分钟。

出租车

出租汽车乘坐处在到达口（一层）小轿车区中的 16～21 号区。乘坐出租跨市、道时，不需要另加费用，但高速公路使用费由乘客承担。

渡轮

仁川港是韩国的第二大港口，也是韩国西海岸最大的港口。仁川有前往中国大连、青岛、天津和威海等城市的国际海上航线。此外，这里的渡轮还可以直达韩国国内的济州岛。

仁川国际渡轮信息表

码头		第一国际客运码头（沿岸码头）				第二国际客运码头（旧码头）		
		大连	丹东	石岛	烟台	青岛	威海	天津
公司		大仁渡轮	丹东海运	华东海运	韩中渡运	威东流运	津川航运	津川航运
船舶名称		大仁号	东方明珠号	东方明珠号	香雪兰号	香雪兰V号	香雪兰Ⅱ号	大仁号
需时		17小时	16小时	12小时	15小时	16小时	14小时	24小时
仁川	入港日期	火、木、土	月、水、金	月、水、金	火、木、土	火、木、土	月、水、金	月、金
	入港时间	9:00	9:00	9:00	10:00	17:00	9:00	14:00
	出港日期	火、木、土	月、水、金	月、水、金	火、木、土	火、木、土	月、水、金	火、金
	出港时间	16:30	17:00	18:00	18:00	16:00	19:00	火 13:00 金 19:00
备注		时间用"日月金木水火土"表示，日：周日，月：周一，火：周二，水：周三，木：周四，金：周五，土：周六						

巴士

仁川综合客运站是综合巴士客运站，这里与仁川地铁1号线相连接，附近有第二京仁高速公路和西海岸高速公路，交通便利。交通：仁川地铁1号线仁川巴士客运站3号口出，网址：www.intis.or.kr。

仁川高速巴士路线

目的地	需时	目的地	需时	目的地	需时
光州	4小时	釜山	4小时30分钟	益山	3小时20分钟
南原	4小时10分钟	西釜山	5小时30分钟	全州	3小时10分钟
大邱	4小时30分钟	束草	4小时10分钟	晋州	4小时
大田	2小时45分钟	顺天	5小时10分钟	丽水	5小时40分钟

仁川市外巴士路线

地区	目的地	需时	目的地	需时
首尔・京畿道	东首尔	1小时10分钟	爱宝乐园	1小时40分钟
	首尔站	1小时10分钟	仁川机场	1小时10分钟
	城南	50分钟	平泽	1小时40分钟
江原道	江陵	3小时30分钟	春川	2小时45分钟
	原州	2小时	太白	4小时25分钟
	铁原	3小时5分钟	洪川	2小时30分钟
忠清道	公州	2小时30分钟	清州	2小时
	保宁	2小时10分钟	忠州	3小时
	天安	1小时30分钟	泰安	2小时40分钟
全罗道	江津	5小时30分钟	扶安	3小时
	群山	2小时30分钟	淳昌	4小时45分钟
	务安	4小时20分钟	井邑	3小时20分钟
庆尚道	龟尾	4小时35分钟	蔚山	6小时
	马山	5小时	晋州	5小时
	安东	4小时10分钟	浦项	6小时

地铁

仁川都市铁道1号线是韩国首都圈电铁网络的一部分，和首尔地铁1号线相连。这条地铁线的北面终点站桂阳站是仁川国际机场铁路的换乘站。除了位于橘岘站以北的一段地面路段之外，其他路段都设于地下。乘坐该线，可在富平站免费换乘首尔地铁京仁线，或在富平区厅站和源仁斋站换乘首尔地铁7号线和水仁线。

仁川都市铁道 1 号线

站名	换乘路线	所在区	站名	换乘路线	所在区
桂阳	仁川国际机场铁路	仁川桂阳区	艺术会馆		仁川南洞区
橘岘			仁川客运站		仁川南区
朴村			文鹤竞技场		仁川延寿区
林鹤			仙鹤		
桂山			新延寿		
京仁教育大学			源仁斋	水仁线	
鹊田			东春		
葛山			东幕		
富平区厅	7 号线	仁川富平区	大学城		
富平市场			科技公园		
富平	京仁线		知识信息园区		
东树			仁川大学		
富平三岔路口			中央公园		
间石五岔路口		仁川南洞区	国际业务园区		
仁川市厅					

公交车

仁川的市内公交车分为普通公交车和座席公交车两种。座席公交车与普通公交车相比更为便利，车票稍微贵一点。各路线的公交车都标有各自的路线号码，目的地用韩文、英文、中文标识。此外，还有短程运营的小区公交车，主要往来于普通公交车或者地铁去不到的居住区，车辆较小，车票便宜。

仁川还推出城市交通卡，在巴士站售票处和地铁站内都有销售，可以用来支付公交车或地铁车票。在公交车站旁边的售票处可以充值，第一次买公交卡的时候要支付 1500 韩元的保证金，在退还交通卡后可返还。

出租车

仁川市内乘坐出租车非常方便，基本的费用一般约为 1900 韩元。仁川的每个辖区内都有很多出租车呼叫中心，可以事先打电话预约。

住 仁川住宿的 3 大选择

仁川的中级酒店主要云集在仁川国际机场附近，汽车旅馆和低廉的旅馆在松岛和月尾岛周边比较多。若停留时间长，可前往附近海岛住宿，既舒适又能享受到海景。

1 精品酒店

仁川的精品酒店拥有豪华的外观和装潢，提供各种向导服务。精品酒店拥有较高人气，不只游客，各种会议和当地人对精品酒店的需求也很大。

2 客房旅馆

仁川的客房旅馆大多是在一般韩国人家居建筑基础上改建的，多位于主要景点周围。不仅价格低廉，最大的特点是可以结交来自世界各国的朋友，个人或自由旅行者可以通过店主和其他住宿的人了解具体而实用的旅游信息。

3 汽车旅馆

仁川汽车旅馆的房间简单温馨，一般配有空调、暖气、沙发、淋浴间、免费洗浴用品、冰箱等，清新自然却又处处透露着酒店的用心。旅馆提供免费的停车服务，如提前预约，还可提供机场接车服务。

仁川知名住宿地

● 天空酒店

天空酒店共 88 间客房，分别用 12 种不同的主题装饰，风格各异。客房设有网线，方便携带笔记本的人使用。客房费用平日（周一至周五）优惠 50%，周末及韩国公休日优惠 40%，价格较实惠。

旅游资讯
地址 ⊙ 仁川市中区云西洞 2790-2 号
交通 ⊙ 仁川国际机场 3 屋 7 号门乘酒店免费接送巴士
网址 ⊙ www.eng.hotelsky.co.kr

● 最佳西方精品松岛公园酒店

最佳西方精品松岛公园酒店距离东北亚贸易中心仅 3 分钟距离，是东北亚最高档的特级商务酒店。酒店一楼的咖啡厅提供了舒适便捷的休息空间，19 楼有自主餐厅。此外，酒店还设有商务中心、健身房等。

旅游资讯
地址 ⊙ 仁川市延寿区高科技园路 151 号（松岛洞）
交通 ⊙ 仁川地铁 1 号线仁川大学入口站
网址 ⊙ www.orakaihotels.com

吃 食在仁川的 3 大体验

仁川海岛众多，海产品丰富多样，是品尝海鲜的好地方。这里一年四季都有让人垂涎三尺的海鲜料理，在一些集市上还能吃到韩剧中美味的酱炸鸡。此外，这里的中华料理也很有名，可以到新浦市场和中国城去品尝好吃的中华料理。

1 品尝酱炸鸡和啤酒

酱炸鸡是韩国非常流行的一种小吃，韩国许多明星都代言过酱炸鸡，其中仁川的新浦市场酱炸鸡尤其出名。一进入市场内，炸鸡的味道就扑面而来。选一个露天小店坐下，点上一份酱炸鸡和啤酒，感受一下韩剧中的氛围。

2 不可错过的美味海鲜

仁川的海鲜种类很多，做法多样，吃海鲜的地方也有很多选择，从临海的海鲜大排档到市中心的豪华海鲜餐厅，应有尽有。如果是在临海的海鲜大排档享用海鲜，可以自己挑选新鲜的海产，再委托店家加工成美味的海鲜大餐，非常诱人。

3 中国城吃遍中华料理

仁川的中华料理是仁川的特色食物之一，在仁川可以吃遍各式各样的中华料理。不过，这里的中华料理在发展中一些风味逐渐改变，变成了具有韩国特色的中国菜，其中最有名的就是炸酱面。新浦市场和中国城都是品尝中华料理的好去处。

特色美食地

◆ 清馆

清馆餐厅提供高级中国菜肴，麻辣爽口的四川海鲜料理、酸辣美味的糖醋炸虾，以及三鲜锅巴汤是这家店的主要特色。推荐青椒糖醋肉、蟹肉面、蟹肉炒饭等美食。

旅游资讯
地址 ⊙ 仁川市中区中国城路41-1号（北城洞3街）
交通 ⊙ 地铁1号线仁川站1号路口出，直走经过站前建筑物后可到

◆ 泰临凤

泰临凤是一家有名的中餐馆，新鲜的海参和全家福是这里的招牌菜，炸酱面和辣汤面也是人气菜肴，多种多样的中餐套餐也不容错过。

旅游资讯
地址 ⊙ 仁川市中区中国城路59号街23号（善邻洞）
交通 ⊙ 地铁1号线仁川站1号口出，向中区厅步行至中国城直走可到

◆ 鳗鱼名家

鳗鱼名家以干净整洁的就餐环境信受好评。它把韩国产的淡水鳗鱼放在木炭上烤，以特殊的作料调味，非常美味。推荐木炭盐烤淡水鳗鱼、腌烤鳗鱼等料理。

旅游资讯
地址 ⊙ 仁川市南洞区间石4洞617-20号
交通 ⊙ 地铁1号线间石站北边出，往Homeplus方向步行1公里
网址 ⊙ www.jjanga.co.kr

◆ 中国城

中国城专注于中国正统料理，运营至今口碑良好。也许这里的中国传统文化有些失真，但美味的中国料理却依然诱人。推荐三鲜炸酱面、三鲜辣汤面等美食。

旅游资讯
地址 ⊙ 仁川市中区善隣洞
交通 ⊙ 地铁1号线仁川站1号口出，经站前建筑物直走可到
营业时间 ⊙ 10:00—21:30
网址 ⊙ www.ichinatown.or.kr

◆ 本土中国餐厅

本土中国餐厅一直严选各种食材，主要提供最纯正的中国饮食，代表食物有海鲜锅巴汤，其他美食推荐炸酱面、辣汤面等。

旅游资讯
地址 ⊙ 仁川市中区中国城路59号街25号（善邻洞）
交通 ⊙ 地铁1号线仁川站1号口出，经站前建筑物直走可到

淘购在仁川的 3 大秘笈

在仁川购物，当地特色市场是购买土特产、工艺品的好去处，免税店、百货商店等主要是购买品牌商品的地方。

1 购买韩系化妆品超划算

许多韩系化妆品非常适合中国人的肤质，并因超高的性价比深受中国女性的青睐。从价廉物美的 The Face Shop、Etude 爱丽小屋、悦诗风吟到中高档的兰芝，都获得不少人的青睐，所以到仁川不要错过购买韩系化妆品的机会。购买韩系化妆品可以到仁川机场免税店、乐天百货公司仁川店等地。

2 选购特色泡菜当纪念品

泡菜是韩国的特色之一，也是获得国际承认的世界非物质遗产，当作纪念品带给亲朋好友，也是一个不错的选择。在仁川，可到仁川机场免税店、新浦市场购买正宗的韩式泡菜。

3 在仁川国际机场退税

在仁川国际机场办理退税时，带着需要托运的行李箱前往航站楼 3 楼的退税柜台（28 号登机口附近）。退税柜台有 Tax Free 和 Blue Tax Free，选择对应的退税柜台。将需要办理退税的单据递给工作人员，工作人员会在单子上逐一盖章并查看退税物品。工作人员在计算出总金额后会将钱退给你，你可以选择退美元、日元或韩元，如果有币种需求，请事先说明。如果不主动要求，工作人员会默认选择退韩元。

特色市场

◆ 仁川综合鱼市场

仁川综合鱼市场有地上一层和地下一层，这里的鱼是黄海沿岸地区的渔民捕捞的新鲜水产品。

旅游资讯
地址 ⊙ 仁川市中区筑港大路 69 号
交通 ⊙ 地铁 1 号线东仁川站下，转乘 12 路、24 路巴士在仁川综合鱼市场下
网址 ⊙ www.asijang.co.kr

◆ 新浦市场

新浦市场是一个汇集了多国文化的市场，美食有新浦甘辣鸡、空心面包、新浦血肠、新浦细面、新浦友利饺子等。此外，这里设有服务台，游客可在此获得贸易资讯、购物观光资讯、翻译协助等。

旅游资讯
地址 ⊙ 仁川市中区新浦洞 7 号
交通 ⊙ 地铁 1 号线东仁川站下，朝新浦洞方向走
营业时间 ⊙ 9:00—22:30，每月第二周周日休息

◆ 苏来鱼市场

苏来鱼市场是自然形成的传统海鲜酱市场，规模虽不大，以售虾酱等海鲜酱和水产品为主，特别是在泡菜季节销售的泡菜用的生虾非常畅销。市场最热闹的时候是 6 月、9 月和 11 月，此时可以品尝到最新鲜的水产品。

旅游资讯
地址 ⊙ 仁川市南洞区论岘洞 111 号
交通 ⊙ 地铁 1 号线白云站下，换乘 20 路公交车可到

百货店

◆ 新世界百货商店

新世界百货商店为超大型综合购物商场，商场一楼设有不同的名牌专柜，也有从一楼到三楼的 H&M 卖场、耐克、阿迪达斯等户外运动品牌则以大型卖场的形式集中进行销售。

旅游资讯
地址 ⊙ 仁川市南区驿三路 35 号
交通 ⊙ 地铁 1 号线仁川客运站下
营业时间 ⊙ 10:30—20:00
网址 ⊙ department.shinsegae.com

◆ 乐天百货公司富平店

乐天百货公司富平店是地区内最大的健康商品专营商场，提供外语服务和外币兑换服务，可直接用美元、人民币、欧元等外币支付。

旅游资讯
地址 ⊙ 仁川市富平区富平文化路 35 号
交通 ⊙ 地铁 1 号线富平站
营业时间 ⊙ 10:30—20:00，周末、节假日 10:30—20:30
网址 ⊙ www.lotteshopping.com

袋鼠旅行贴士

※ 仁川邮局（우체국）的外观建筑是红色的，邮筒也是红色的。在仁川，邮寄信件、物品等时，按照克（g）为单位进行价格的核计。但是明信片的费用与重量无关，根据种类，空运400韩元/张，海运250韩元/张。

※ 仁川的气候比较干燥，受季候风影响较大，夏季刮西南风，冬季刮西北风。年平均气温为11.4℃左右，1月份平均气温为-3.1℃左右，8月平均气温为24.9℃左右，一年温差为28℃。年平均降雨量为1152mm，降雨天数为101日左右。

※ 在仁川，春季（3—5月）很适合开展室外活动，周末时本地人会去月尾岛上郊游，体验各种娱乐设施。夏季（6—8月）酷热潮湿，正午最热时紫外线非常强，要尽量减少外出，以防晒伤皮肤或中暑。秋季（9—11月）空气清爽，可以去月尾岛、永宗岛上散步，也可选择登山。冬季（12月—次年2月）比较冷，不适合游玩，但每年12月举行的江华冰鱼节却很值得关注。

仁川不可不购的特产推荐	
名称	简介
江华花纹席	又名"帘席"，是仁川广域市江华郡的特产，使用的原料为江华郡特有的纯白色莞草，有吸汗、通风好等特点
江华药艾	也叫"狮足艾"，因外观和狮子的脚一样而得名，主要商品种类有药艾卷、药艾丸、药艾粉末、药艾茶、药艾饮料等
蜂蜜	仁川紫月岛是有名的蜂蜜产地。这里的蜂蜜都是生活于洁净环境的蜜蜂生产出来的，因而可以称得上是无公害的天然蜂蜜

Part 5
京畿道

如同一个庞大的甜甜圈
它紧绕着首尔
风格各异的市郡
造就了多姿多彩的京畿道
散落的历史遗物
近现代史的痕迹
韩剧中的身影
热情的微笑展示着它的淳朴
各地庆典谱写着它的欢乐
京畿道
跨过历史的千山万水
展示着现代的繁华

京畿道 Archives 档案

京畿道环抱首尔,北与朝鲜接壤,西临黄海,与中国山东青岛相望。首尔与京畿道紧紧"相拥"在一起,使京畿道渐渐成为庞大首都圈的一部分,在经济、文化、政治上都有很大的影响力。这里属大陆性气候,四季特点明显,春天温暖,夏天湿热,秋天凉爽,冬天寒冷有雪。地形被由东向西流淌的汉江分隔为南、北地区,汉江以北主要是山岳地区,汉江以南为平原地区。

京畿道作为首都圈重要组成部分已超过1000年。这里江和湖、山和海一应俱全,风景十分美丽。这里还有被指定为世界文化遗产的水原华城、历史悠久的民俗博物馆韩国民俗村、以瓷器闻名的利川陶艺村等体现韩国传统文化的旅游景点,也有适合家人、朋友游玩的爱宝乐园等大型主题公园,此外,将艺术创作和展览融于一体的黑里文化艺术村也是不错的选择。在此除了欣赏美景,还可以尽享购物的乐趣,不管是时尚品牌还是土特产品都可一网打尽。此外,韩国的电视剧、电影、广告和动画片有许多在这里取景拍摄,因此京畿道又被称为韩流原产地。

京畿道档案	
道名称	京畿道
英文	Gyeonggi-do
位置	朝鲜半岛中西部
行政区级别	道
道厅所在地(首府)	水原市
气候	大陆性气候
著名景点	水原华城、韩国民俗村、卧牛精舍、爱宝乐园等
道鸟	鸠鸽
道树	连翘

行程计划

Day1 首尔大公园(6h)
Day2 水原华城(5h)

多1天
Day3 韩国民俗村(3h)—卧牛精舍(1h)—爱宝乐园(3h)

多2天
Day4 黑里文化艺术村(5h)

玩 游在京畿道的3大锦囊

1 选择最适宜的时间出行

京畿道气候温和，是一个四季分明的地区，四季皆适合旅游，以春秋两季最佳。春季为3—5月，天气略显干燥；夏季为6—8月，多为阴雨季节；秋季为9—11月，天气比较凉爽；冬季12月至次年2月，气候寒冷，属多雪季节。

2 规划好旅游城市

京畿道的每个城市都有风景名胜，前往京畿道旅游，首先要选好城市。人们常去的景点主要集中分布在水原、利川、龙仁等。对于比较大、景点较多的城市，可以多安排点时间深入了解各个景点；对于比较小、景观较少的城市，可以根据需求安排行程。

3 不容错过的景观

京畿道是一个历史悠久的地区，这里有王陵、城廓、板门店、临津阁等历史遗迹，以及自然观光地、复合文化空间等，全方位地向游客展现了京畿道特有的魅力与底蕴。北汉山、道峰山等名山，以秀丽景观著称的北汉江都坐落于京畿道。除了自然与历史景点外，还可以欣赏到各种主题景点，如风格迥异的村庄、街道、电视剧外景地等。

水原华城

推荐星级：★★★★★

水原华城是韩国城邑中的精品，最初由朝鲜第 22 代君王正祖为迁移父亲庄祖的坟墓而修建，因此又被称为"孝城"。如今看到的城邑为修缮后的模样。它兼具东方城邑的雄伟与西方城邑的实用性，拥有瓮城、空心墩等创造性的先进攻防设施，是以科学设计为基础的韩国古代城邑杰作。1997 年被联合国教科文组织列入世界文化遗产名录。

♦ 八达门

八达门是华城的南门，门前被瓮城环绕，城门右侧砖墙上刻有当时捐款修墙人的名录。与其他城门不同的是，八达门紧靠市中心，所以周围的附属设施一直无法得到复原。

♦ 华西门

华西门是华城的西门，彩虹模样的石门上方是一层门楼，华西门前方的瓮城与八达门不同，有一侧是敞开的。

♦ 长安门

长安门是华城的北门，也是正门，其规模甚至超过了首尔的崇礼门。以前国王从首都汉阳进入水原时，必须经过此地，所以此为正门。

♦ 苍龙门

苍龙门是华城的东门，规模和模样与华西门相似。城门左侧花岗石墙壁上刻着的名录板，与八达门、华西门、长安门的不同，上面的字体至今仍可清楚识别。

♦ 华虹门

华虹门是华城的北水门，由七座各不相同的彩虹模样的水门组成。中间的水门比左右两侧的宽且大，可准确测量降雨量。华虹门东边山坡上有展现韩国传统建筑美的访花随柳亭。

♦ 华城行宫

华城行宫是正祖和后代国王们临时躲避战争或修身养性的地方，在韩国国内的行宫中规模最大。

♦ 西将台

西将台是双层楼阁建筑，位于华城最高的八达山顶峰华城总指挥部。站在西将台上，可将水原市一览无余。

♦ 空心墩

空心墩是战时使用的观察哨，其墙体下有洞孔，可以观察外面的动静，每层均设有可进行枪炮射击的洞孔。现保存有西北空心墩和东北空心墩。

♦ 瓮城

瓮城是为阻止敌军攻击城门而修建的防御用门，因样子酷似圆形瓮的一半，而被称为瓮城，其设计起源于频繁的战乱。

旅游资讯
地址 ⊙ 京畿道水原市
交通 ⊙ 地铁 1 号线水原站下，水原站对面乘 5 路、7 路公交车在长安公园站下

小贴士
水原华城文化庆典于每年 10 月举行。庆典期间，将举行第 22 代君王正祖大王銮驾出行再现活动、壮勇营守卫仪式、市民欢乐大游行、传统文化表演及体验等多姿多彩的活动。同时将举办饮食文化庆典，游客可在各国料理大赛上品尝到各种各样的料理，还可参与到传统表演中，充分感受庆典现场的热烈和欢乐气氛。

韩国民俗村

推荐星级：★★★★★

韩国民俗村是一座大型露天民俗博物馆，复建了韩国传统房屋与街道，生动再现了韩国各地居民的传统生活面貌。民俗村内建有两班贵族豪宅、村舍、韩药房、集市等，还设有美术馆、博物馆、世界民俗馆和青年旅舍。整体环境与大自然浑然天成，清新美丽，独具风采。

● 民俗村

民俗村依照北部、中部、南部和岛屿等各个地区的特点，将各地区的平民房屋和官宦房屋移建或修复后建成村落。这里有过去的地方行政机关官衙、教育机构书院和书堂、医疗机构韩药房、宗教建筑寺庙和城隍庙、民俗建筑卜卦店等，保留了古时的生活状况，可以让人体验到朝鲜时期的生活。

● 展示村

展示村包括传统民俗馆、世界民俗馆、假面舞展览馆、陶器展览馆等，让人大饱眼福。在世界民俗馆的展厅中，可以看到四大洋七大洲的文化遗产；在陶器展览馆可以看到三国时代起制作的陶器，还有可以亲手制作陶器的体验馆。

● 游乐村

游乐村是一个充满欢乐的游乐场，有海盗船、碰碰车、旋转木马及3D立体影院等游乐设施。游客可尽情享受各种游乐项目带给人的刺激与欢乐。这里冬季还开放雪橇场，另外还设有青年旅舍和会展中心，提供住宿及会议服务。

旅游资讯
地址 ⊙ 京畿道龙仁市器兴区民俗村路90号（甫罗洞）
交通 ⊙ 地铁1号线水原站下，换乘免费循环巴士直达
门票 ⊙ 成人（18岁以上）15000韩元、青少年（13～18岁）12000韩元、儿童（6～12岁）10000韩元、6岁以下儿童免费
网址 ⊙ www.koreanfolk.co.kr

小贴士
1. 寻访明星轨迹
这里是《大长今》《仁医》《王的男人》《拥抱太阳的月亮》《命》等韩剧的拍摄地。如果运气好，不仅有机会亲眼目睹古装剧的现场拍摄，还可能见到自己喜爱的韩国明星。
2. 精彩的表演及节目
韩国民俗村每天都会举办丰富多彩的表演，每个季节都可以体验全新主题的传统和民俗文化。

表演推荐		
名称	时间	地点
农乐	11:00、14:00	表演广场
走绳表演	11:30、14:30（每周一停演，有时也会因演员有事而临时取消表演）	表演广场
骑马武艺	13:00、15:30	表演广场
传统婚礼	12:00、16:00（12月—次年2月停演）	22号两班家

民俗空间

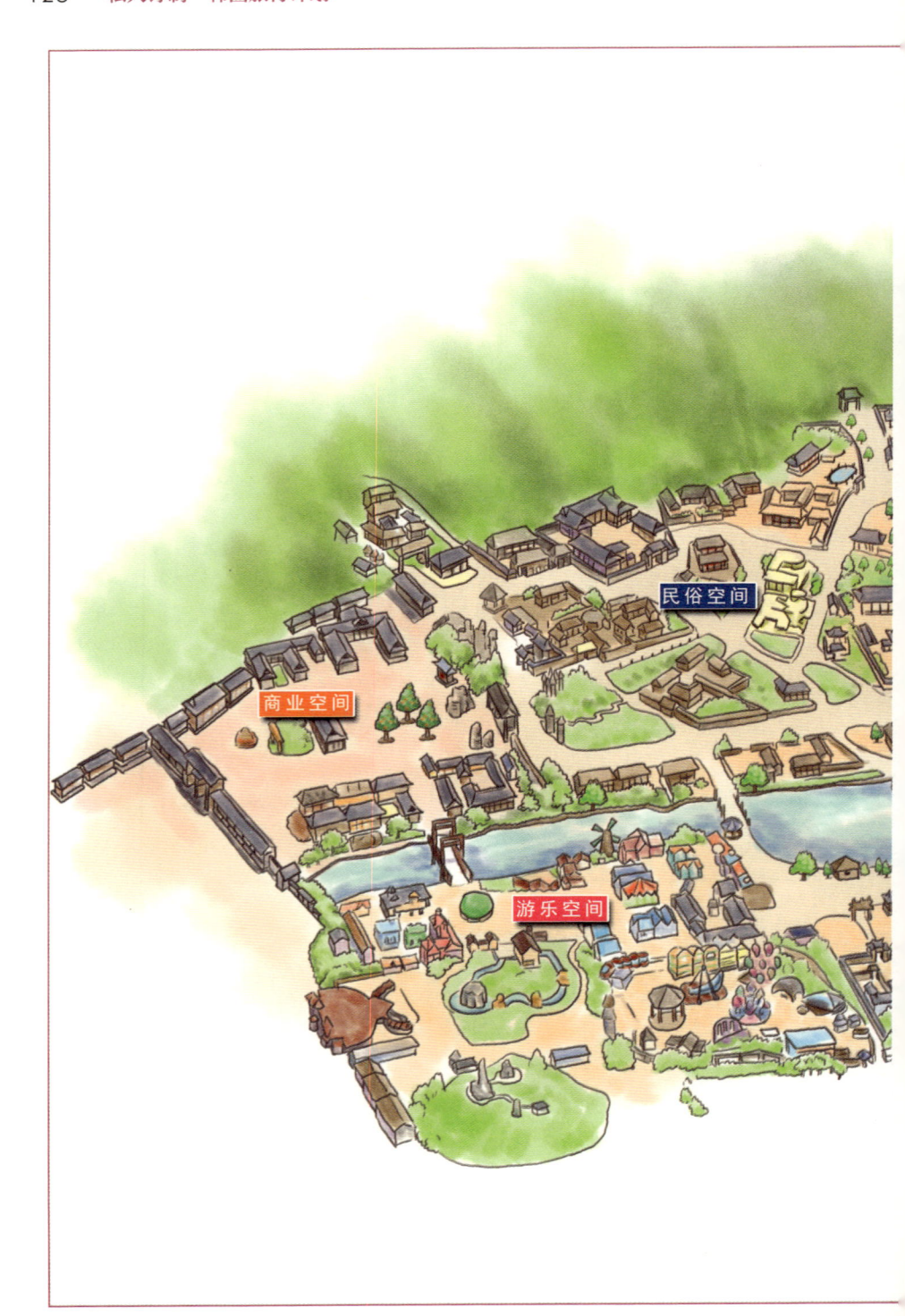

商业空间

游乐空间

Part 5 京畿道

传统黄土路
两班街
公演场
集市
民俗空间
传统民俗馆

京畿道 – 韩国民俗村

卧牛精舍

推荐星级：★★★★★

卧牛精舍静卧在屏风般的莲花山里，是海月三藏法师为了促进民族和平而主持建造的护国寺，也是韩国涅槃宗的总寺。寺内供奉来自世界各国的佛像，游客在此可窥探到世界各国的佛教文化风采。在众多佛像中，以用印尼香木雕成的卧佛像最为有名，它是世界最大的木佛像，已被载入世界吉尼斯纪录。舍内还收藏了世界最早供奉的释迦牟尼苦行像、用从世界各国佛教圣地带回的石头一块一块垒起的统一石塔，以及用黄金和铜打造、曾在汉城奥运会亮相的世界黄金梵钟。此外，还有从印度、斯里兰卡、缅甸带回的释迦牟尼佛真身舍利、《大藏经》及其他藏经等。

旅游资讯
地址 ⊙ 京畿道龙仁市处仁区海谷洞山43号
交通 ⊙ 龙仁市搭乘开往远三方向的市内巴士在寺庙前下
开放时间 ⊙ 7:00—18:00
网址 ⊙ www.wawoo-temple.org

利川陶艺村

推荐星级：★★★★

利川陶艺村是韩国传统陶瓷的代表性地方，还是古代制作朝鲜白瓷的中心地带。在这里可以了解制作陶瓷的整个过程，可以直接购买瓷器。最让人兴奋的是，可以欣赏到有陶艺界民间文化遗产之称的老陶匠们的得意作品。这里不仅有青瓷、白瓷和粉青等观赏性瓷器，还有具有现代感的生活用瓷器。村内的海刚陶瓷美术馆是韩国唯一的瓷器美术馆，是了解陶器知识的好去处。

旅游资讯
地址 ⊙ 京畿道利川市新屯面水光里153号
交通 ⊙ 江南客运站乘高速巴士或东首尔客运站乘直达巴士前往利川
网址 ⊙ www.wocef.com

小贴士
利川陶艺村每年9月都会举办世界性的"利川陶瓷节"，节日期间有烧窑及出窑演示、单件陶器及陶群展等各种节目，陶瓷发掘、亲手制作陶瓷等体验活动很受游客们的欢迎。各种趣味十足的展示和活动，让"利川陶瓷节"成为备受瞩目的盛典。

黑里文化艺术村

推荐星级：★★★★★

黑里文化艺术村是韩国作家、电影人士、建筑师、音乐家等多领域艺术家们聚居的文化村。这里的建筑在最大程度保存自然地形的基础上，依规范严格建造而成，除可看到一般的居家住所外，还有文艺工作者的工作间、美术馆、博物馆、展览馆等。所有建筑均不超过三层，由专业的建筑设计师按照不同艺术领域的氛围设计、建造。这些建筑本身就是一件件艺术品，值得欣赏。

旅游资讯

地址 ● 京畿道坡州市碳县面法兴里 1652 号
交通 ● 地铁 2 号线合井站 1 号、2 号口出，换乘开往黑里的 200 路公交车
网址 ● www.heyri.net

小贴士

黑里艺术村有多个入口，如果想从服务中心开始参观，可从 4 号门进入。服务中心内提供各种旅行资讯，还出售各个馆的门票。艺术村相当大，如果要逛全，除了要准备足够的时间，还需要良好的交通工具。村里有租赁自行车和电动车的服务。如果在秋季前来，整个村子在红叶映衬下，文艺气息浓郁，可以拍出很美的照片。

爱宝乐园

推荐星级：★★★★★

爱宝乐园是韩国最大的主题乐园，主要由环球集市、美洲冒险区、魔术天地、欧洲冒险区、动物王国组成，每个主题区都有不同的惊喜和浪漫。

● 环球集市

环球集市是一个可根据各个时代、地区体验建筑文化的地方，在这里可以看到罗马风格的威尼斯餐厅、印度撒拉逊风格的拉稀恩纪念品店、美索不达米亚风格的饼干 & 糖果屋等新奇漂亮的建筑。

● 美洲冒险区

美洲冒险区是以美国 500 年的历史为主题的区域，可以穿行在从哥伦布发现新大陆到猫王盛行的摇滚乐时代。区域内设有多种最新游乐设施，充满了冒险与欢乐。

● 魔术天地

魔术天地是体现幻想世界的地方，这里有世界唯一以伊索寓言为主题的伊索村及儿童专用游乐设施。在伊索村可以近距离感受真实的伊索寓言。这里有伊索老爷爷运营的餐厅、与兔子和乌龟一起游戏的游乐区等。

● 欧洲冒险区

这里是充满欧洲风情的主题园区，有一年四季开满华丽鲜花的四季花园和充满浪漫气息的玫瑰园及可以感受到荷兰风情的荷兰村，此外还有韩国最早的木质过山车"Texpress"及其他惊险刺激的娱乐设施。

● 动物王国

动物王国可以让人感受到与自然融为一体的快乐和神秘，这里有韩国最早的类人猿主题区——梦幻猴子谷，引入动物展示新技法的"动物惊奇世界"等。其中由数十只鸟在高空飞行的"奇异飞行"，让参观者目不转睛。

旅游资讯

地址 ● 京畿道龙仁市处仁区蒲谷邑爱宝乐园路 199 号
交通 ● 地铁 2 号线江南站 6 号口出，换乘 5002 路
门票 ● 日票（1 日券）成人（12 岁以上）46000 韩元、儿童（3～12 岁）36000 韩元，夜票成人（12 岁以上）38000 韩元、儿童（3～12 岁）29000 韩元；2 日券成人（12 岁以上）74000 韩元，儿童（3～12 岁）58000 韩元；3 岁以下儿童免费
网址 ● www.everland.com

首尔大公园

推荐星级：★★★★★

首尔大公园是韩国最早的大型综合主题公园，由动物园、植物园、首尔乐园、主题花园与山林露营地组成，可以感受近现代韩国美术流行趋势的国立现代美术馆也在首尔大公园内。

🜁 首尔动物园

首尔动物园是韩国唯一获得国际物种保全系统及世界动物园组织正式会员资格的公园，并荣居世界十大动物园之列。这里饲养着多种动物，包括世界稀有的低地大猩猩。饲养、展示及管理动物的同时，这里每年都举行红鹤表演、海豚表演、动物说明会等活动。

🜁 植物园

植物园包括温室植物园、野外植物园、标本展室和盆栽及雕刻展馆等部分。野外植物园种植了很多草本类、灌木类及乔木类等；植物标本展室按照野生植物的生态、习惯及在人类生活中的有用性等方面进行分类、展示；盆栽及雕刻展馆可以看到各种惟妙惟肖的盆栽及雕刻作品。

🜁 首尔乐园

首尔乐园是韩国最早的主题游乐场，由世界广场、冒险国度、幻想之国、未来之国、三千里乐园五大游乐区组成。广场中央的星球造型是首尔乐园的标志，电影《我的野蛮女友》曾在此取景。乐园每季都会举办游园活动和夜间休闲表演，4—5月有康乃馨节，7—8月有樱花、玫瑰花节，9—10月有菊花节，12月—次年2月有雪花节等。

🜁 国立现代美术馆

国立现代美术馆建筑外形以韩国古代的烽火台为蓝本。这里是了解韩国美术史脉络与世界美术趋势的好地方。馆内最吸引人的是世界级韩裔影像艺术大师白南准用老式电视机创作的大型作品"多多益善"。春秋两季，美术馆附近的小路景色迷人，适合浪漫的恋人或摄影爱好者前来。

旅游资讯
地址 ⊙ 京畿道果川市莫溪洞首尔大公园
交通 ⊙ 地铁4号线首尔大公园站下2号口出
开放时间 ⊙ 3—10月9:00—19:00，11月—次年2月9:00—18:00，关门前1小时停止入园
网址 ⊙ grandpark.seoul.go.kr

行 京畿道交通的 3 大警示

由于和首尔同属一个经济圈，京畿道在铁路和公路方面很发达，出入京畿道非常方便。京畿道是一个重要的交通枢纽，有京仁线和京仁高速公路穿过。海运方面有平泽港，为京畿道的发展贡献着重要的力量。京畿道下辖不同的市和郡，各个城市都有属于自己的火车站和巴士站。

1 利用便利的地铁出行

京畿道属于首都圈，与首尔联系紧密。贯通首尔的地铁在西南方向与国家铁路相接，经京畿道至天安市，向北则有1号线地铁连通至东豆川，3号线地铁通向高阳市，向西南的4号线延长至果川市、安山市，从水西至龙仁宝亭则有盆唐线地铁连接。所以，京畿道地铁发达，出行非常方便。

2 选择合适的交通工具出行

京畿道的公交车基本上实行一票制，由于公交车上的路标大部分用韩语表示，如果看不懂，建议乘坐之前把目的地的名称写下来，以便车上询问别人。京畿道的每个城市不算太大，拥堵现象很少见，所以可以选择乘坐出租车，价格也不是很贵，而且还会节省不少等候的时间。

3 提供免费翻译服务的出租车

京畿道的出租车提供免费的翻译服务。乘坐出租车，乘客只要对司机说"Interpretation Service"（翻译服务），司机就会为你接通你所需语言的翻译人员。翻译人员会将你所说的目的地及所需事项告诉司机。翻译服务主要有英语、日语、汉语、俄语、法语等。

地铁

地铁是高阳、盆唐、南杨州等京畿道多个地区连接首尔的最重要交通工具。

乘客可在各地铁站的售票窗口和自动售票机上购买车票。地铁路线图一般粘贴在售票窗口处，大部分站点都用韩语和英语标示。路线图上各站名的旁边标有数字，是所在地铁站出发到目的地的地铁票价。售票窗口旁边一般会有一个装有地铁路线图的黄色盒子，乘客可免费索取。但是有些站点也可能在地铁路线图上找不到。售票窗口还销售可乘坐各种交通工具的交通卡。

公交车

京畿道的公路四通八达，下辖的每一个城市都有公交系统。公交车分普通和座席两种，一般普通公交车 1000 韩元，座席公交车 1600 韩元，实行一票制。

出租车

出租车分为普通出租车、模范出租车、传呼出租车三种类型。模范出租车一般为黑色，起步价约 4000 韩元，比普通出租车费用要高，但服务周到、乘坐安全、舒适。乘客无论身在何处，只要愿多出 1000 韩元的车费，"传呼"出租车就可以随叫随到。乘坐普通出租车时，起步价比较低，大概是 1900 韩元 /2 公里；0:00—4:00 需加收 20% 的税金。

住 京畿道住宿的 3 大选择

京畿道是韩国的文化传统区域，住宿类型有星级酒店、传统的韩国民俗屋，还有民宿、野营地等，住宿主要集中在水原市和爱宝乐园附近。这里虽离首尔很近，费用却比首尔便宜很多，住宿的条件也不差。

1 水原

水原是京畿道的首府城市，交通便利，乘坐 KTX 列车半小时就能往返首尔和水原市。这里是京畿道住宿主要集中区，住宿种类齐全，可以满足不同人的需要。此外，这里的华城行宫是很多韩剧的拍摄地，在此入住可感受历史文化古城的底蕴。

2 爱宝乐园

如果打算去加勒比海湾和爱宝游玩，可在此附近住宿。除了可以方便地前往有各式游泳池的加勒比海湾和充满古代气息的韩国民俗村以外，还能到号称韩国"景德镇"的利川自己动手制作陶瓷。

3 薰衣草岛乐园

薰衣草岛乐园是韩国规模最大的薰衣草基地，是韩剧《灰姑娘的姐姐》外景拍摄地。这里分布着许多价格便宜、中等星级的酒店，酒店价格一般在 200～300 元人民币。周边还有黑里文化艺术村、一山湖水公园等景点。

京畿道知名住宿地

● 卡萨布兰卡汽车旅馆

卡萨布兰卡汽车旅馆是一家引入南非式B&B（Bed & Breakfast）概念的别墅式汽车旅馆，独具特色。旅馆外有一个宽敞的庭院，给人一种度假村或别墅的感受。客房温馨舒适，视野开阔，可透过玻璃窗一览北汉江的风采。附属设施包括公共厨房和餐厅，可以在这里吃早餐和晚餐。尤其是可以在餐厅内享受南非式烧烤。

旅游资讯
地址 ⊙ 京畿道加平郡清平面三会里305-1号
交通 ⊙ 地铁1号线清凉里站乘坐清平方向公交车在大成里站下，到码头乘船前往
网址 ⊙ club.cyworld.com/casa-blanca

● 新感觉宾馆

新感觉宾馆上下共有7层，分为标准间和豪华间，客房内部用棕色装饰，给人一种舒适安详的感觉。豪华间配备两张床，适合家庭游客和商务人士，每间房均安装电脑，可随时上网。除此之外，还备有各种设施，为住客提供方便。

旅游资讯
地址 ⊙ 京畿道水原市八达区仁溪洞1116-14号
交通 ⊙ 地铁1号线水原站下，换乘92路、98-1路公交车在Newcore Outlet 站下

● 水原宜必思国宾酒店

这家酒店拥有先进、设施完备的客房，有免费网络、电视、保险箱、桑拿设施等。餐厅氛围优雅，有"普罗旺斯"和"Le Parisien"两处餐厅，可提供西餐、韩餐、日餐、中餐等丰富的菜式，还有为儿童提供的特别菜式。

旅游资讯
地址 ⊙ 京畿水原市八达区仁溪洞1132-12号
电话 ⊙ 031-2305000
交通 ⊙ 地铁1号线水原站4号口出，换乘15路、92路、92-1路公交在水原市厅下
网址 ⊙ www.ibissuwon.com

● 华美达东滩酒店

华美达东滩酒店是一座商务型酒店，客房类型多样，采光好。每个房间都有用于处理商务的个人用桌，并有Wi-Fi。一楼有意大利餐厅、日式餐厅和咖啡专门店，二楼有开阔的阳台，可俯瞰到酒店庭院的美丽景色。

旅游资讯

地址 ⊙ 京畿道华城市盘松洞90-3号
交通 ⊙ 乘27路巴士在东滩1洞居民中心站下
网址 ⊙ www.ramada-dongtan.com

● 贝壳酒店

贝壳酒店是一家普通规模的酒店，白蓝相间的外观给人一种现代、简约之感。客房有普通间和套间。所有客房内均设有空调、互联网、电脑等，设施齐全。整洁的客房、完善的管理能给游客带来舒适感觉。

旅游资讯

地址 ⊙ 京畿道高阳市德阳区花井洞1002-5号
交通 ⊙ 仁川国际机场乘3000路机场巴士在高阳警察署站下

吃 食在京畿道的 3 大体验

京畿道的西海岸有丰富的海产品,东边山区栽种旱田农作物和水稻等。除开城以外,京畿道饮食整体上偏素、量多。这里的主食通常是饭,还有面条,人们一般喜欢吃五谷饭、糯米饭、清汤刀切面和浓稠的荞麦面片汤。当地农村人喜欢在粥、面片等里面加入南瓜、玉米、小麦粉、红豆等食用。

1 开城奢华美食

京畿道的开城曾是高丽时代的首都,当时的烹调手艺流传到现在,饮食的丰富可与宫廷菜相媲美。它与首尔、全州都是韩国有名的美食都市,其中开城的美食最奢华,种类繁多。开城美食之奢华程度同古代宫廷美食不相上下,大多数极为费功夫,所需材料繁多。

2 感受不同地域风味

京畿道不同地区都有不同的风味,西海岸地区出产丰富的海产品,东部山间地区出产各种山菜。饮食除了工艺复杂的开城料理,其他各种料理都外观素朴,咸淡适宜,使用的调味料也很少,值得一尝。

3 在加平郡感受欧式美食

京畿道加平郡的小法兰西依山傍水,红瓦白墙,到处都充满了祥和温馨的田园气息。这里不仅风景胜似法国,还有地道的欧式餐厅。这些餐厅为欧式古典的装修风格,有炸猪排、牛排、意大利面等特色菜,每道菜都很考究。边听交响乐边品尝美食,非常享受。

万里飘香的美食地

🔴 第一餐厅

这家餐厅拥有悠久历史和较高的人气，白岩土种血肠是这里的人气美食。每天在土锅里熬制几个小时的汤头配上清爽可口的小菜也是小店的另一大美味。

> **旅游资讯**
> 地址 ⊙ 京畿道龙仁市处人区白岩面白岩路 201 号街 11 号
> 交通 ⊙ 龙仁公用汽车站乘 10 路、10-4 路、94 路等公交在白岩站下

🔴 翠弘

翠弘是一家中国饭店，主打北京美食，红色灯笼和红色招牌的装修风格格外吸引人。室内设有家庭、公司聚餐专门包厢，主要料理有蟹肉炒饭、酱烧海虾、红醋鲍鱼等，另外该店还提供多种多样的套餐服务。

> **旅游资讯**
> 地址 ⊙ 京畿道城南市盆塘区安骨路 24 号（书岘洞）
> 交通 ⊙ 地铁盆塘线书岘站 4 号口出，在栗洞公园乘 15 路城际公交在天恩精舍下
> 网址 ⊙ www.shinhwaifood.co.kr

🔴 阿苏山

阿苏山不仅为食客提供新鲜的生鱼片料理，还准备了寿司、日式乌冬面、鳗鱼、蘑菇、大螃蟹等多种美味食物。

> **旅游资讯**
> 地址 ⊙ 京畿道高阳市一山东区正钵山路 128 号（马头洞）
> 交通 ⊙ 地铁 3 号线正钵山站下，朝国立癌症中心方向直走，正钵中学对面
> 网址 ⊙ www.asosan.co.kr

🔴 松亭馆

松亭馆位于利川雪峰公园附近，这家店自行研制了烹调肉的调料，店内的肉制品吃起来肉质柔嫩。此外，冷面汤采用蔬菜、水果制作而成，为绿色食品，有益健康。

> **旅游资讯**
> 地址 ⊙ 京畿道利川市松亭洞 193 号
> 交通 ⊙ 利川长途汽车站乘往松亭洞路线方向的巴士可到

🔴 渡口

渡口是可同时满足视觉、听觉、味觉的一处综合型饮食区，食区分为第 1 馆里屋、第 2 馆厢房、第 3 馆舍廊和第 4 馆宴会厅。其中第 1 馆里屋是韩牛专门店，第 2 馆可以品尝到地道的日式、中式、西式料理等各国风味。此外，这里还有精彩的现场表演。

> **旅游资讯**
> 地址 ⊙ 京畿道高阳市德阳区幸州外洞幸州山城路 178 号
> 交通 ⊙ 从幸州大桥向幸州山城方向走，在幸州大桥头边

淘购在京畿道的 3 大秘笈

京畿道有各种各样的商店、集市及品牌店，从服装、鞋子、包到首饰配件、工艺品、纪念品等，一应俱全。购买土特产品可去传统市场和百货公司，寻找品牌商品可以去免税店。

1 在利川寻找陶艺品

利川市具有悠久的陶瓷生产历史，是韩国最好的陶瓷城市，利川陶艺村一共有 150 多个窑场，是韩国有代表性的生产传统陶瓷的陶艺村。在这里可以轻易买到制陶的原料和颜料，观看现场陶瓷制作过程，形态各异的陶瓷器皿，让人眼花缭乱。除了现场制作陶瓷，还有各种精彩的表演举行，让游客可以体会到原汁原味的韩国文化。

2 在都市里的传统市场淘货

京畿道城南市的牡丹市场被称为"都市里的传统市场"，其规模可以说是韩国最大的民俗 5 日市场，市场上有各种各样好看的、好玩的物品。市场不开市的时候，这里与其他城市没什么差别，但每到开市日，烦闷的都市便充满了朝气。哪怕只有狭小的空间，也会变为热闹的市场。这里分为不同区，产品丰富，非常热闹，不妨来此逛街、淘宝。

3 在坡州名牌折扣购物中心享折扣

坡州名牌折扣购物中心每天都以 25%～65% 的优惠价格销售 Tory Burch、Jil Sander、Armani、Hugo Boss 等 160 多个品牌的商品。在此你还可以挑选韩国著名设计师设计的品牌、多种户外品牌与生活家居品牌等。此外，购物中心内不仅有多个时尚生活卖场，还拥有食品广场、餐厅及咖啡厅等。

京畿道著名购物地

● 牡丹市场

　　牡丹市场是韩国最大规模的民俗5日市场,这个市场并不在农村,而是在城市中心地区。它呈东西方向延伸,大体划分为14个区。市场入口是花卉区,还有谷物、药草、服装、鞋类、杂货、鱼类、蔬菜、家禽等区域。

旅游资讯
地址 ⊙ 京畿道城南市
交通 ⊙ 地铁盆唐线牡丹站5号口出

● 一山区

　　一山区位于首尔的卫星城市京畿道高阳市,以Lafesta购物街为中心,这里林立着各种漂亮的大型购物中心。这里的每栋楼都有咖啡厅、服装店、名牌店、餐饮店、杂货店、美容店等。街道周边还有漂亮整洁的商店街、餐饮街和湖水公园等。

旅游资讯
地址 ⊙ 京畿道高阳市
交通 ⊙ 地铁3号线鼎钵山站下

● 乐天百货店坪村店

　　乐天百货店坪村店拥有600多个著名品牌入驻,除购物外,还可在超大型综合文化空间尽情享受文化生活。这家店将购物与娱乐、文化、大自然相结合,设有顾客休息区和大规模餐饮等设施。

旅游资讯
地址 ⊙ 京畿道安养市东安区市民大路180号
交通 ⊙ 地铁4号线凡溪站5号口出
网址 ⊙ store.lotteshopping.com

● 乐天名牌折扣购物中心坡州店

乐天名牌折扣购物中心坡州店是一家位于郊区的折扣店，60% 以上均为国际名牌商品，附设影院、儿童乐园、屋顶眺望台等，是适合各年龄层消费者购物和娱乐的折扣商场。

旅游资讯
地址 ⊙ 京畿道坡州市汇东路 390 号
交通 ⊙ 地铁 2 号线、6 号线合井站 2 号口出，换乘 2200 路、200 路公交车
网址 ⊙ www.raonluxmall.com

● 现代百货公司 Kintex 店

现代百货店 Kintex 店有各种名牌商品、进口服饰等专柜，购物可用银联信用卡结账，非常方便。此外，还设有文化厅、屋顶庭院与画廊等。

旅游资讯
地址 ⊙ 京畿道高阳市一山西区湖水路 817 号
交通 ⊙ 地铁 3 号线大化站下 4 号、5 号、6 号口出
网址 ⊙ www.ehyundai.com

● 农协高阳农产物综合流通中心

农协高阳农产物综合流通中心是农水畜牧产品超市，在这里可以买到富有特色的土特产品。交通十分便利，设有各种附属便利设施。

旅游资讯
地址 ⊙ 京畿道高阳市一山西区大化路 362 号
交通 ⊙ 地铁 3 号线在大化站下
网址 ⊙ www.nh-hanaro.com

娱 达人的 3 个玩嗨点子

京畿道有着丰富多彩的娱乐活动，可以到水上世界去与水来一次全方位的亲密接触，可以到滑雪场去感受一下滑雪的刺激，也可以到宽敞舒适的剧场去看一场电影，或到艺术中心去听一场音乐会。

1 滑雪场尽情娱乐

京畿道的滑雪场设施完备，夜间也有照明系统。不少滑雪场内设亲子场地，也有初学者场地，为不同类型的人士提供了安全便捷的娱乐场所。场内还有其他的娱乐项目，如保龄球馆、网球场、练歌房等，绝对能让每个人都能找到旅行的乐趣。

2 冬天里感受温泉的温暖

寒冷的天气里，泡个暖暖的温泉浴，不仅能缓解肌肉疲劳，还能放松心情，缓解压力，而且对冬季干燥的皮肤也很有益处。京畿道有各式各样的泡温泉场所，有舒适的室内SPA温泉，能欣赏到壮观日出和梦幻般晚霞景象的露天温泉，以及游乐设施完备的温泉度假村、水上公园等，都可以让人尽情享受温泉之旅。

3 多姿多彩的文化活动

这里拥有多姿多彩的文化，每年都有各种民俗活动举行。9月，举行果川全民同乐节，以开展露天公演国际艺术庆典为主；10月，南扬州有茶山文化节，场面热闹；11月在坡州临津阁广场还有长湍豆节，当地村民和城市的市民都来参加这个节日，可以感受当地的民俗文化。

娱乐场所推荐

● 安阳水世界

安阳水世界是利用从冠岳山和三圣山流淌下来的清水，加上现代化的各种水上设施而构建的四季型综合主题公园。设有海浪区、滑水区、流水区、儿童区，并有 SPA 室、黄土汗蒸房、玉石汗蒸房等，附设有 G7 艺术厅（展示馆、3D 影院、体验馆）。

旅游资讯

地址 ⊙ 京畿道安阳市万安区石水洞艺术公园路 153-32 号
交通 ⊙ 地铁 1 号线安阳站下，换乘区域公交 2 路在终点站安阳游乐场下
网址 ⊙ www.anyangwaterland.com

● 杨平韩华雪橇场度假村

杨平韩华雪橇场度假村有主坡道、儿童专用坡道、幼儿坡道，拥有完备的住宿设施和服务设施，登山线路、山林浴场、游泳场、雪橇场、桑拿房等各种休闲运动设施十分完善。

旅游资讯

地址 ⊙ 京畿道杨平郡玉川面新村路 188 号
交通 ⊙ 首尔清凉里站乘火车至京畿道杨平，换乘班车在韩华度假村下
网址 ⊙ www.hanwharesort.co.kr

● 龙门寺山寺体验

龙门寺山寺体验项目有自我反省、学习寺院礼仪、敲梵钟体验、和僧人们喝茶聊天、学习参禅、清晨佛礼、山行等，分平日和周末按 2 天 1 夜标准进行。参加费用为 40000 韩元，小学生、初中生、高中生 30000 韩元。

旅游资讯

地址 ⊙ 京畿道杨平郡龙门面龙门山路 782 号
交通 ⊙ 杨平乘途经龙门前往龙门寺方向的市内巴士
网址 ⊙ www.yongmunsa.org

● 利川温泉

利川温泉是首尔和京畿道内最容易前往的温泉，温泉水质纯净，无色无味，含有氯化钙、氯化钠、碳酸钙、镁等元素，对各种皮肤病、神经痛、妇科病等有良好的疗效。此外，还有室内游泳池和其他便利设施。

旅游资讯

地址 ⊙ 京畿道利川市安兴洞
交通 ⊙ 利川市外巴士客运站下后徒步 5 分钟

袋鼠旅行贴士

※120 京畿道热线中心,为你一次性解决从生活到复杂民政事务的所有疑问,随时随地提供便利的民政事务服务,全年无休 24 小时运营。提供中文热线电话的服务时间为是周一——周五的 9:00—18:00。京畿道内的有线电话及手机用户可直拨 120,其他地区需拨打 031-120。另外韩国旅游咨询热线 1330 也提供全年 24 小时服务。在京畿道内的任何地方,只要拨打 1330 就可以得到导游帮助服务,旅游导游服务主要有英语、日语和中文三种语言。

※ 去京畿道旅行,推荐 www.cn.ggtour.or.kr 网站。它是京畿道旅游发展局主办中文网站,里面有各种精品路线推荐,也有对精品景区非常详细的介绍。对于住宿、交通等旅游信息的介绍非常实用。

※ 京畿道是著名的旅游休闲地,可以专门安排一次休闲之旅。

京畿道著名旅游休闲地

名称	地址	电话	网址
加勒比海湾	京畿道龙仁市蒲谷邑前垡里 310 号	031-3205000	www.everland.com
栗洞公园高空弹跳	京畿道城南市盆唐区洞公园	031-7046266	www.hanwharesort.co.kr
炭川综合运动场冰上运动场	京畿道城南市盆堂区炭川路 215 号(野塔洞)	031-7257140	www.2ssc.or.kr
熊津娱乐城戏水公园	京畿道富川市远美区 Jomaru 路 2(上洞)	032-3108000	www.playdoci.com
京畿国乐堂	京畿道龙仁市器兴区甫罗洞 21-5 号	031-2896400	www.ggad.or.kr

韩国旅游发展局推荐的餐厅

名称	地址	电话	好评推荐
南宫(大化本店)	高阳市一山西区大化洞 2101	031-9113773	天然松茸、海鲜锅巴
南宫(坡州店)	坡州市金村洞 986-4	031-9417888	天然松茸、海鲜锅巴
鸿春馆	杨平郡杨平邑杨根里 299-18	031-7747359	京味鸡肉冷盘、蟹肉鱼翅
喜来登(冠阳店)	安养市东安区冠阳洞 1591 大林 ACRO 大厦	031-4789090	合菜、精选海鲜锅巴、糖醋肉

Part 6
釜山

走在釜山的街头
如同在韩国电影里一样
五光十色、霓虹炫彩
南浦洞尝小吃、海云台观海、釜山塔看夜景
生活如此炫彩华丽、热烈而世俗
浪漫的釜山就是这样
一切都随霓虹灯变换多彩
爱吃的你、爱玩的你、爱疯的你
一切都变得灵动起来
爱，从这里开始

釜山 Archives 档案

釜山位于韩半岛的最东南端，是韩国第二大城市、第一大贸易港口，也是世界上最繁忙的海港之一。釜山北面、西面靠着低山，南面、东面临海，西面是洛东江三角洲，洛东江与水营河之间的峡谷是釜山最密集的地区。釜山属海洋性副热带季风气候，气候温和，很少有过热或过冷的天气。

釜山有各种各样的海洋旅游资源、历史遗址地、繁华的购物区等，是一座充满活力的现代化都市。游客喜爱的海云台海水浴场、广安大桥，以及可以欣赏到海边风光的太宗台和龙头山公园等都十分有名。除了丰富的旅游资源，它还是连接亚洲、欧洲和北美的贸易中心，世界最大的百货店"Centum City"周边有众多大型购物中心，新鲜海产品遍布的"扎嘎其市场"等也是不可错过的旅游名地。此外，每年在釜山举行的国际电影节更是扬名海内外，成为一年一度的国际盛会。

釜山档案	
城市名称	釜山
英文	Busan
位置	韩半岛东南端
行政区级别	广域市
气候	海洋性副热带季风气候
著名景点	广安大桥、龙头山公园等
市花	山茶花
市鸟	鸥
市树	山茶
机场	金海国际机场
火车站	釜山站、釜田站、古朴站

行程计划

Day1 海云台海水浴场（3h）—广安大桥（0.3h）—釜山APEC世峰楼（0.3h）
Day2 海东龙宫寺（1h）—迎月路（1h）—釜山水族馆（2h）—海云台（0.5h）

多1天
Day3 龙头山公园（1.5h）—南浦洞街（1h）—太宗台（2h）

玩 游在釜山的 4 大锦囊

1 在最佳时间游览釜山

釜山为海洋性气候，来釜山旅游的最好季节为春季和秋季，此时釜山天高气爽、气候怡人。春季，阳光普照，百花盛开；秋季，秋叶将世界装扮得五颜六色、丰富多彩。如果喜欢滑雪和欣赏雪中寺庙的风景，可以在冬季（12月—次年2月）前往。夏季（6—8月）常会有台风或季风光临，若此时出行一定要查好天气，以免耽误行程。

2 到旅游咨询处获取免费资料

釜山市内以机场为首，在各大交通设施和旅游景点内设有多个旅游咨询处，在旅游途中随时可以访问。可免费在咨询处获取旅游地图和宣传手册，大多数旅游咨询处有会讲中文的工作人员。

3 在小村落里寻找浪漫

甘川文化村素有"釜山的圣托里尼"之称，以拥有独特的风景和文化著称。这里的房屋建设前后互不遮挡，将具有异域风情的阶梯式村庄原型完好地保存下来。房屋墙壁上的各色水彩和壁画使这里成为了文艺小清新的代名词，吸引了无数游客前来拍照。

4 在海水浴场避暑

釜山是韩国著名的沿海城市，海滨风光是这里主要的旅游资源之一。这里分布着许多海水浴场，其中最著名的是海云台海水浴场。在夏季旅游高峰，海滩满是遮阳伞，海水中则尽是戏水的人们，是人们休闲避暑的好地方。

海云台海水浴场

推荐星级：★★★★★

　　海云台海水浴场以规模广阔的沙滩和美丽的海岸线而闻名，是釜山具有代表性的观光地。海岸线周边地势高矮各异，分布着海云台温泉、冬柏岛、五六岛、看月路、奥林匹克公园、快艇赛场等景点。这里每年还会举办赏月庆典、沙雕展、釜山大海庆典等重要活动。每年夏季，来自各地的游客汇聚于此，形成观赏高峰。

旅游资讯
地址 ⊙ 釜山市海云台区海云台海边路
交通 ⊙ 地铁2号线至海云台站下
网址 ⊙ eng.haeundae.go.kr

釜山水族馆

推荐星级：★★★★

　　釜山水族馆是韩国国内规模最大的主体水族馆，分为地下三层和地上一层。地上是露天公园和停车场；地下一层为海洋模拟馆、休息室和纪念品商店，海洋模拟馆能让游客们在虚幻的海洋世界中尽情畅游；地下二层、三层则是各类水族馆，其中地下三层长达80米的海底隧道是水族馆的最大特色，进入隧道如同置身海底，可以看到海洋生物从头上鱼贯而行，深受游客青睐。

旅游资讯
地址 ⊙ 釜山市海云台区中1洞1411-4号
交通 ⊙ 釜山站乘240路、302路巴士至海云台站下，或乘139路、140路、239路巴士在海云台市场下
门票 ⊙ 17000韩元
开放时间 ⊙ 周一—周四 10:00—22:00，周五、周末及韩国公休日 9:00—22:00，夏季旺季（7月17日前后—8月30日）9:00—22:00
网址 ⊙ www.busanaquarium.com

釜山APEC世峰楼

推荐星级：★★★

　　釜山APEC世峰楼位于自然景观优美的冬柏岛上，是一座将自然美和现代美结合的高层次国际会议场。自APEC峰会后，这里成了高水平国际会议设施的代名词。建筑分三层，外观选用韩国传统建筑"亭子"的造型，加以现代化装饰，屋顶的形状形象地展现了冬柏岛的棱线，内部装饰体现了韩国传统文化。它与海云台海水浴场相邻，不仅能够欣赏到海云台的绝景，还能看到五六岛、广安大桥、观月坡等秀美景观。

旅游资讯
地址 ⊙ 釜山市海云台区冬柏路116号（佑洞）
交通 ⊙ 地铁2号线冬柏站1号口出，步行约10分钟可到
开放时间 ⊙ 9:00—18:00

海云台迎月路

推荐星级：★★★★★

海云台迎月路位于海云台海滨浴场通向松亭海滨浴场的路口，可眺望海云台美景，是釜山最热门的约会景点与兜风路线。路两旁栽满樱树与松树，分布着各种特色咖啡厅，每天下午人声鼎沸，是最佳休憩景点。

海月亭

海月亭是这条路的一处象征，亭子的建筑风格沿用了古代的手法，显得高雅朴素。许多年轻人喜欢在正月十五到此望月许愿，祈祷有情人终成眷属。

新千年纪念钟塔

海云台迎月路上的这座塔不仅仅是为了纪念过去，迎接新世纪的到来，还是为了象征着釜山人要在新千年之际，怀揣希望，誓将釜山打造成世界知名的海洋城市。

旅游资讯
地址 ⊙ 釜山市海云台区左洞循环路
交通 ⊙ 海云台海水浴场乘 100 路、139 路、140 路等市内巴士在美浦站下

龙头山公园

推荐星级：★★★★

龙头山公园是深受釜山市民喜爱的休憩场所，公园所在的山因为形似海蛟龙的头而称为龙头山。园内有釜山塔、八角亭、华表、李舜臣将军铜像等景观，最有代表性的是釜山塔和李舜臣将军铜像。

釜山塔

釜山塔是釜山的象征，在塔的展望台上可一览釜山市内及釜山港口的全景。在这里观赏夕阳和夜景，极具浪漫情调。龙头山公园最有名的正是在釜山塔上观看到的釜山夜景。

李舜臣将军铜像

李舜臣将军铜像威严耸立在釜山塔旁边，眺望着远处大海。铜像的旁边有用花做成的钟和4·19纪念塔。

旅游资讯
地址 ⊙ 釜山市中区光复洞2街龙头山路37-55号
交通 ⊙ 地铁1号线南浦洞站下，步行约10分钟可到

札嘎其市场

推荐星级：★★★

札嘎其市场指的是从影岛大桥底下的干鱼市场至忠武洞早市区一带，是韩国最大的水产市场，也是一个集海鲜批发、零售及海鲜食店于一体的大型室内市场。地下层为开放式渔市，分布着众多海鲜店。市场卖鱼的人基本上都是女人，她们被称为"札嘎其嫂子"。一楼为鱼贝类集中地；二楼是餐厅和售卖海鲜干货的集中地，食客可在地下购买海鲜到此代做或直接在餐厅点餐；三楼则是员工食堂，以韩式定食为主，价钱便宜，非员工也可光顾。

旅游资讯
地址 ⊙ 釜山市中区札嘎其海岸路52号（南浦洞）
交通 ⊙ 地铁1号线南浦洞站下，往南浦派出所方向走约5分钟
网址 ⊙ www.jagalchimarket.or.kr

小贴士
每年10月举行札嘎其市场庆典，这个时候前来可以参与到庆典当中，更直观地体验当地的风俗人情，了解当地的文化。

南浦洞街

推荐星级：★★★★

南浦洞街上剧场密布，每到釜山国际电影节，这条电影街便成为人潮汇聚的中心舞台。为纪念电影节，南浦洞街上建有PIFF（Pusan International Film Festival）广场。每年都有获奖人的手掌、脚印的铜盘和获奖作品名字的铜盘被镶在广场的地面上。这里不只是看电影的地方，也是崭新的文化观光景点，街道两旁可以看到韩国电影的海报，明星街上还有张艺谋、侯孝贤等中国导演的纪念手印。此外，还有各种特色街头小吃，令人难忘。

旅游资讯
地址 ⊙ 釜山市中区南浦洞
交通 ⊙ 地铁1号线在南浦洞站下
网址 ⊙ english.bsjunggu.go.kr

小贴士
每年10月，南浦洞街大大小小的剧场开始上映电影节的作品，人群蜂拥而至。除观看电影节作品以外，游客还可参加多种庆祝活动。南浦洞街紧靠刀鱼市场和草梁外国人商街，商店和餐厅也不少，深受年轻人的喜爱。

广安大桥

推荐星级：★★★★★

广安大桥是韩国国内最大的跨海桥梁，桥上观景可谓一绝。广安大桥上用最先进的照明系统组装的艺术灯光，依照星期、季节的变换，演绎一幕幕色彩缤纷的世界，成为釜山的一大魅力之处。这里白天可以欣赏周边美丽的风光，晚上拥有着浪漫和醉人的夜景。

旅游资讯
地址 ⊙ 釜山市水营区南川洞至海云台区佑洞
交通 ⊙ 地铁2号线在广安站下
网址 ⊙ gwanganbridge.or.kr

甘川文化村

推荐星级：★★★★

　　甘川文化村曾被报导称为"亚洲最艺术的村落"，这里随处可见壁画、涂鸦、装置艺术等，整个村就像一件超大型艺术品。五颜六色的文化村被称为韩国的"马丘比丘"。村内设置了展望台、咖啡厅、艺术商店与体验教室等，还有居民们经营的小吃店，都方便了到此旅游参观的人。

旅游资讯
地址 ⊙ 釜山市沙下区的甘川文化村
交通 ⊙ 釜山地铁1号线土城洞站6号口出，直走到釜山大学癌中心搭乘2路、2-2路、1-1路小巴在甘井小学下
网址 ⊙ www.gamcheon.or.kr

小贴士
　　游客可以先到综合服务中心购买地图，循着地图的指示集满8个图章后，能换取明信片，体会另外一种游览趣味。

海东龙宫寺

推荐星级：★★★★★

　　海东龙宫寺位于釜山东海岸，依山傍海，是韩国唯一位于海边的寺庙，主要有日出岩、海水观音、大雄殿、龙王堂、窟法堂、四狮子三层石塔等景观。其中大雄殿表层涂有丹青，见证了历史的风风雨雨。大雄殿正面是四狮子三层石塔，石塔的每一层都有4只分别代表喜怒哀乐的狮子，因此被称为"四狮子"。寺院最特别的景致当属108阶和日出岩，从龙宫寺入口必须下108阶才能来到寺庙，而日出岩就位于108阶中间。站在岩石上可以聆听到海浪拍打岩壁的声音，欣赏日出的壮观美景。

旅游资讯
地址 ⊙ 釜山市机张郡机张邑侍郎里416-3号
交通 ⊙ 地铁釜山站乘139路、140路、2003路市内巴士或239路、302-1路座席巴士，在松亭海水浴场换乘出租车或181路市内巴士至龙宫寺站下
网址 ⊙ www.yongkungsa.or.kr

小贴士
　　每当新年，不少人都来到这里面对日出许下心愿。农历4月时，龙宫寺入口樱花繁盛，是赏樱花的最佳时节。到了释迦摩尼诞辰，寺庙被灯光装扮起来，呈现出梦幻般美丽的夜景。

太宗台

推荐星级：★★★★★

太宗台以海岸绝壁、奇岩怪石与海松林形成的天然绝景而闻名。传说这里曾是神仙们居住的地方，因此还被称为"神仙台"。也有传闻说，过去有位叫"太宗"的君王在这里进行军事训练，并奠定了统一韩国的基础，因此后来大家都称之为"太宗台"。

游览太宗台有徒步或乘坐专用列车观光两种方式。乘观光列车从太宗台入口出发，依次经过泰元砂石海滩、瞭望台、影岛灯塔等著名旅游景点，可自由下车游玩，游览完还可以重新乘坐列车继续前进。

泰元砂石海滩

泰元砂石海滩并非由沙子形成，而全部都是砂石。这里分布着许多著名的海鲜餐厅，可一边听海浪冲刷砂石的声音一边吃美味的海鲜，深受游客的喜爱。

太宗台瞭望台

太宗台瞭望台可欣赏海浪拍打在悬崖峭壁上的绝景，吹着凉爽的海风，壮美的景色会长时间停留在心中。瞭望台前建有母子像，是为了防止自杀而建立，母亲慈祥的面貌和孩子们明朗的表情，给人带来了安慰和希望。

影岛灯塔

影岛灯塔拥有60多年的历史，在灯塔可看到很美的海景。如果沿着灯塔右侧的小路一直走下去，可以看到闻名的神仙岩石，这里还因发现过恐龙脚印，备受关注。

旅游资讯
地址 ⊙ 釜山市影岛区
交通 ⊙ 釜山站乘88路、101路公交车至太宗台站下，或在砾石鱼市场前、影岛大桥前乘8路、13路、30路公交车至太宗台站下

太宗武烈王

据说朝鲜半岛三国（高句丽、百济、新罗）时代，新罗太宗武烈王曾游览于此。武烈王（603—661年），名金春秋，是新罗第二十九代君主，真智王孙，金龙树之子，母亲天明夫人金氏是真平王之女。660年，武烈王与唐朝大将苏定方围攻百济都城，百济亡国，为新罗统一朝鲜奠定了基础。

关于武烈王身世，《花郎世记》记载：金龙树与金龙春都是真智王之子，真智王早卒，两人自幼是由堂兄真平王所抚养，后来金龙树娶侄女天明公主为妻，生下金春秋。金龙树临死前，将妻、子托付给弟弟金龙春，因此金龙春娶了寡嫂天明公主，并以侄子金春秋为养子。

行　釜山交通的 3 大警示

釜山市交通发达，是韩国京釜铁路和高速公路的终点。渡轮由釜山起航可以到达世界各大港口。釜山机场与首尔、大邱等韩国国内大城市，以及日本的福冈、大阪等国际大城市都有定期的航班来往。从中国到韩国釜山可以坐飞机或渡轮，如果想坐火车到釜山，可以先坐飞机到首尔，然后从首尔坐火车到釜山。

1 台风季节渡轮可能取消

釜山有很多观光型的游轮，主要可以往返釜山的各个景区。在海上欣赏风景，可享受随风逐浪的沧海碧波等绝景。釜山 7 月中旬到 9 月是台风季节，会有大雨，轮渡可能会取消，出行前一定要看好天气预报。

2 购票要写清信息

购票时，如果不会韩语，可以事先将乘车信息写在纸条上给售票员看。如果不特别向售票员说明需要乘坐车的时间，售票员会自动售出最近班次的车票。车票上清楚写着出发日期、出发时间、座位号、乘车站台号等信息，拿到票后，确认一下，以防出错。

3 乘坐地铁很方便

釜山地铁提供韩语、英语、中文、日语向导服务，由于不同路线使用不同颜色，所以即便是首次来到釜山也可轻松乘坐。地铁在介绍换乘车站时会播放鸟鸣声，提醒游客做出选择。

飞机

金海国际机场位于釜山市以西约15公里，是韩国南部空中枢纽，分为国内航线和国际航线两座航站楼。机场有飞往首尔、江陵、光州、济州、木浦、原州等地的韩国国内航线，有去往中国、日本、泰国等国际航线。

从金海国际机场到釜山市区有机场大巴、轻轨、出租车及市区巴士等交通工具。从国际航线航站楼一层出来往右走，可看到机场大巴停车站。1号是市外方向豪华巴士，2号是市内方向豪华大巴，3号是市区公共巴士，5号为航站楼循环巴士。出租车乘车站在巴士乘车站和停车场中间。

金海国际机场到釜山市区交通信息

方式	信息
机场大巴	分为海云台与釜山站两个方向。前往海云台的主要酒店或南浦洞、釜山站等地区，乘机场大巴非常方便快捷。机场还可乘坐市外方向的机场大巴，主要前往马山、庆州、镇海等韩国南部地区。机场大巴一般用韩语和英语报站，车费在上车后直接交给司机即可
轻轨	从金海机场站到沙上站约6分钟，前往釜山西边可在沙上站换乘地铁2号线
市区巴士（座席巴士、小区巴士）	3号乘车站，费用低廉，但是报站均使用韩语，推荐会韩语的游客使用
出租车	从金海国际机场乘坐出租车到海云台需要约1个小时，到釜山车站需要40分钟左右。0:00—4:00需支付20%的深夜附加费（普通出租车），若出釜山市需支付20%的追加费

火车

釜山的铁路四通八达，这里主要有釜山站、釜田站、古朴站三大火车站。釜山站发抵首尔、大田等地的火车；釜田站发抵庆州、江陵等地的火车；古朴站主要有发抵首尔等地的火车。

火车有KTX、新村号、无穷花号等类别，车速最快的是KTX，其次是新村号，新村号提供无线公用电话、餐车等高档服务。无穷花号是最适合游客乘坐的火车，因其路线连接许多城市而受到众多游客的青睐。

周二、周三、周四车票优惠15%，但韩国法定公休日除外。

● 釜山站

釜山站位于东区的草梁洞，是连接京釜线南面的总站，也是釜山地铁1号线的其中一座车站。有京釜线的KTX、新村号、无穷花号等，以KTX运行车辆最多。乘KTX出釜山站后，途经蔚山、庆州、大邱、大田等大城市，从釜山到首尔约需2小时45分钟。从釜山站乘坐KTX前往新庆州站约30分钟、东大邱站约50分钟。所以，非常适合以釜山为据点前往庆州或大邱等城市。

● 釜田站

釜田站的规模不是很大，但却发抵着京釜线以外的众多列车，如开往庆州、安东、清凉里的无穷花号和一些新村号特快列车。乘地铁1号线在釜田洞站下，可步行前往本站。

◆ 古朴站

古朴站位于釜山市的西端，发出的火车会经停釜山站，是城市间的连接站。此外，这个站与地铁3号线相连，交通十分便利。

站台	线路	列车	目的地
1	京釜线	新村号	龟浦、东大邱、大田、龙山、首尔方向
3、4	京釜线	无穷花号	龟浦、东大邱、荣州、大田、龙山、首尔方向
5、6	京釜线	KTX	龟浦、密阳、东大邱、金泉龟尾、大田、五松、天安牙山、光明、首尔、幸信方向
8、9	京釜线	KTX	蔚山、新庆州、东大邱、金泉龟尾、大田、五松、天安牙山、水原、光明、永登浦、首尔、幸信方向
10、11	京釜线	KTX、新村号、无穷花号	落客月台
12、13	京釜线	KTX、新村号、无穷花号	落客月台

渡轮

从首尔乘渡轮前往釜山约需1小时，从釜山乘船往济州约需40分钟。游客码头起着釜山海上旅行的中枢作用，远可到济州岛等南海主要旅游地享受一次梦幻般的海上旅行，近则可以乘坐游轮游览海云台和太宗台。

巴士

釜山的长途巴士客运站有两个，分别是釜山综合巴士客运站和釜山西部巴士客运站。高速巴士分为普通巴士和豪华巴士，豪华巴士的价格稍贵，但提供舒适的座椅等服务，非常适合长途旅行。

◆ 釜山综合巴士客运站

釜山综合巴士客运站（别名：釜山老圃客运站）运营的巴士分为到韩国各地大城市的高速巴士和到中小城市的长途巴士，高速巴士和长途巴士的路线几乎覆盖了韩国大部分有名的城市。售票处位于客运站二层，右侧是高速巴士售票处，左侧是长途巴士售票处。买票时在窗口向售票员说明目的地、票数、发车时间等信息。

旅游资讯
地址 ⊙ 釜山市金井区中央大路2238号（老圃洞）
交通 ⊙ 地铁1号线老圃洞下3号口出
网址 ⊙ www.bxt.co.kr

釜山综合巴士客运站主要目的地信息

类型	区域	目的地
高速巴士	首尔、京畿道	首尔（江南）、东首尔、仁川、城南等
	忠清道	大田、清州
	全罗道	光州、全州、丽水、顺天
	庆尚道	大邱、庆州
长途巴士	首尔、京畿道	仁川国际机场、水原、富川、安山、高阳等
	江原道	江陵、春川、束草等
	忠清道	忠州、天安等
	全罗道	群山、光阳等
	庆尚北道	庆州、浦项、安东、龟尾等
	庆尚南道	通度寺、马山、镇海、统营、晋州等

● 釜山西部巴士客运站

釜山西部巴士客运站位于釜山市西部，可由此乘车前往釜山近郊城市和韩国西南部全罗道各城市。长距离巴士分为到韩国各大城市的高速巴士和到中小城市的长途巴士。这里的高速巴士路线不多，主要以长途巴士为主。到全州、昌原、镇海、马山和统营的巴士每10～20分钟一班，交通十分方便。到首尔的高速巴士车次不多，去首尔建议到釜山综合巴士客运站乘车。

旅游资讯
交通 ⊙ 釜山地铁2号线沙上站5号口出
网址 ⊙ www.busantr.com

釜山西部巴士客运站主要目的地信息

类型	区域	目的地
高速巴士	首尔、京畿道	首尔（京釜高速客运站）、仁川
	全罗道	光州、丽水等
长途巴士	庆尚道	晋州、昌原、镇海、马山、统营、巨济岛·古县、巨济岛·长承浦、金海、密阳等
	全罗道	东光阳、光阳、顺天、木浦、莞岛、南原、全州等
	其他	首尔南部客运站、大邱等

地铁

在釜山游玩最便利的交通工具就是地铁，共有5条线路，根据距离不同分为1区间和2区间两个乘车区间，票价也不同。车票可以在地铁里的自动售票机随时购买，自动售票机提供中文界面。关于釜山地铁的信息，可游览网站：www.humetro.busan.kr。

釜山地铁车费信息

乘车区间	性质	车票 / 韩元			交通卡 / 韩元
		成人（19岁及以上）	青少年（13~18岁）	儿童（6~12岁或初中学生）	
1区间（距始发站不超过10公里的地方）	1次性票	1300	1050	650	1200
2区间（距始发站超过10公里的地方）	1次性票	1500	1200	750	1400

注　6岁以下儿童免费。

定期车票信息

性质	购买方式	票价 / 韩元	使用指南
日票	利用自动售票机	4500	在购买当日可无区间、无次数的使用
7日券	交通卡自动充值机使用	20000	7日间不受区间限制可使用20次
月票	利用交通卡自动充值机	55000	无区间之分在30天内最多使用60次

公交车

　　市内公交车分为普通、座席、区内公交等。前门上车，上车后通过侧面的收款箱或读卡机付费。使用现金时，如果面值较大，不容易收回余钱，因此最好准备小额纸币或硬币。下车前按车上的响铃按钮，待车进站开门后从后门下车。

●环保电动公交车

　　环保电动公交车（TAYO）是一种能容48人乘坐的电池自动交换型电动公交车，运营时间为10:00—17:00（每20分钟一趟）。运行路线为：海云台国际展会中心—釜山APEC世峰楼—釜山水族馆。费用：成人（19岁及以上）1500韩元、青少年（13~18岁）1000韩元、儿童（6~12岁）500韩元，6岁以下免费。

出租车

　　釜山的出租车起步价是2800韩元，按距离和时间计费，可用现金、银联信用卡、交通卡结算。也可以打电话叫车，打电话时只要说明自己的位置，5分钟以内就有出租车来，不会拒载，也不需要加钱。在釜山，黑色的出租车比一般出租车贵一些，0:00—4:00要加收20%夜间服务费。

住 釜山住宿的 3 大选择

釜山市内很容易找到住宿的地方。对交通便捷度要求高的人可选择釜山站或国际巴士总站等地；到海水浴场附近来休假的游客可住在西面附近和海水浴场附近的宾馆。夏天来海水浴场休假的游客非常多，建议提前预约。

1 海云台海水浴场

海云台海水浴场是韩国著名的海水浴场之一，也是享誉世界的釜山国际电影节举办地。在其附近有大量不错的观景酒店，打算去海水浴场玩的人可以住在这里。6—9月是海云台地区的旅游旺季，一定要提前订酒店。

2 釜山火车站

釜山火车站附近聚集了很多平价餐馆和酒店，比较适合预算有限的人居住。这里还是釜山的交通枢纽，从这里乘坐 KTX 到首尔约需 2.5 小时。如果打算在首尔和釜山之间游玩，住在这里是不错的选择。

3 南浦洞

南浦洞住宿设施齐全，酒店附近的景点都在步行范围内。这里还有札嘎其市场、国际市场、太宗台等景点，也是化妆品店、餐馆、咖啡厅和电影院的聚集地。在此区域住宿，可感受釜山繁华的市景。

釜山知名住宿地

● 皇后酒店

皇后酒店距离松岛海水浴场很近，客房类型齐全，价格合理，适合国内外游客和商务人士。大厅免费提供三明治和咖啡，配有公用厨房、洗衣机、保管箱等。周围分布着札嘎其市场、太宗台、龙头山公园等，便于游玩。

旅游资讯
地址 ⊙ 釜山市西区忠武大路82街11号（岩南洞）
交通 ⊙ 地铁釜山站乘26路巴士在松岛东事务所站下

● 福克斯汽车旅馆

福克斯汽车旅馆位于釜山海云台海滨浴场前，客房宽敞，内有可举办派对的露天凉台、KTV等各种附属设施，适合家庭游客及团体游客。此外，客房内还可做饭。

旅游资讯
地址 ⊙ 釜山广域市海云台区佑洞636-4号（佑洞）
交通 ⊙ 地铁釜山站乘坐海云台方向大巴在海云台海滨浴场站下

● 釜山奥兰治宾馆

奥兰治宾馆内部装修强调温馨和协调，进入后青春明亮之感油然而生。宾馆设有宿舍式客房及标准间，供应免费早餐。

旅游资讯
地址 ⊙ 釜山市海云台区佑洞540-4号
交通 ⊙ 釜山站乘坐海云台方向大巴在海云台海滨浴场站下
网址 ⊙ www.housebusan.com

● 上南国际会馆

上南国际会馆地下1层，地上有8层，有可举办国内外学术会议的大型会议厅、宴会厅及中小型会议室等。为了方便客人，这里还有韩式、日式、西式高级餐厅可供选择。

旅游资讯
地址 ⊙ 釜山市金井区长箭洞山30号
交通 ⊙ 地铁1号线长箭站下
网址 ⊙ www.sangnam.co.kr

● 松亭观光酒店

松亭观光酒店位于海边，可遥望松亭，是这一地区规模最大的酒店。这里交通便利，周边有松亭海水浴场等著名旅游景区。

旅游资讯
地址 ⊙ 釜山市海云台区松亭洞松亭海边路28号
交通 ⊙ 乘西面方向的141路、142路巴士可到
网址 ⊙ www.songjunghotel.co.kr

吃 食在釜山的 3 大体验

釜山是韩国最著名的港口城市,饮食多以海鲜为主。釜山美食的代表为生鱼片、烤牛排和东莱葱煎饼,当地的鳗鱼、韩式拌饭、烤牛排等美食也不错。吃生鱼片可到札嘎其市场或日式餐厅,海云台及广安里海边也分布着众多海鲜店。

1 海鲜市场享美味

札嘎其市场是韩国最大的水产市场,这里的"露天店铺"让人印象深刻。如果你喜欢吃海鲜,可以来这里品尝各种生鱼片、鲸鱼肉、烤鳗鱼等。

2 国际市场品尝传统美味

国际市场内有著名的饮食街,它拥有悠久的历史,距离购物街区很近,非常方便人们在逛街时去品尝地道的韩国美食。许多餐馆可在楼下挑好食材、讲好价格,在楼上等候新鲜美味的大餐。

3 光复洞美食街网罗小吃

光复洞美食街位于釜山著名的国际市场和南浦洞之间,拥有60多年的历史和传统。美食街拥有多家餐饮店,以韩国传统小吃为主,特色美食小吃有紫菜包饭、韩式拌饭、炒年糕、鱼糕等。

特色美食街

● 国际市场饮食街

国际市场饮食街是釜山有代表性的露天饮食街，坐在小吃摊前面的椅子上吃紫菜包饭、米肠、面条等小吃，是饮食街里最有人情味的风景之一。这里的代表菜是忠武紫菜包饭。

旅游资讯
地址 ⊙ 釜山市中区新昌洞4街国际市场
交通 ⊙ 地铁1号线札嘎其站7号口出，往大厅洞方向步行

● 光复洞美食街

这是釜山光复洞市场里的一条饮食街，在釜山很有名，是韩国代表性的街头小吃汇集地。仅需1000～2000韩元就可以品尝到各种街头小吃。由于物美价廉加上店家热情大方，吸引了很多外国游客慕名前来。

旅游资讯
地址 ⊙ 釜山市中区光复洞
交通 ⊙ 地铁1号线扎嘎其站7号口出，朝光复洞方向走

万里飘香的美食地

● 锦绣河豚

锦绣河豚是一家老店，有多家分店。这里使用高级原料，自然美味，除了招牌料理河豚鱼汤之外，还有河豚生鱼片、豪华河豚套餐、河豚拌饭等各种菜肴。

旅游资讯
地址⊙ 釜山市海云台区中1洞1394-65号
网址 ⊙ www.ksbog.com

东莱别庄

东莱别庄具有300多年历史，是高级韩定食餐厅，须提前订位才可用餐。别庄古意盎然，恬适幽静，原材料精心挑选，严格把关，每道菜都特别精致。若想品尝真正的韩定食，这里是不错的选择。

旅游资讯
地址 ⊙ 釜山市东莱区温泉1洞126-1号
交通 ⊙ 地铁温泉场站1号口出，步行约10～15分钟
网址 ⊙ www.dnbj.com

海云台韩牛烤肉

海云台韩牛烤肉在釜山很有名气,庄严美丽的韩屋是其主要特色。所有牛肉料理全部使用韩国特等牛肉,且坚持用炭火烧烤,味道香嫩。正宗的韩国铜盘烤肉肉质鲜嫩,值得品尝。

旅游资讯
地址 ⊙ 釜山市海云台区中1洞1225号
交通 ⊙ 地铁2号线中洞丫7号口出
营业时间 ⊙ 10:30—22:30

老奶奶蚬汤

老奶奶蚬汤以用釜山龟浦地区的蚬煮成的蚬汤而著名。蚬汤非常爽口,蚬的量也很多。蚬汤有醒酒效果,深受韩国人喜爱。

旅游资讯
地址 ⊙ 釜山市水营区广安2洞198-1号
交通 ⊙ 地铁2号线金莲山或广安里站下车

峨眉山

这家店借用中国峨眉山之名,以一流的味道和服务深受广大中餐爱好者的喜爱,来釜山访问的著名人士也经常光顾此处。推荐精选午间套餐、精选晚饭套餐。

旅游资讯
地址 ⊙ 釜山市海云台区佑1洞1434-1号玛瑞纳中心8层
交通 ⊙ 地铁2号线冬柏站下1号口出
网址 ⊙ www.amisan96.com

淘购在釜山的3大秘笈

釜山是世界名流富贾云集之地，时尚购物区、超豪华商务会所、高档酒店放眼即是。从城市气息浓厚的地下商街、百货公司、免税店到传统集市，高丽人参、韩式器皿、韩式首饰、民俗工艺品、韩国国产电子制品等应有尽有。繁华的光复洞是不容错过的商业街，免税店设于海云台各大饭店及机场之中。若要求价廉物美，不妨到国际市场购物。

1 在世界上最大的百货商场购物

釜山新世界百货店是新世界百货店的分店之一，被称为是世界上最大的百货商场。这里交通便利，是年轻人最常去的百货店，各种品牌很全，机场免税店没有的牌子这里都能找到。超市、名牌店、书店、画廊、电影院、溜冰场，甚至还有个全韩国最大的汗蒸幕，想一次逛遍几乎不可能。

2 追随国际电影明星购物

到韩国购物旅游，不容错过南浦洞购物街，这里是釜山国际电影节之街。每年秋季，釜山国际电影节时，这条电影街便成为人潮汇聚的中心舞台。这里是保税产品的购物天堂，到处可见个性独特、创意新颖的服装类、包类、鞋类及饰品等商品。即使不购物，随便走走逛逛，这里活跃、热闹的气氛也会让你陶醉其中，乐不思蜀。

3 在札嘎其市场感受当地特色

釜山札嘎其市场形成于19世纪末期，历史悠久，是釜山乃至韩国有名的水产品市场，具有浓郁的地方色彩。这里水产品、干鱼量规模庞大，光顾的人非常多，经常可以听到热情地讨价还价，将釜山平民最真实、自然的一面展示出来，令人倍感亲切。

特色市场

♦ 札嘎其市场

札嘎其市场是韩国有名的水产品市场，各种海产品一年四季供应，可以随时来这里购买及品尝海鲜。札嘎其市场附近的鱼干市场，供应海菜、海带、鱿鱼、干贝、干黄花鱼等各种干鱼类食品，品种齐全，携带方便。

> **旅游资讯**
> 交通 ⊙ 地铁 1 号线札嘎其站下

♦ 国际市场

国际市场是釜山最大规模、历史悠久的传统市场，市场内批发零售各种新旧产品。无论是批发商还是一般的顾客，都可以低廉的价格进行购买。

> **旅游资讯**
> 交通 ⊙ 地铁 1 号线南浦洞站下

♦ 富平市场

富平市场在国际市场对面，市场内有零食小吃、华丽美观的厨房用品，质优价廉的服装、包类等。商家遍布于各个建筑和胡同里，五花八门，令人目不暇接。

> **旅游资讯**
> 交通 ⊙ 地铁 1 号线南浦洞站下

♦ 釜田市场

釜田市场是历史悠久的市场，由两个大建筑和中间的小街道组成，分布着众多农产品商店、水产品商店、中药品商店、人参专卖店等。从日常生活用品开始，到新鲜的农产品、水产品和各种保健食品，都可以低廉的价格购买到。二层的人参专卖商店是釜山和庆南一带最大规模的人参市场，市场分为釜田人参批发中心和高丽人参中心。

> **旅游资讯**
> 交通 ⊙ 地铁 1 号线釜田站下

特色购物街区

♦ 南浦洞

南浦洞以主街为中心，街边分布着大型品牌专卖店、促销过季商品及国际品牌制品的名牌特价购物中心等，吸引着购物族的脚步。服装、饰品、包类、鞋类等挤满了各个胡同，很受年轻人的喜爱。

> **旅游资讯**
> 交通 ⊙ 地铁 1 号线南浦洞站下

♦ 光复路文化时尚街区

这里既是釜山文化艺术时尚的中心，又是购物、旅行的好去处。所有流行的衣服，从名牌到中低价位，都密密麻麻汇聚在这里。这里除了时尚店，还有很多贵金属、相机、录音机等高级展示店铺。平时一般可享受到 20% ~ 30% 的折扣，如果恰逢促销活动，则可得到更多实惠。这里的店铺大部分营业时间为 10:00—21:00。

> **旅游资讯**
> 交通 ⊙ 地铁 1 号线南浦洞站 1 号口出

● 釜山大学前购物街

釜山大学前购物街分布着个性十足的保税服装店和著名品牌打折卖场,主要以新潮服装和特色小商品为主题。这里处于交通要地,前来购物非常便捷。

> **旅游资讯**
> 交通 ⊙ 地铁 1 号线釜山大学前 1 号口出

● 西面

西面是釜山的中心商业区之一,是交通、商业、金融等中心地的所在。分布着各式服饰、鞋帽、电子产品店铺和大型电影院、书店及饮食街等,是釜山年轻人购物和娱乐聚集的地方。这里有乐天百货商店等大型购物商场,地下商场也是购物人群拥挤的地方。

> **旅游资讯**
> 交通 ⊙ 地铁 1 号、2 号线西面站下

著名购物地

● 新世界百货

新世界百货是一座集建筑、艺术、购物、娱乐、文化等各种设施为一体的新型都市,拥有"世界最大百货店"的殊荣。此外,这里还有受到年轻人宠爱的青年品牌卖场。

> **旅游资讯**
> 交通 ⊙ 地铁 2 号线 Centum City 站

● 现代百货公司

现代百货公司有地下二层到地上九层,除了购物空间外,还设有文化中心、运动中心、画廊等设施。附近有釜山自由市场、和平市场等传统市场。

> **旅游资讯**
> 地址 ⊙ 釜山市东区凡一洞 62-5 号
> 交通 ⊙ 地铁 1 号线凡一洞站 7 号口出
> 营业时间 ⊙ 10:30—20:00

● 美利莱

美利莱是韩国的代表性服饰购物中心,釜山这家店除了有流行服饰商店外,还有大型量贩超市、电影院、健身俱乐部、餐厅和自助餐厅、大型娱乐室等,是一个复合式的文化空间。

> **旅游资讯**
> 地址 ⊙ 釜山市釜山镇区田浦洞 668-1 号
> 交通 ⊙ 地铁 1 号线西面站 5 号、6 号、10 号口出
> 营业时间 ⊙ 11:00—23:40

免税店

♦ 乐天免税店釜山店

乐天免税店釜山店有饭店、百货公司、电影院和美食街等，是享受多样文化生活和购物的地方，有化妆品、流行商品、纪念品和食品等可购买。

旅游资讯
地址 ⊙ 釜山市釜山镇区釜田洞 503-15 乐天百货公司釜山店 8 楼
交通 ⊙ 地铁 1 号、2 号线西面站下
营业时间 ⊙ 9:30—20:00

♦ 乐天免税店金海机场店

这家店可让待机或转机的人享受购物的乐趣。可购买服装、化妆品、手表、宝石、观光纪念品、酒类和香烟等多样商品。

旅游资讯
地址 ⊙ 釜山市金海国际机场出境区
交通 ⊙ 釜山—金海轻轨至金海机场站
营业时间 ⊙ 7:00—21:20

♦ 天堂免税店

天堂免税店是釜山第一个免税店，不仅可享受住宿还可自由购物。免税店从地下一楼到地上三楼，可购买名牌商品、观光纪念品等。

旅游资讯
地址 ⊙ 釜山市海云台区中洞 1411-1 号天堂饭店新馆
交通 ⊙ 地铁 2 号线海云台站下
营业时间 ⊙ 9:30—19:00

♦ 韩国观光公社釜山港免税店

韩国观光公社釜山港免税店主要以从釜山港出航的日本或中国游客为主，贩卖香烟和洋酒，另有化妆品、名牌商品等以较低廉的价格出售。

旅游资讯
地址 ⊙ 釜山市中区中央洞 4 街 15-4 号釜山国际旅客渡轮中心 2 楼
交通 ⊙ 地铁 1 号线中央洞站 10 号口出
营业时间 ⊙ 7:30—20:00

娱 达人的3个玩嗨点子

多姿多彩的釜山，不但拥有丰富的海洋资源，而且还有着风景迷人的海滩，是一个悠闲的海滨度假城市。光复洞等地集中了大量的夜总会、酒吧等娱乐场所，南浦洞街上剧场密布，都是体验釜山娱乐生活的好去处。此外，为了吸引游客，釜山的一些热门旅游地都会举行各种庆典，包括广安里渔坊节、札嘎其文化节和釜山国际电影节等，为游客展示了釜山的文化特色。

1 玩转釜山国际电影节

釜山国际电影节每年10月在南浦洞举行，是韩国最著名的电影节之一，也是亚洲规模最大的影展之一。电影节期间，著名电影人相聚一堂、群星闪耀，电影明星们纷纷亮相红地毯、争芳斗艳，吸引着世界各地的电影迷及粉丝们到来。此外，电影节还会放映来自世界各地的电影，非传统的新潮流电影和韩国本土电影尤其受到关注。电影人们云集此地举行电影评奖，进行业内交流等。

2 冬天乐趣多

每年的冬季，有很多游客来釜山滑雪。釜山滑雪场的设备非常多，而且工作人员的服务态度也很好。晚上的时候，提供夜场照明。除了滑雪，高尔夫运动也受到很多人的喜爱。在釜山的冬季，你能享受到很多的乐趣。

3 泡泡特别的温泉

来到釜山，可以泡泡温泉，彻底放松一下，而且温泉也有利于人们的身体健康。这里的温泉与日本等地有些不同，泉水是从花岗岩中涌出，富含对人体有益的化学元素。如果有兴趣，不妨亲自体验一下。

娱乐场所推荐

♦ 温泉乐园

温泉乐园有不同的温泉浴池、不同主题的桑拿房和汗蒸房，并设有室外的足浴池等洗浴设施。除了健康的洗浴之外，二层还有各种美容专区及网吧、餐厅、商务房等。

旅游资讯
地址 ⊙ 庆釜山市海云台区佑洞新世界 Centum City 1～3 层
交通 ⊙ 地铁 2 号线 Centum City 站
开放时间 ⊙ 6:00—24:00

♦ 釜山乐天世界

釜山乐天世界号称"城中城"，是人们休闲和娱乐的中心。它拥有豪华特级饭店、东方最大免税店、百货商店、中欧风情的天空广场等设施。其中空中广场不但有幽灵谷、疯城、立体电影、疯狂过山车等大型的游玩设施，还有热闹非凡的行进表演、水中表演等。

旅游资讯
地址 ⊙ 釜山市镇区釜田洞 503-15 号
交通 ⊙ 地铁 1 号线西面站下

♦ 太宗台温泉

这个温泉在太宗台公园前面，桑拿浴室提供搓背和按摩等服务。虽然价格略高，但服务周到，很多人都喜欢来这里体验温泉的乐趣。

旅游资讯
地址 ⊙ 釜山市影岛区东三 2 洞山 29-1
交通 ⊙ 地铁 1 号线南浦洞站 2 号出口旁乘坐 8 路、30 路公交车到太宗台温泉

♦ 釜山电影中心

釜山电影中心可以看到各式各样的电影，这里是观看新上映电影的绝佳去处之一。可在其官网上预约电影票，省去不少排队买票的时间。

旅游资讯
地址 ⊙ 釜山市海云台区 Suyeonggangbyeon-daero120 号
交通 ⊙ 地铁 2 号线 Dongbaek 站 3 号口出

袋鼠旅行贴士

※ 如果想坐巴士游市内的景点，可以选择专门的"市区游巴士"。釜山市内游可供选择的路线很多。领略海岸风光的海云台／太宗台循环路线，探访历史文化观光地的历史文化路线，走进釜山生态界的乙淑岛自然游路线，黄昏夜幕时的夜景路线等。这些路线涵盖了釜山主要的景点。市区游巴士的每个座位上都配备了多媒体设备，乘客可通过多媒体设备获取和旅游相关的图片、视频、漫画等信息，并且针对外国游客还提供韩文、英文、中文、日文等语音服务。乘坐循环线路的话，每天只需购买一次车票，可在任意站点下车游玩，持当日票可无限制乘坐，非常方便。

循环线基本信息		
海云台／太宗台路线（循环线）	发车时间	太宗台方向：首班车 9:30，末班车 17:00；每隔 30 分钟发车，共运行 16 班 海云台方向：首班车 9:45，末班车 16:45；每隔 30 分钟发车，共运行 15 班
	运行区间	从釜山站出发后分别在海云台／太宗台与釜山站之间往返运行
	主要途经站点	海云台方向：釜山站—釜山大桥—广安里海水浴场—APEC 世峰楼—海云台海水浴场—釜山水族馆—广安大桥—釜山站 太宗台方向：釜山站—太宗台—国立海洋博物馆—松岛海水浴场—札嘎其市场—釜山站

※ 釜山的旅游服务做得非常好，有很多服务中心和储物中心为游客提供优质服务。

服务中心信息	
服务中心	电话
釜山站旅游咨询处	051-4416565
釜山外国人服务中心	051-4413121
釜山综合旅游咨询处	051-2538253
海云台综合旅游咨询处	051-7495700
金海机场（国际航线）旅游咨询处	051-9732800
国际旅客码头旅游咨询处	051-4653471

※ 带孩子在韩国各地旅行，最为便利的交通是火车。未满 4 岁的孩子可免费乘车，4～13 岁的孩子可以获得 50% 的优惠。釜山站、首尔站等代表性的站点上配有育婴室，高速列车 KTX 内还配有单独的育婴空间。

Part 7
江陵

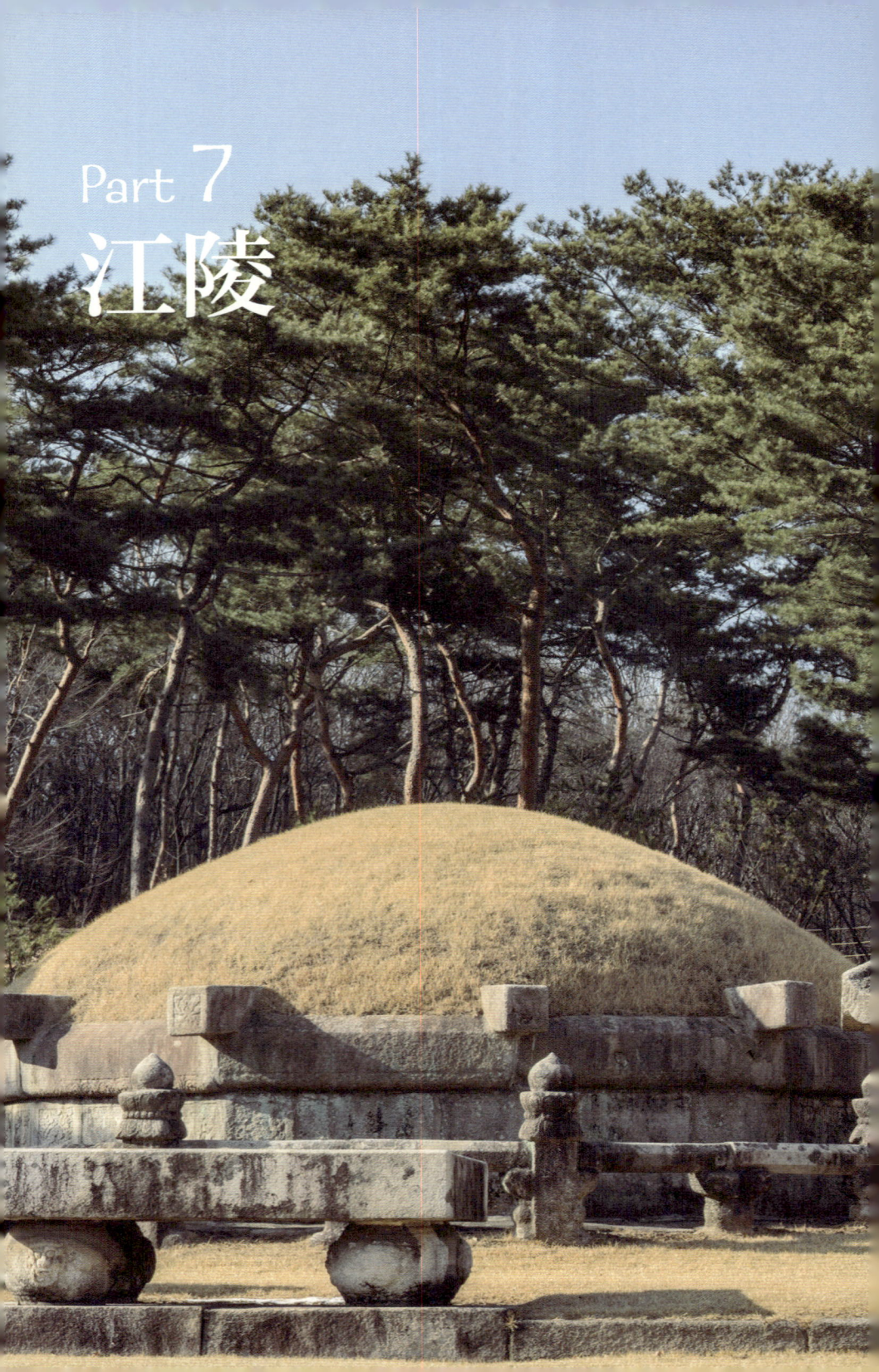

美丽的海岸风光
闻名的海水浴场
这一切都是它美丽的外衣
船桥庄、客舍门、乌竹轩等众多遗迹
江陵端午祭等重要的文化遗产
是它深刻的文化内涵
江陵美丽而典雅
如同知性女子般温婉
让人心动

江陵 Archives 档案

江陵属韩国江原道（南），东临东海，西靠大关岭、五台山，自古就是江原道的要塞，现为是韩国代表性观光都市之一。这里是韩国农产品集散地，水产丰富，工业有碾米、缫丝、制材等。

江陵是一座拥有美丽海岸风光的海滨城市，至今还保存着船桥庄、客舍门、乌竹轩等众多遗迹，以及江陵端午祭等重要的文化遗产。代表性观光景点还有镜浦台、正东津海水浴场、五台山小金刚等，一年四季游客不断。江陵附近的正东津站是世界上离海最近的火车站，日出美景堪称一绝。值得一提的是，2018年冬季奥林匹克运动会将在江原道的平昌、江陵、旌善等地举办。

江陵档案	
城市名称	江陵
英文	Gangneung
位置	韩国东岸
行政区级别	市
著名景点	正东津海水浴场、镜浦台、乌竹轩、船桥庄等
火车站	正东津站等

行程计划

Day1 正东津海水浴场（3h）—镜浦台（1h）—临瀛馆址（1h）—乌竹轩（1h）

Day2 大关岭自然休养林（2h）—五台山小金刚（3h）

玩 游在江陵的 3 大锦囊

1 游客服务中心获取免费资料

在江陵旅游,可以到游客服务中心了解旅游相关信息。江陵有很多游客服务中心,一般分布在汽车站、火车站及大的旅游景点旁边,在这些地方可获得各种观光册子,并能提供预约酒店、兑换货币、介绍旅行团等服务。

2 最佳时节去镜浦湖观候鸟

镜浦湖是远近闻名的候鸟栖息地,每年 10 月至次年 3 月有约 150 种以上的鸟飞来此地栖息。世界上的珍贵鸟类如白枕鹤、琵鹭、白尾鹰等都来此过冬,不计其数,值得一看。观鸟可请当地居民引导,一般 9:00—16:00 最适合观察。

3 海水浴场感受夏季清爽

江陵有许多海水浴场,镜浦海水浴场是东海岸最大的海水浴场,以沙质好、干净而出名,可以乘坐镜浦观光马车在海水浴场周边游览。浴场还提供香蕉快艇、水上滑板、游艇等多种娱乐项目。每年 7 月末举行夏季海水艺术节、民俗公演、大海美术节等多种文化活动。

正东津海水浴场

推荐星级：★★★★★

正东津海水浴场主要有三处，即正东津站前的海域、漏沙公园旁的海域及正东津防波堤所在的海域，其中正东津站前、漏沙公园旁的海水浴场较容易前往。正东津站前的大海岩石林立，随处可以拾到海贝、红蛤、海带等，深受游客喜爱；漏沙公园在正东津海滨漫步道旁边，昼夜明亮，这里拥有世界规模最大的沙漏装置。沙漏上半部代表未来的时间，正在流动的沙子代表现在，金黄色的圆形代表正东津海面上升起的太阳，而沙漏正下方与地平线平行的铁轨，则象征永恒的时间。其南边有雕刻公园和鲜花路。

小贴士

正东津汇聚了各种各样的景点，可以选择不同的线路进行参观，每一条都有独特的风采。推荐3条主要线路：
1. 正东津海边→漏沙公园→雕刻公园→生鱼片酒店园地→鲜花路
2. 灯明海边→6.25南琛寺迹碑→灯明寺址五层石塔→江陵统一公园（潜水艇沉没地）→安仁海边
3. 安全的徒步登山路线：海边→神堂→卦榜山→三牛峰→长安圣地→安仁津（大浦洞）

旅游资讯

地址 ⊙ 江陵市江东面正东津里
交通 ⊙ 乘坐111路、112路市内巴士或109路长途巴士在正东津站下，乘坐日出观光列车在正东津驿站下

镜浦台

推荐星级：★★★★

镜浦台是江陵著名的文化遗产，以正月十五元宵节观月而闻名。这里正面有六间屋，侧面五间，屋顶采用韩式房屋中最常见的"八作"式样。内部有《镜浦台赋》，据说是朝鲜哲学家栗谷10岁时所写。此外，还悬挂着高丽第15代王肃宗亲自创作的诗及曹夏望《上梁文》等著名记文和诗板。

旅游资讯

地址 ⊙ 江陵市苧洞 94 号一带
交通 ⊙ 搭乘往镜浦台方向 202 路、312 路、313 路公交车在江陵综合巴士客运站下车；换乘计程车至镜浦台，车程约 10 分钟，车费 4500 ~ 5000 韩元。
门票 ⊙ 免费
网址 ⊙ www.gntour.go.kr

镜浦海水浴场

镜浦海水浴场位于镜浦台附近，是东海岸最大的海水浴场，世称"明沙五里"。这里碧波荡漾，沙滩洁白，宛如屏风般的松林，营造出了这片海滨独有的动静结合之美。

镜浦湖

镜浦湖也称为镜浦或君子湖，是一个与大海相连的自然湖，是远近闻名的冬季鸟类栖息地。这里既有新石器时代末期的文化足迹，也有流传久远的花郎故事。

乌竹轩

推荐星级：★★★★

乌竹轩因屋边遍布深色的竹子而得名，这里是韩国国母——申师任堂生活过的地方，也是她的儿子栗谷（朝鲜时期的学者和政治家）出生的地方。该轩是韩国住宅中历史最悠久的木制房屋，由其后人代代相传负责管理。内有栗谷纪念馆、栗谷先生诞生的梦龙室、供奉栗谷先生的祠堂文成祠、御制阁，以及乌竹轩的入口自警门、四柱门等。此外，位于乌竹轩一侧的江陵市立博物馆中，珍藏着江陵地区不同时代的资料和文物。每年 10 月 25 日和 26 日两天举行大贤栗谷先生的祭礼仪式。

文成祠

文成祠是存放栗谷先生李珥影帧的祠堂，里面可以看到他的画像。

栗谷纪念馆

栗谷纪念馆内展示着他的《栗谷全书》等著作，还可以欣赏到其后人的艺术作品。

旅游资讯
地址 ⊙ 江陵市乌竹洞 201 号
交通 ⊙ 江陵市内乘 202 路、300 路、302 路等公交车在乌竹轩前下
门票 ⊙ 3000 韩元
开放时间 ⊙ 3—10 月 8:00—18:00，11 月—次年 2 月 8:00—17:00，1 月 1 日、新年、中秋（文成祠、梦龙室除外）休息
网址 ⊙ www.gntour.go.kr

奇才栗谷

李珥（1536—1584）是朝鲜李朝著名哲学家、政治家、教育家，号栗谷、石潭、愚斋，世称栗谷先生。

栗谷出身贵族，13 岁的李珥考中进士初试，名震江原道。栗谷先入金刚山学禅，后去陶山拜大儒家李滉为师。他曾历任户曹佐郎、户曹判书、大提学等官职。在辞官期间，他回到地方专心从事书院教育事业。其哲学代表作有《答成浩原》《圣学辑要》等。

2006 年发行的南韩 5000 韩元纸币正面肖像画即为栗谷，背景为其出生地点乌竹轩和竹子。而 2009 年发行新版 50000 韩元的纸币正面即为栗谷及其母亲肖像。跆拳道第五个特尔——栗谷，也是为纪念他而以其雅号"栗谷"命名。

临瀛馆址

推荐星级：★★★

临瀛馆址是江陵府客舍建筑——临瀛馆的遗址，匾额"临瀛馆"据说是高丽时代恭愍王所书。建筑建于 936 年，曾规模庞大。日本入侵时改成江陵公立普通学校，除客舍门之外的大部分建筑被毁灭。客舍门曾是到地方出差的中央官吏下榻的地方，是高丽时代具有代表性的木制建筑，为悬山顶，树立柱心包式梭柱，把建筑的美学效果极大彰显出来。

旅游资讯
地址 ⊙ 江陵市龙江洞 58-1 号
交通 ⊙ 从江陵市中心乘坐出租车可到

船桥庄

推荐星级：★★★★

船桥庄是韩国古代典型的 99 间士大夫住宅，曾获得"20 世纪韩国最佳十大传统韩屋"的美称。它由里屋（女人居住）、悦话堂（男人居住）、东和西别堂、活来亭、祠堂等组成，有保存完好的生活用具、艺术品、衣服等历史遗物。宽大的绿色草坪院子里可举行民俗艺术公演等文化活动。

悦话堂

悦话堂指的是一家人相聚一堂，共同分享喜悦与欢乐。它是船桥庄内最有名的建筑，曾为男主人居住的地方，如今已规划为图书馆，可以进去参观。如果提前预约，可以参加传统文化活动体验，还能团体住宿。

旅游资讯
地址 ⊙ 江陵市云亭洞 431 号
交通 ⊙ 江陵高速巴士总站乘 202 路公交车前往，约需 15 分钟
门票 ⊙ 3000 韩元
开放时间 ⊙ 3—10 月 9:00—18:00，11 月—次年 2 月 9:00—17:00
网址 ⊙ www.knsgj.net

小贴士
这里是《宫》《黄真伊》等许多韩剧和电影的拍摄地，受到大批游客的青睐。在此还可以体验到韩国传统文化和生活方式。

活来亭

活来亭矗立于池塘中心，是船桥庄内另一重要建筑。它建于 1916 年，被莲花池中的莲花众星捧月般簇拥着，别有一番景致。

大关岭自然休养林

推荐星级：★★★

大关岭自然休养林是韩国最早打造的休养林，也是韩国最美丽的森林之一。这里泉水清澈，草坪茵茵，松树郁郁葱葱，环境十分幽静。树龄悠久的松树林是林内最壮观的一道风景线，清澈的溪谷、岩石与宽阔的草地相融合，舒适的住宿配上便利的旅游设施，在这里可以寻找到返璞归真的感觉，体味世外休憩之乐。

森林庭院

森林庭院是一个野花满布的地方，充满山林之趣。这里的黄土屋简单朴素，炭火上的野味肉汁飘香，吸引着游客前来。

木炭里文库

木炭里文库在每年7—8月面向休养林的游客及当地居民开放,为人们提供清凉的避暑环境和幽静的读书空间。

旅游资讯
地址 ⊙ 江陵市城山面于屹里山1-2号
交通 ⊙ 市内乘503路巴士(Gama谷方向)在终点站于屹里下
门票 ⊙ 个人1000韩元,团体800韩元
网址 ⊙ www.huyang.go.kr

小贴士
如果在这里住宿,可以选择森林之家和山林文化休养馆两处住宿场所。森林之家起价一般在3.2万韩元,根据房间的大小,价格不一;山林休养馆价格在5万～9万韩元。由于大关岭自然休养林附近没有商店,建议准备齐全物品。

五台山小金刚

推荐星级:★★★★★

五台山小金刚位于五台山东面的山脚下,以清澈的瀑布和秀丽的怪石奇岩闻名于世。据说小金刚的名字取自于朝鲜学者栗谷先生所著的《青鹤山记》,在金刚寺前还刻有他亲笔所书的"小金刚"三字。这里以武陵溪为中心,拥有多姿多彩的风景。

莲花潭

莲花潭可以欣赏到布满青苔的奇岩异石和清澈见底的溪水,相传古时候在观音寺出家的僧人在此赏莲,因而被称为莲花潭。

食堂岩

相传新罗王朝的末代君王"麻衣太子"为了收复失去的江山,训练军队时曾在此烧火做饭,又传栗谷先生曾在此读书生活,因而被称之为食堂岩。食堂岩的溪水中栖息着只有在一级水域才能见到的鲑鱼。

九龙瀑布

九龙瀑布从上飞奔而下散开成千万颗水珠,极其壮观。传说溪谷内共有九道瀑布,从九龙湖升天的九条龙各占了一道瀑布,因而得名为九龙瀑布。

旅游资讯
地址 ⊙ 江陵市莲谷面三山里
交通 ⊙ 在江陵站前乘7路、7-7路市区公交车在五台山小金刚站下
门票 ⊙ 免费
网址 ⊙ www.gntour.go.kr

小贴士
小金刚有多条登山道路,其中最有代表性的是"武陵溪—真岭"。这条线路从小金刚停车场出发,途经老人峰,到达真岭休息所约需6小时,原路返回约需5小时。需要注意的是,在防火山期间(3月1日—4月30日,11月16日—12月15日)所有登山路不允许通行。

行 江陵交通的 2 大警示

1 乘飞机不能直达

江陵机场目前没有民航航线,乘飞机从重庆、深圳前往江陵需在襄阳国际机场降落。从襄阳机场乘坐巴士到江陵约需 1 小时。

2 乘坐巴士付费有讲究

在江陵,如果乘坐高速巴士,现金、信用卡都可以使用;如果是乘坐市外巴士,只能用现金,不能刷卡。

火车

首尔到江陵列车所需时间 6～8 小时,一般有无穷花号普快列车从首尔的清凉里站出发,每天平均发车 4～9 趟,途经原州。此外,还有一列特殊的"海边火车"连接三陟市。

公交车

江陵市公交车运行时间一般为 6:00—22:00,郊外地区运行时间到 21:00 左右。一般市内公交车的费用为 1100 韩元,软座巴士费用为 1450 韩元,乘车前需提前换好零钱。

出租车

江陵的出租车根据距离和时间计算价格,一般起步价格为 1500 韩元 /2 千米,以后每 175 米加 100 韩元,每 45 秒(15 千米 / 时以下行驶时)加 100 韩元。从 0:00—4:00,价格一般会上浮 20% 左右。如果离开江陵市内地区,根据地区的不同,价格会上浮 47%～67%。出租车中设置有费率表,详细情况可查询费率表。

巴士

乘坐高速巴士前往江陵是最理想的交通方式之一,从首尔乘坐高速巴士到江陵约 3 个小时。江陵有江陵长途巴士客运站和江陵高速巴士客运站两个主要的客运站。两个车站紧连一起,位于江陵市厅往东北,有发往首尔、春川、束草等地的巴士。

江陵—首尔巴士信息

名称	信息
路线 1	在江陵长途巴士客运站购买前往首尔的长途车票,终点站是东首尔综合客运站。运营时间 6:30—24:00,全程约需 2.5 小时,参考费用:普通票 14100 韩元、深夜票 15400 韩元
路线 2	在江陵高速巴士客运站购买前往首尔的长途车票,终点站是首尔高速巴士客运站。运营时间为 6:00—23:30,全程约需 2 小时 40 分钟,参考费用:普通票 14000 韩元、优等票 20600 韩元、深夜优等票 22600 韩元

住 江陵住宿的3大选择

江陵的酒店大部分集中在镜浦海水浴场和正东津周围。此外,江陵市内的繁华街区还分布着不少酒店、旅馆及特色住宿地。很多游客还喜欢住在从江陵市内往海边草堂村附近的地方。

1 海景酒店

江陵海水浴场较多,每年夏天都有很多慕名来避暑的游客。海水浴场附近云集了许多中高档的住宿地,其中海景房十分受欢迎。在这一区域入住,不仅可以在房间坐拥美景,还可以轻松到达各主要景区,交通相当便利。

2 汽车旅馆

江陵的汽车旅馆多在高速公路交流道附近,或是离海边不远的地方。汽车旅馆提供的停车位与房间相连,一般一楼为车库,二楼为房间,方便于以汽车作为旅行工具的游客投宿。入住江陵的汽车旅馆,可享有东海岸的美丽景致,舒适的客房还配有免费Wi-Fi等服务。

3 度假村

江陵东临东海,西靠大关岭、五台山,是韩国有名的观光地。这里有大关岭自然休养林、五台山小金刚等景点,因此,韩国的大多数度假村都集中在此。住在度假村内,不仅能亲近大自然,还能享受一系列贴身服务和现代化的休闲和运动设施,可以彻底放松身心。

江陵知名住宿地

● 多宇度假村

多宇度假村设计简约感性，大堂宏伟高档，所有客房均能欣赏日出的美景，还可以自由烹饪。

旅游资讯
地址 ⊙ 江陵市江东面正东津里485号
交通 ⊙ 江陵长途巴士终点站乘坐正东津方向的大巴在正东津下
网址 ⊙ www.dwresort.com

● 拓普斯维尔汽车旅馆 A

拓普斯维尔汽车旅馆 A 位于海滨国道和铁路旁边，交通便利。在客房中就可以欣赏漏沙公园、正东津漏沙博物馆的美景。旅馆房间有空调、吹风机、厨房用品等设施，提供舒适温馨的空间。

旅游资讯
地址 ⊙ 江陵市江东面正东津里27-3号
交通 ⊙ 江南高速巴士终点站乘正东津站方向大巴在漏沙公园前下

● 东亚酒店

东亚酒店共有四层，客房分为双人间、双人大床间、套间等多种类型。客房内部宽敞整洁、舒适温馨。每间客房都设有可上网的电脑，备品设施齐全，方便使用。酒店内的附属设施包括桑拿、洗浴中心和餐厅等。

旅游资讯
地址 ⊙ 江陵市林塘洞129-2号
交通 ⊙ 岭东高速公路江陵IC乘江陵市区方向的车在大韩投资信托站下

● 正东城堡

正东城堡（JungDong Castle）位于江原道江陵洁净的正东津海水浴场，可以在客房中欣赏最壮美的日出。周边的松树林飘来阵阵松香，林中漫步的感觉相当不错。附近的东明海滨浴场可供休闲避暑，漏沙公园和正东津站也会给你留下美好的回忆。附属的烧烤场将让你在幸福快乐的派对中尽享大海的乐趣。

旅游资讯
地址 ⊙ 江陵市江东面正东津里526-1号
交通 ⊙ 江陵巴士终点站乘坐正东津方向的大巴在阿瑟罗艺术世界前下
网址 ⊙ www.jungdongcastle.co.kr

吃 食在江陵的 3 大体验

江陵东临东海，盛产新鲜的海产品，从利用海藻的饭团、油条、拌菜等小吃至家常饮食都用海鲜。菜肴中饱含浓浓的东海新鲜海味是其美食的一大特点，也是江陵地区韩式料理的主要特点。此外，用生鱼片、酱汁、蜜糯汤等做成的料理也值得品尝。

1 感受不同地域的美食

江陵地区因气候和地势不同，饮食生活结构也有多种风格。海边盛产新鲜的海产品，可以品尝到生鱼片、炖食、烧烤、汤、炒菜、酱汁、蜜糯汤等料理。在山区，以土豆、玉米、小麦、大麦等农作物为主食，因此有很多利用土豆和玉米的饮食。也有用荞麦做的面条、饺子、年糕和混合土豆、玉米、小米、红薯做的杂谷饭。

2 在草堂品美食

在沿镜浦湖的松森草堂洞，豆腐脑、豆腐十分有名。草堂的豆腐脑在豆浆中加入了海水，风味很独特，来到江陵一定要品尝一下。

3 不容错过的韩国料理

如果想尝到正宗、丰盛的韩国料理，可以选择到农村韩式饭店。这里提供的韩国料理价格低廉，口感不错，值得一去。

万里飘香的美食地

♠Haengun Sikdang

这是一家家庭经营模式的餐馆,可以吃到许多美味且简单的食物。如果喜欢吃海鲜,可以尝试一下这里的炸鱿鱼或炒章鱼。此外这里的炖泡菜也不错。

旅游资讯
地址 ⊙ 江陵市何瑟罗路
电话 ⊙ 033-6433334

♠Todam Sundubu

这家餐馆位置在一间古怪的木屋里,可以坐在地上用餐。这里提供的乡村风味套餐值得推荐,价格在5000～6000韩元。

旅游资讯
地址 ⊙ 江陵市草堂村
电话 ⊙ 033-6520336

♠ 农村韩式饭店

如果想尝到正宗、丰盛的韩国料理,这家农村韩式饭店是不错的选择。这里提供味美价廉的韩国料理,营养的石锅饭、韩式套餐值得品尝。

旅游资讯
地址 ⊙ 江陵市临堂洞176-2号
电话 ⊙ 033-6473600
营业时间 ⊙ 10:30—21:30

♠ 西芝楚风味餐厅

这家传统饮食店装饰高雅,可以品尝到辣白菜、生鱼拌菜、佛甲草泡菜、炒萝卜干菜和野菜等传统的可口美食,推荐这里的插秧饭菜、水刺床。

旅游资讯
地址 ⊙ 江陵市兰谷洞264号
电话 ⊙ 033-6464430
营业时间 ⊙ 10:00—21:00

淘购在江陵的 3 大秘笈

江陵除了有历史悠久的古建筑和浪漫温馨的海滨风光，还有各种各样的购物地，既有深受当地居民喜欢的传统购物市场，也有深受游客青睐的综合廉价超市。

1 当地市场感受乡土气息

江陵有许多传统的市场，在这些市场购物可以很快融入当地人的生活。中央市场、东部市场、西部市场共同组成了江陵的三大传统市场，这些地方主要销售当地的特产。每天到这里购物的人非常多，讨价还价声不绝于耳，十分热闹。

2 在水产市场购买海鲜

江陵靠海，盛产新鲜海鲜。这里分布着多个海产市场，主要出售干鱼、生鱼片、新鲜的水产等，海产品十分丰富，可以用相对便宜的价格购买或品尝到这些美味。其中，在注文津水产市场还会举行河豚庆典和鱿鱼庆典等多种文化活动。

3 综合廉价超市购物很方便

江陵有许多综合廉价超市，这些超市设施齐全，物品丰富，商品优质，有些还附设药店、眼镜店和汽车维修店等。不少超市还可以退税，十分方便。

江陵著名购物地

♦ 中央市场

中央市场是江陵三大传统市场之一，乡土气息浓重，主要销售当地特产。市场内布满了各类店铺及娱乐酒吧等，沿着胡同、道路两旁是路边摊，一年四季，贩卖各个地区的特产。

旅游资讯
地址 ⊙ 江陵市城南洞 50 号
交通 ⊙ 市厅乘往大关岭加油站、农协市支部、出租车广场、SUN 广场方的巴士，约 10 分钟可到

♦ 注文津水产市场

注文津水产市场是一处包括综合市场、干鱼市场、生鱼片市场等多种商家店铺的集市，以销售鱿鱼、臬登鱼、明太鱼、秋刀鱼、螃蟹等新鲜的水产和干货为主，可以用比市价低廉的价格购买或品尝这些美味。此外，这里还会举行河豚庆典和鱿鱼庆典等多种文化活动。

旅游资讯
地址 ⊙ 江陵市注文津邑注文 1 里 312-91 号
交通 ⊙ 江陵市外巴士客运站前乘坐前往注文津（海水浴场）的 302 路、315 路巴士在农协（中央公园）站下

♦ Home Plus

Home Plus 设施齐全，物品丰富，1～5 层为超市卖场，6 层设有电影院。在这里可以退税，很多外国游客都喜欢来这里购物。

旅游资讯
地址 ⊙ 江陵市京江路 2120 号
交通 ⊙ 乘 104 路、105 路、117 路、109 路、110 路等公交车前往
营业时间 ⊙ 10:00—24:00
网址 ⊙ www.corporate.homeplus.co.kr

♦ emart

emart 紧邻大海，不仅备有各种优质商品，还附设药店、眼镜店和汽车维修店等设施，为人们提供各种方便。

旅游资讯
地址 ⊙ 江陵市京江路 2398-10 号
交通 ⊙ 乘 101 路、102 路、206 路等公交车前往
网址 ⊙ www.emart.com

专题 Special Topic

江陵多样的娱乐庆典

江陵是江原道最为活跃的地方，夜晚可以到酒吧听着经典的摇滚乐放松，也可以到俱乐部聆听一场现场音乐会。此外，这里还有江陵端午祭和日出庆典等盛大的活动，可以看到各种具有韩国民族特色的表演，以及一些让人眼花缭乱的活动。

♦ 节日庆典推荐

日出庆典

每年12月31日至次年1月1日，在镜浦正东津都会开办"日出庆典"。庆典期间，会举行民俗表演、祝贺表演、沙表回转、许愿盛典等活动，给参加日出庆典的游客留下浪漫回忆。

江陵端午祭

江陵端午祭是韩国最大、最著名的民俗庆典，有着千年的历史和传统。每年农历5月5日前后举办端午祭礼和端午跳绳，以及以官奴假面戏为中心的庆典仪式。

镜浦台樱花祭

镜浦台樱花祭是在镜浦台和周边地区举行的镜浦台樱花庆典，它在樱花开花期前后一周内举行，开花盛期会举办各种文化艺术庆典。

夏季海滨艺术祭

夏季海滨艺术祭是为了给喜欢海水浴的避暑游客带来一种富有地方特色的文化艺术活动，每年在镜浦、注文津海水浴场都会举办海滩排球大赛、居民歌唱大会等活动。

小金刚青鹤祭

这里每年10月的第二个周末都会举办"小金刚青鹤祭"。期间会举办野游篝火会、开礼炮、游戏牌等前夜祭活动，以及企盼丰年、安宁、安全的祭礼、农乐表演、攀登大会、拔河、找宝等多种多样的游戏和活动。

望月祭

望月祭于正月十五下午开始到子夜时分。望月祭分三个阶段，前阶段的祭目有端午场上的翻板子游戏（韩国传统游戏）、望月转动游戏等传统民俗游戏；正式祭目时，人们堆起篝火，开始官奴假面游戏、农乐游戏、踩地神等祭目；最后阶段的祭目是拉龙水仪式，由数百人拿着干草做的龙，走2公里以上的踩桥仪式。

袋鼠旅行贴士

※ 在江陵餐馆结账的时候，都需要游客自己到柜台结账。大多数饭店和小吃店都含有10%附加税，因而不用给小费。

※ 江陵人对浪费食物极其反感，多数当地人用餐时，一定会将盘子中的食物吃干净。旅行时，游客需注意大多数韩食按每人份计算，普通食量的人点一份就够吃，食量大的可以点两人份或酌情加单，尽量避免点太多吃不完。

※ 江陵的餐馆里几乎都有"免费"小菜。虽说免费，但这些小菜的费用其实都包含在菜品的价格里，所以餐桌上的那些小菜吃完后还可以再要。

※ 在江陵的公共场合购物或者吃饭时，不要大声喧嚷，哪怕是在繁华的街头巷尾，因为这一行为在当地很不受欢迎。

※ 在江陵遇到紧急情况，需要使用路边的公用电话报警时，先按红色紧急通话键，然后拨112，通话是免费的，警察将会在接到举报3～10分钟内赶到现场。游客如果因案件或者事故需要和警方合作调查的时候，不要慌张，可以立马打电话联系中国驻韩国使领馆寻求帮助。

※ 在江陵，喜欢刺激的游客一定不能错过江陵海边游乐场。这里有各种精彩、刺激的体验活动，特别是Aranaby海上高空飞索最有吸引力。这种飞索横贯江陵安木港和南项津之间的海域，共有2条路线，往返长达700米，能让人高空俯瞰江陵市区的美景。地址：江陵市空港路127路35-7（南项津洞），电话：033-6419002，开放时间：10:00—17:00（周一休息）。

Part 8
庆州

庆州
韩国的古都
远离了繁华喧闹
恬静的村庄是它天然的布景
满眼绿意的乡间可让人尽情呼吸
成群的古坟、精致的石雕、神秘的符号
引领人们探寻千年前的新罗文化
整个城市就是一座历史博物馆

庆州 Archives 档案

庆州位于庆尚北道，是新罗王朝的千年古都，也是韩国古代文明的摇篮。它东靠东海，西邻清道郡，南邻蔚山广域市，北邻浦项市、永川市。市区四面环山，有河水环绕，风光秀丽。冬季受大陆性气候的影响，夏季受海洋性气候的影响，四季分明，西部地区寒暑温差比较大。

作为韩国已有千年历史的文化名城，庆州穿越古今，折射出辉煌的文化光芒。这里遗迹密集程度极高，保存也很完好，在山地溪谷抑或小巷街道都能寻觅到历史的印记，因此它获得了"没有屋檐的博物馆"的美称。著名的景点有佛国寺、石窟庵、瞻星台、雁鸭池、天马冢、普门旅游区等。抛开了繁华都市的喧闹，你可以在这里的乡间呼吸满眼的绿，或走进佛国寺探寻千年前的新罗文化。

庆州档案	
城市名称	庆州
英文	Gyeongju
所属地区	庆尚北道
位置	韩国东南部
行政区级别	市
气候	冬季大陆性气候、夏季海洋性气候
著名景点	庆州普门旅游区、瞻星台、雁鸭池等
火车站	庆州站、新庆州站

行程计划

Day1 佛国寺/石窟庵（2h）—新罗千禧公园（2h）—庆州普门旅游区（3h）

Day2 雁鸭池/临海殿址（2h）—瞻星台（1h）—良洞村（3h）

玩 游在庆州的 3 大锦囊

1 在最适合的季节前往庆州

庆州四季分明。春秋两季天空晴朗，阳光明媚，气候温和宜人。夏天温度较高，6—8月是雨季。冬天干燥，有时降雪较冷。但作为一座露天的博物馆，什么季节去游览都能体会到它神秘古朴的新罗文化。不同季节有不同的韵味，可身临其境去感受。

2 旅游咨询处了解旅游信息

庆州各处的旅游咨询处都备有庆州旅游方面的小册子和地图等，有中文、英语、日语等版本。旅游咨询处的工作人员一般都可以提供英语、日语和中文服务。此外，还可以登录韩国旅游局官方网站（chinese.visitkorea.or.kr）了解旅游信息。

3 探索神秘古朴的新罗文化

庆州是新罗千年古都，也是体会神秘古朴新罗文化的绝佳去处。这里拥有繁多的古墓与佛教文化遗迹，古坟群曲线婀娜，恬静的村庄是它的天然布景；鲜明的丹青、精致的石雕乃佛教建筑之精华，街中随处可见众多世界级的文物，是一座"没有屋檐的博物馆"，素有"韩国文化发源地"的美称。

良洞村

推荐星级: ★★★★★

良洞村是朝鲜时期传统文化与自然相结合的典范,是韩国规模最大的村落,由月城孙氏和骊江李氏建立。村庄内的文物与民俗资料丰富,传统色彩浓重,自然环境好,与安东河回村作为韩国历史村落被世界教科文组织指定为世界文化遗产。这里有保存完整的古宅、草房和古街,传统韵味十足,可以将朝鲜中期丰富多彩的特色屋舍一览无余。

旅游资讯

地址 ⊙ 庆州市江东面良洞村路 134 号
交通 ⊙ 乘 200 路、212 路、217 路等巴士在良洞村入口处下,步行到村庄
网址 ⊙ www.invil.org

小贴士

在前往此地旅游之前,可事先对行程路线进行安排,了解一下关于这里文化民俗的背景知识,以便更好地进行实地考察。在参观村庄时,尽量不要对当地的村民进行过多的打扰。

大陵苑-天马冢

推荐星级: ★★★★

天马冢于 1973 年被发掘,是新罗时代所特有的积石木椁坟,内部为用石头堆积出来的积石冢。冢内部有用原木做成的房间,其中央设有木墩来阻挡视线。这里出土的文物数量众多,其中天马图是韩国第一次在古坟中发现的贵重画卷。

旅游资讯

地址 ⊙ 庆州市鸡陵路 9 号(皇南洞)
开放时间 ⊙ 9:00—22:00

新罗千禧公园

推荐星级：★★★★★

新罗千禧公园是重现历史景象、展现新罗文化的历史主题公园，让参观者穿越时空回到了新罗时代的"千年古都"。这里有木工艺工坊、玻璃工坊、染色工坊等，可以直接体验和感受传统文化。张保皋公演场、企划公演场等将开展多样主题的公演，来访前最好先确定一下场所和时间。此外，松树小径、竹子林、生态公园等各种休息空间和传统房屋形式的韩国特级宾馆等，都是休闲的好去处。

旅游资讯

地址 ⊙ 庆州市世博路 55-12 号（新平洞）
交通 ⊙ 在庆州高速公路客源站乘坐 10 路巴士至庆州世界文化博览会下，步行 5 分钟可到
门票 ⊙ 18000 韩元、晚间（16:30 入场）9000 韩元

瞻星台

推荐星级：★★★★

瞻星台是东方现存最古老的天文台，主要用于观测天空中的云气及星座。建筑为石结构，由362块石块分27层堆砌而成，呈圆筒形，直线与曲线的搭配十分和谐。建造瞻星台时共用了 362 块石块，象征着阴历年一年的日子数。当时人们通过星空测定春分、秋分、冬至、夏至等 24 节气，而井字石估计则是用来指定东西南北方位的基准。

旅游资讯

地址 ⊙ 庆州市仁旺洞 839-1 号
门票 ⊙ 500 韩元
开放时间 ⊙ 3—10 月 9:00—22:00，11 月—次年 2 月 9:00—21:00

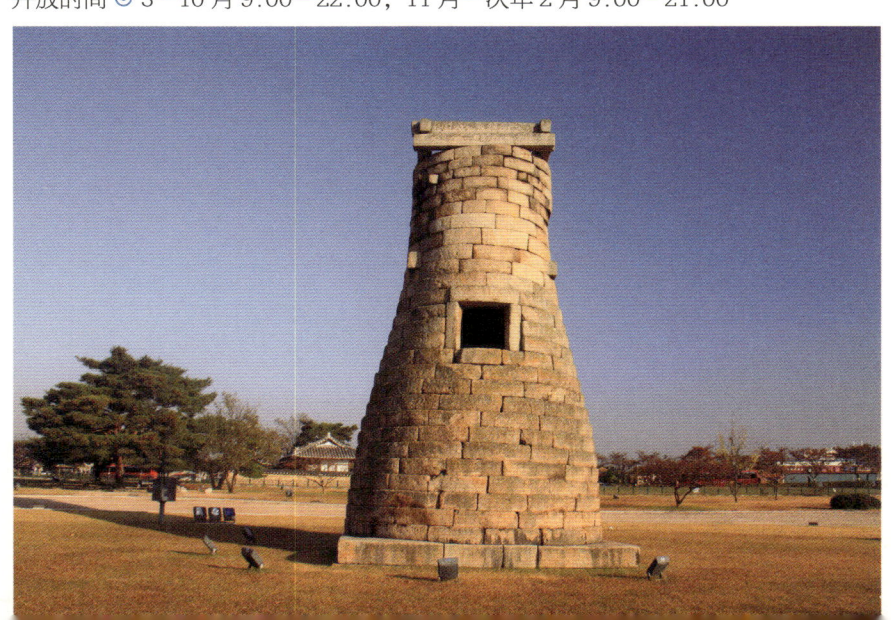

雁鸭池／临海殿址

推荐星级：★★★★★

　　韩国最古老的史书《三国史记》记载，新罗文武王命令在宫城里挖一莲花池，做成一座小山，种上花草，还喂养珍奇动物。雁鸭池即是当时挖出的莲花池，位于月城（公元101年建造的新罗时代的城）外侧东北部。据1974年挖掘雁鸭池原址时的调查结果，雁鸭池上原有大小不等的3座小岛。目前的雁鸭池接近圆形，是沿护岸石重新修建而成的。

　　临海殿址原是新罗王宫的离宫，曾作为东宫。之所以被称为临海殿址是因为过去史书中多称此处为临海殿。

旅游资讯
地址 ⊙ 庆州市仁旺洞26-1号
交通 ⊙ 高速巴士客运站（市外）或庆州站前乘11路、600路等巴士在国立庆州博物馆前下
门票 ⊙ 1500韩元
开放时间 ⊙ 9:00—22:00

庆州普门旅游区

推荐星级：★★★★

　　庆州普门旅游区是一个国际性的观光园地，以庆州市区以东的普门湖为中心，全境被指定为温泉区及观光特区。区内有国际会议场及观光中心、高尔夫球场、综合性商店、旅游饭店等设施，都按照韩国传统的形式建造。还有游船停泊处、六府村、普门露天舞台、汽车剧院、庆州世界等娱乐设施。

旅游资讯
地址 ⊙ 庆州市新坪洞
交通 ⊙ 庆州长途汽车总站对面乘坐市内巴士至普门旅游区下车
网址 ⊙ guide.gyeongju.go.kr

小贴士
　　普门露天舞台每年4月到次年1月都举行韩国传统的国乐表演，观看者可免费入场。普门园内的温泉池喷涌着优质的温泉水，可以在此享受温泉浴。湖边散步小道遍植樱花树，4月时可观赏成片绽开的粉红色樱花。

佛国寺 / 石窟庵

推荐星级: ★★★★★

佛国寺为新罗时期的寺庙,是新罗人把想像中的佛国搬到现实中的产物。建筑布局分为两大区,一区以大雄殿为中心,有青云桥、白云桥、紫霞门、泛影楼、自经楼、多宝塔、释迦塔、无说殿等;二区以极乐殿为中心,有七宝桥、莲华桥、安阳门等。其中释迦塔和多宝塔堪称佛国寺所追求的思想和艺术的精华。

在吐含山东边有佛国寺附属的石窟庵,据传石窟庵同佛国寺一样由新罗景德王时期的宰相金大成所建,是世界宗教艺术史上最卓越的文化遗产之一。尤其是石窟庵释迦牟尼佛像达到了宗教艺术的最高峰。佛像面向东海,坐在八边形莲花石台上,神态从容、安详。附近的日出景色十分美丽,因此清晨前往最佳。

旅游资讯

地址 ⊙ 庆州市佛国路 385 号(进岘洞)
交通 ⊙ 在庆州站前或市外客运站乘 10 路、11 路市内巴士在佛国寺站下
网址 ⊙ www.bulguksa.or.kr

佛国寺修建传说

有关佛国寺的兴建缘起,有"金大城孝亲之举"的传说,并有相关古籍记载。在《三国遗事》卷九的《大城孝二世父母》中,引述了《古乡传》里的相关说法。传说金大城登吐含山打猎,捕杀一熊,熊变恶鬼,在他的梦中指责他并要求建寺超度。梦醒后,金大城乃为熊创长寿寺于其捕地,因而情有所感,悲愿增笃,乃为现生二亲创佛国寺;为前世爷娘创石佛寺……其佛国寺云梯石塔、雕镂石木之功,东都诸刹未有加也。

实际上,佛国寺并不是金大成所建,佛国寺由于新罗法兴王始建,当时称为华严佛国寺。不过在 751 年左右的翻修工程,确实由金大城主持。佛国寺历经多次重修,可谓命运多舛。

行 庆州交通的 3 大警示

庆州没有机场，乘飞机前往相对麻烦，相对便利的交通工具是高速巴士和火车两种。市内交通主要有公交车、出租车及自行车，方便人们出行。

1 如何乘飞机前往庆州

庆州没有机场，选择乘飞机前往相对比较麻烦。如果乘飞机，可以先飞往釜山，然后乘巴士到达庆州；或从首尔乘飞机到浦项，再由浦项坐巴士到庆州。

从机场前往庆州的交通	
运行区间	交通
蔚山机场—庆州	机场（乘 1402 路或 722 路公交车或出租车）—蔚山市外长途巴士站（乘前往庆州方向的长途车）—庆州
浦项机场—庆州	机场（乘 200 路公共汽车）—浦项市外长途巴士站（乘前往庆州方向的长途车）—庆州
金海机场—庆州	乘坐 GUMA 观光巴士（运营时间：8:00—20:20，车费：9000 韩元）
仁川机场—庆州	乘坐庆北 A-JIN 巴士（运营时间：8:00—21:00，车费：29800 韩元）

2 租自行车游览很方便

庆州不算大，景点相对集中，想要快速游览庆州市内风光，最好是在庆州站附近等地租自行车。步行前往各景区有点远，坐公交车太近且车次很少，租自行车是最便宜和有趣的方法。骑自行车参观，约 5 ~ 6 个小时便可参观完主要景点。

3 车上人多要提高警惕

由于前往景点的巴士车次较少，每次上车的人都比较多，需要注意看管好自己的随身物品。火车站、热门旅游景点、繁华的街市等人流聚集地，要时刻提高警惕。

火车

韩国大邱线和东海南部线所有的列车都经过庆州,乘火车前往庆州非常方便。庆州主要有庆州站与新庆州站两个火车站,其中庆州站是东海南部线的车站,也是中央线的终点站;新庆州站主要为到庆州寻找历史的游客服务,也为浦项、永川的居民出行提供便利。

庆州火车班次信息		
线路	火车类型	资讯
首尔—庆州	新村号	班次:7:30—11:52、9:30—13:41、16:30—20:45、18:30—22:41
	无穷花号	班次:21:00—次日1:56
庆州—首尔	新村号	所需时间:4小时40分钟
	木槿花	所需时间:5小时10分钟
庆州—蔚山	新村号	所需时间:35分钟
庆州—海云台	木槿花	所需时间:1小时40分钟

巴士

乘长途巴士前往庆州是一个比较好的方法,除京釜高速经过外,还有6条高速公路也经过庆州,形成了繁忙的交通网络。庆州高速巴士客运站和庆州市外巴士客运站是庆州主要的客运站,前者所发车辆主要开往首尔、釜山等地,后者所发车辆主要前往江陵、甘浦、马山等地。

庆州主要高速巴士信息				
运行区间	时间	优等座/韩元	普通座/韩元	夜车/韩元
庆州—首尔	6:00—24:00,24个班次,分为优等座及普通座	27600	18600	30400
庆州—光州	9:40、16:40,2个班次,为优等座	23200		
庆州—大田	7:20、10:40、14:40、19:00,4个班次,为优等座	17700		
庆州—釜山	周一至周五8:30—22:30,20个班次;周末8:40—21:30,23个班次	4000	3900	4400
庆州—大邱	6:50—21:10,31个班次		3900	
庆州—金海机场	5:40—20:00,15个班次		9000 中学生(初中、高中):6500 小学生:4500	

庆州主要市外巴士信息

运行区间	时间	价格 / 韩元
庆州—釜山	8:15—21:15，12 个班次	内南 1100 仁浦 1500 彦阳 2100 通度寺 2600 石溪 3100 梁山 3500 釜山 4000
庆州—大邱	7:35—21:15，14 个班次	乾川 1100 永川 2100 大昌 2500 珍良 2900 大邱 3900

公交车

庆州的公交车分为票价 1000 韩元的普通公交车和票价 1500 韩元的座位公交车。公交线路的总站大多设在庆州市外巴士客运站对面。车上使用韩语服务，乘坐时可先把目的地写下来。如想通过公交车游玩景点，可选择 10 路、11 路等，这些是围绕佛国寺、南山等景点循环的线路。还可以选择每天 2 班次的专门观光车，从车站发车后，途经庆州所有重要的景点。

出租车

庆州的出租车分为一般出租车和模范出租车。一般出租车的车身为银色或白色，起步价是 2200 韩元 /2 公里，0:00—4:00 收取 20% 深夜附加费。模范出租车为黑色，两侧车门和车顶灯上贴有"模范出租车"的标志，收费也比一般出租车贵，起步价是 4500 韩元 /3 公里，但不收深夜附加费。乘坐出租车时可在相应的候车点叫车，也可以到周边宾馆或旅游服务中心请求帮忙叫车，叫车需多支付 1000 韩元叫车费。

自行车

庆州是一座很适合骑自行车旅行的城市，市区面积不大，景点较集中，路况较好，设有自行车专用道。在南山和普门湖附近都有一些自行车专用的小路，但从大陵苑到博物馆史迹集中的一带禁止自行车驶入。

庆州自行车出租点比较多，庆州驿附近就有好几家。租金有统一的标准：每车 3000 韩元 / 小时或者每车 10000 ~ 12000 韩元 / 天。普门湖附近有很多双人自行车出租，租金一般为每小时 6000 韩元。

住 庆州住宿的 3 大选择

庆州的高级大饭店主要集中在普门湖休闲地,一般饭店与韩式旅馆多集中于庆州市中心。如果投宿于小旅馆或民宿,尤其是投宿于河回村民家,还可体验当地的传统生活方式,可谓一举两得。

1 民宿

民宿大多是寄宿于韩国人家里解决住宿和饮食的一种方式。选择住民宿可以和韩国当地人住在一起,可更多地了解韩国文化。这种住宿方式一般为游客提供单独的房间和早餐,午餐和晚餐可以另外付费食用。大部分的民宿会负责到机场接游客,只需付相应的费用。

2 寺庙寄宿

居住在寺庙中,体验寺庙日常生活,学习韩国佛教文化,越来越受游客欢迎。可通过韩国寺庙寄宿体验,在安逸而宁静的环境中寻找真正的自己,治愈心灵的伤痛,将紧张、不安、焦躁的情绪抛到九霄云外,追寻内心的安宁。

3 Benikea

遍布韩国各地的"Benikea"连锁观光酒店,由韩国旅游发展局运营,服务和设施等方面都经过严格的审查,其价格低廉、休息环境舒适。浏览其官方网站(www.benikea.cn),不仅可以搜索到低廉可信的韩国观光酒店信息,还可以享受简便的预约/付款服务。

庆州特色住宿地

● 普门宫殿

普门宫殿由两座建筑物构成，一座充满现代感，给人豪华住宅的感觉，另一座则充满民族风情。别墅房间和客厅里的壁炉需要事前预约才能使用。六府村是黄土房，烧柴火热炕，人们仿佛回到了老家。除了六府村，其他房间都装饰得华美别致。

旅游资讯
地址 ⊙ 庆州市普门区
电话 ⊙ 054-7495186
网址 ⊙ www.bomunpalace.com

● 香草小城

香草小城避开都市的繁杂，用木头和黄土建成的多家度假屋和香草咖啡厅，被树木围绕的薰衣草农场和草坪庭院都给人如同故乡的亲切感。在这里远眺青山、蓝天，在后山的休养林中散步，令人心旷神怡。

旅游资讯
地址 ⊙ 江庆州市外东邑毛火里
网址 ⊙ www.herbcastle.co.kr

● 威尼斯

这座度假屋是屋主从欧洲意大利旅行归来后受启发而盖的，因此房间都以意大利地名命名。每间房风格不同，主色调不同。每间房的露天看台上都布置成漂亮的庭院，还配有烤肉设施。客厅、厨房、卫生间设施配备齐全，十分方便。

旅游资讯
地址 ⊙ 庆州市普门观光团地和佛国寺之间
电话 ⊙ 054-7719669
网址 ⊙ www.veneziapension.co.kr

● 骨窟寺

骨窟寺是有名的石窟寺院，在这里留宿可以体验坐禅（行禅）、禅武道修练、茶啖、钵盂供养、圣地巡礼等活动。在念经声中起床，在鸟鸣花香中用餐，让人可以摆脱日常的倦怠。在这里留宿需提前预约。

旅游资讯
地址 ⊙ 庆州市阳北面安洞里304号
交通 ⊙ 从庆州市外巴士客运站搭乘100路、150路公交车，在安东十字路口站下车后步行前往骨窟寺，需15分左右
电话 ⊙ 054-7441689
网址 ⊙ www.golgulsa.com

吃 食在庆州的 3 大体验

庆州餐厅多集中在庆州市中心及普门湖畔一带，著名的烤牛肉与各色火锅使人垂涎欲滴，用糯米及草药酿制而成的庆州名酒"法酒"尤其值得一尝，海印寺的野菜也非常有名。

1 酒店用餐比较方便

到庆州旅游，吃饭时需要注意，街上可供游客进餐的餐厅很少，建议在酒店用餐为妙。或往隆面街，这里有较为大众化的食肆。

2 品尝正宗的韩国料理

庆州的韩国料理非常正宗，喜欢美食的游客一定不能错过。这里的韩国料理，以市内的"瑶宫"及市厅附近的"圣林庄"等较出名。

3 帐篷摊子尝各色风味小吃

在庆州的市场、夜市等地有许多"帐篷摊子"，在这些小摊上，可以吃到当地特色的风味小吃，价格也很实惠，非常受游客和当地人的欢迎。

尽享庆州最地道的美味

◆ 菜包饭

在传统韩国定食的基础上，特别推出菜包米饭（用白菜、生菜）和熟肉。庆州菜包饭餐厅主要密集在大陵院（天马冢）附近。

◆ 六部村香辣牛肉汤

庆州六部村是古代徐罗伐六大部落的村落，是新罗建国的发源地。六部村的香辣牛肉汤是一道味道清爽可口的宫廷式香辣牛肉汤，精选庆州韩牛、甜蕨菜、窄头蘘吾、牛肚和牛小肥肠等六种庆州山野环保食材熬制而成。

◆ 窄头蘘吾拌饭

精选以无公害环保方式在庆州山内面栽种出来的窄头蘘吾、双孢蘑菇、水芹等山中野菜，搭配成一道美味的拌饭。用大酱与鳀鱼粉配制成的独特调味酱代替辣酱。

特色美食地

● 土家

土家温馨而充满乡土气息,以美味的带鱼汤锅、烤带鱼及石锅饭而闻名。代表菜肴是白带鱼,用当天从济州岛空运的新鲜白带鱼精心烹调,毫无腥味,清淡肥美的滋味堪称一绝。此外,还有泥鳅鱼汤、生五花肉、葱饼、米酒等各种菜品。

> **旅游资讯**
> 地址 ⊙ 庆州市北军路 21 号(北军洞)
> 电话 ⊙ 054-7487025
> 交通 ⊙ 从普门团区/佛国寺向市中心方向的巴士,经过韩华度假村后,从下坡路下来走 200 米左右,在红绿灯处向右转即到
> 营业时间 ⊙ 9:00—22:00
> 网址 ⊙ www.tobakiyori.com

● 木曾屋

木曾屋名气很大,它是乌冬面、炸猪肉排的日食专门店,用新鲜的天然原料代替化学原料做出的乌冬面汤有着独特的香味。推荐泡菜乌冬面、木曾屋定食及炸猪肉排定食等。

> **旅游资讯**
> 地址 ⊙ 庆州市路东洞 244 号
> 电话 ⊙ 054-7466020
> 交通 ⊙ 乘 70 路、11 路普通巴士或 330 路、150 路、260 路座席巴士可到
> 营业时间 ⊙ 10:00—22:00
> 网址 ⊙ www.kisoya.co.kr

● 元祖楮洞辣鱼汤

元祖楮洞辣鱼汤是的安康辣鱼汤的代表性餐厅,所用大酱、辣酱、蔬菜等均为店家亲手酿制和种植,可以更好地维持其乡土之味。宽敞的院子里摆放了长椅和餐桌,在室外品尝辛辣的辣鱼汤美味同时可感受乡土氛围。

旅游资讯
地址 ⊙ 庆州市安康楮洞池畔
电话 ⊙ 054-7622364
营业时间 ⊙ 7:00—22:00

● 淑英餐厅

淑英餐厅在庆州非常有名,是一家专卖大麦饭的餐厅。在这里吃糯大麦饭,将会同时提供田螺大酱汤,是与大麦米饭的完美结合。拌饭碗内约有 7 种野菜与香油,搅拌之后即可享受到香甜新鲜的蔬菜美味。

旅游资讯
地址 ⊙ 庆州市皇南洞 13-5 号
电话 ⊙ 054-7723369

● 松原韩定食

松原韩定食以秀丽景观著称,内部装饰让人如置身于小型美术馆般,形成独特的风格。让人在温馨、舒适的环境中用餐饮茶。餐厅的招牌是菜醉鬼野菜饭。

旅游资讯
地址 ⊙ 庆州市鲍石路 602-7 号(拜洞)
电话 ⊙ 054-7460020

寺院与开放式烹饪饮食地

● 香迹园寺院餐厅

香迹园寺院餐厅是一个与寺院饮食类似的素食健康餐厅。室内采用了简约的现代装潢,室外则体现出了一种乡土气息。如果想吃素食,这儿是一个不错的选择。

旅游资讯
地址 ⊙ 庆州市佛国路 131 号(马洞 1)
电话 ⊙ 054-7750014

● 月亭下莲池

月亭下莲池是一家专门选用莲花做美食的健康餐厅,莲的叶、花、根等部位各具不同的营养成分,有净化血液的效果。餐厅通过注重营养和搭配四季皆宜的饮食,以继承传统饮食文化。为了进一步展现更好的菜肴,这里还增加了元晓套餐和善德套餐。

旅游资讯
地址 ⊙ 庆州市日亭路 18-6 号(塔洞)
电话 ⊙ 054-7775432

淘购在庆州的 3 大秘笈

庆州盛产紫水晶、刺绣、古典美术品，传统手工艺品等也琳琅满目。商店主要集中于市中心与佛国寺附近，免税店位于普门湖畔。另外，庆州所产的一些传统糕点也是来庆州必买的礼品之一。

1 在 5 日集感受当地购物文化

在庆州购物，5 日集是一个不错的选择。5 日集是一个可以领会纯朴乡村风情，且物美价廉的集市。人们一般在清晨开始聚集，可在这里购买各种新鲜海货、应季农产品、当地特色小吃等，也是了解当地人生活的好地方。

2 正确选购当地特色产品

庆州有许多特产和纪念品，其中草莓、樱桃和平菇是这里较有名的农产品，法酒是这里的特色酒，可口的庆州皇南面包也是馈赠亲朋的常备之选。

3 在庆州民俗工艺村选购工艺品

庆州民俗工艺村位于佛国寺和普门团地之间的吐含山山麓观光路边，是一个各行业匠人云集的村落。在这里能免费观看金属、陶瓷、木工、宝石、石工、刺绣、陶器等工艺的制作过程。在民俗工艺展示馆也能以较低的价格购买喜欢的工艺品。

名品特产

◆ 皇南面包

庆州有名的点心，因产于皇南洞而称为皇南面包。皇南面包其实就是红豆馅的包子，甜甜的红豆沙，软软的皮，细细咀嚼，确实让人上瘾。在大陵苑、庆州站、庆州巴士总站都可以购买。

◆ 粘麦包

粘麦包是庆州代表性的糕点之一。这种糕点不是很甜，用韩国本土的糯大麦制成，吃起来黏黏的、香香的，非常可口。

◆ 庆州法酒

庆州法酒延用了新罗时代的宫廷秘方，并以庆州特有技术来酿造，是用韩国米酿制而成的传统名酒。虽然数量不多，庆州法酒是别具一格的高品质酒。

◆ 校洞法酒

这是庆州校洞的崔氏家族历代相传的家酿酒。已有350多年历史。用糯米和麦制作酒曲，并以院里的泉水来酿制。这种酒喝起来又香又甜，味道很不错。它在韩国的三大名酒之中占有一席之地，而且还是韩国重要的文化遗产。

◆ 绗缝衣

这种衣服的保温性特别强，不管是里面的材料还是外面的缝制，都下了很大功夫。里面的棉花经过特殊栽培，外面缝制的方法也有很多技巧。绗缝工房制成的围巾、钱包、衣服等不仅仅是纪念品，而且是韩国代表性文化遗产。

◆ 新罗土器

新罗土器自公元1世纪起，以庆州为中心开始生产，有上千年的历史。土器颜色多为灰蓝色，类型有生活用品类的庄颈壶、高杯、角杯、盈杯等，还有明器类的神龟型土器、车型土器、骑马人物型土器等数十种。

◆ 领带

领带以在庆州出土的新罗风貌为摹本，采用既有古风又具有现代感的设计和高品质的面料，极大地体现出忠厚又高贵的感觉。

5 日集

● 佛国寺集

佛国寺集位于庆州市九政洞佛国寺附近，为游客逛集市提供便利。每月 4 日和 9 日开集的 5 日集，可看到很多来销售和购物的人们。在这里可以看到当地人栽培的优质农产品，也可买到简单的小吃等，是感受仁厚乡村之情的好地方。

● 阳北寺集

阳北寺集是位于庆州市阳北面居民中心后面的 5 日集，在每月的 5 日、10 日开集，是一个可以领会纯朴乡村风情且物美价廉的集市。清晨开始商人们就聚集于此，中午时分集市结束。这里可以购买到各种新鲜的海货，应季的山野菜非常有名。

● 甘浦市集

甘浦市集位于庆州市甘浦，于每月 3 日和 8 日开设的 5 日集，可以购买海鲜和当地产出的山菜及各种新鲜的蔬菜。这里可以品尝各类海鲜和生鱼片，腌制过冬泡菜的鱼酱也特别有名。过冬泡菜用的各类鱼酱备受人们喜爱，从 9 月至次年 3 月会陆续上市。

● 外东寺集

外东寺集位于庆州市外东邑入室里的 5 日集，在每月的 3 日和 8 日开集，主要经营水果、蔬菜等。

娱 达人的 3 个玩嗨点子

庆州是以新罗文化为基础的文化观光产业城市之一，每年有很多国内外游客前来。这里除了有登山、垂钓、攀岩等项目外，还有骑马、射箭等传统活动。此外，水上乐园、海水浴场也是娱乐的热门地。

1 欣赏精彩的民俗表演

庆州为了吸引游客、丰富城市的文化活动，举办了一些精彩的户外表演活动。游客可以免费欣赏舞蹈、民乐演奏，普门野外可以免费观看韩国特色国乐表演，凤凰台有户外音乐表演，是庆州夜晚的一道文化盛宴。

2 感受遗留下的新罗文化

来到庆州这个古色古香的城市，自古传承下来的骑马、射箭等项目最好能去体验一下。观看国乐舞蹈和传统游戏，也是近距离感受新罗文化和当地民俗较好的方式。

3 游乐场里乐趣多

庆州的世界游乐场和天空世界是人们常去的娱乐场所。世界游乐场内有多种游乐设施，夏季还可以玩水上项目，是亲子活动的好去处。天空世界最吸引人的就是乘坐热气球了，无论男女老少都可以参加，可以上升到百米高空俯瞰整个庆州。

娱乐场所推荐

● 庆州热气球体验场

在庆州普门园区内有一家热气球体验场。在无风的最佳气候条件下，每次可以承载30位左右的成人，但遇到刮风下雨天，只能搭乘10人左右。每次搭乘时间约10分钟。热气球上可以俯瞰千年古都庆州。在樱花烂漫的4月初，遍地花海的壮观景致让人如痴如醉。

旅游资讯
地址 ⊙ 庆州市北军洞780-280号
电话 ⊙ 054-7430010
网址 ⊙ www.skyworld.co.kr

● 普门实弹射击场

庆州普门实弹射击场位于普门园区内，是提供射击体验的场所。这里配有各种实弹手枪，安装有防弹玻璃，也可以坐在休息室里欣赏射击场面，无需直接射击也能享受间接体验。

旅游资讯
地址 ⊙ 庆州市薪坪洞780-290号
电话 ⊙ 054-7414007
网址 ⊙ www.kjshooting.com

● 庆州卡丁车欢乐谷

庆州卡丁车欢乐谷是真实再现网络热门游戏"疯狂卡丁车"的卡丁车练习场。卡丁车分为休闲用和竞赛用，其中竞赛用卡丁车是实战选手专用，速度接近80公里/小时。在这里，还可以驾驶单人迷你卡丁车，像赛车手一样在小小的赛道内疾驰。

旅游资讯
地址 ⊙ 庆州进岘洞吐含山脚
电话 ⊙ 054-7771253
网址 ⊙ www.kartvalley.com

● 骨窟寺

骨窟寺的寺庙体验很受欢迎，从禅武道开始，由禅武道结束。结束早课后，修习禅武道修炼之法中的瑜珈和气功，通过108拜反省自己的生活，之后学习茶道。午课后，与师傅们一起帮忙务农。晚上礼佛，礼拜磨崖阿弥陀佛，巡视在悬崖峭壁下开凿出的各个法堂窟。之后再次进行正规的禅武道修炼，在武术和参禅中结束一天。

旅游资讯
地址 ⊙ 庆州市阳北面山304-1号
电话 ⊙ 054-7441689
网址 ⊙ www.golgulsa.com

● 人工攀岩场

在庆州普门观光园区附近的生活体育公园内，有一处露天人工攀岩场。这里是庆州地区登山人士们常光顾的人工攀岩场。

旅游资讯
地址 ⊙ 庆州市苏谷洞421号
电话 ⊙ 054-7767071

袋鼠旅行贴士

※ 春天的尚庆北道（庆州所在的道），绿意从山上一直溢到乡间，此时的庆州无论是市区还是周边景色都非常美。由于庆州靠近东部海岸，在海风的吹拂下，温度很是适宜。

※ 旅游咨询处备有庆州旅游方面的小册子和地图等各种资料（基本都有中文和英文译本），庆州旅游咨询处的工作人员可以提供英语、日语和中文服务。

庆州旅游咨询处信息			
咨询处	地址	电话	服务时间
庆州火车站旅游咨询中心	庆州火车站前，庆州市皇吾洞59号	054-7723843	9:00—18:00
庆州客运站旅游咨询中心	庆州客运站前，庆州市路西洞243-12号	054-7729289	9:00—18:00
佛国寺旅游咨询中心	佛国寺停车场前，庆州市进岘洞64-1号	054-7464747	9:00—18:00
庆北旅游咨询中心	普门旅游区内朝鲜饭店旁	054-7450753	9:00—18:00
徐罗伐旅游信息中心	庆州市栗洞598号	054-7771330	9:00—18:00

※ 庆州巴士市区游非常方便，巴士市区游目前运行4条线路，游客可根据自己的喜好进行选择。有1日、2日、3日方案可供选择。经过的景点，会在车内中央的显示器上分别用韩、英、日、中文进行标示。游客可以在新庆州站、庆州巴士客运站、普门旅游区、佛国寺住宿园地自由上下车，可自由选择佛国寺、石窟庵、国立庆州博物馆、天马冢、瞻星台等庆州最具代表性的景点进行观光。

※ 庆州是韩国著名的历史文化名城。有众多的历史古迹可以游览。专门的庆州文化观光网站（guidegyeongju.go.kr/deploy/chs）提供详细的中文介绍，可供参考。

庆州颇受游客欢迎的节日		
节日名称	举办时间	简介
庆州樱花节	每年的4月初，视樱花盛开时间而定，约持续一周	庆州全城都会举行樱花庆典。以普门旅游园区为中心的3处樱花最美丽的地方都会举行各具风情的庆典
庆州樱花马拉松比赛	和庆州樱花节同步	以庆州世界文化博览会广场为起点，有多种比赛路线
新罗文化节	10月	以弘扬新罗千年文化和佛教文化为主题。有韩国传统民俗游戏活动及各种免费演出和体验项目

Part 9
济州岛

济州岛
韩国的浪漫岛和爱情岛
处处鲜花烂漫、茶香四溢
随时侵入耳膜的海涛声
抬眼就能看到的汉拿山
香甜的柑橘、美味的海鲜大餐
某处似曾相识的地点
弥漫在空气中的浪漫气息
心就此沉醉

济州岛 Archives 档案

济洲岛是韩国最大的岛屿，是一座典型的火山岛，也是世界新七大自然奇观之一。它位于韩半岛西南侧的东海上，西面与中国的上海隔海相望，北面与朝鲜半岛隔海相望。汉拿山是一座休眠火山，是岛上的最高山峰，也是韩国最高峰。岛上气候湿润，为韩国最温暖的地区。温和湿润的气候和由火山活动塑造出的绮丽多彩的自然风景，使它获得了"东方夏威夷"的美誉。

济洲岛拥有神秘的自然景观，继承了古耽罗王国特别的民俗文化。这里有景致优美的海岸、瀑布、绝壁、洞窟；这里有雄壮的城山日出峰，温带、热带动植物共存的汉拿山国立公园；这里还有保存了韩国传统的城邑民俗村等，是绝佳的旅游观光地。多姿多采的自然景观、妙趣横生的水上活动及自由浪漫的气氛吸引了众多的年轻恋人前往，因此博得了蜜月胜地的美名。

行程计划

Day1 汉拿山国立公园（3h）—城邑民俗村（1h）

Day2 中文观光区（4h）—城山日出峰（3h）

Day3 龙头岩（1.5h）—牛岛（3h）

济洲岛档案

名称	济洲岛
英文	Jeju Island
位置	韩半岛西南侧的东海
行政区级别	济州特别自治道
首府	济州市
气候	海洋性气候
著名景点	城山日出峰、城邑民俗村、汉拿山国立公园等
机场	济州国际机场

玩 游在济州岛的 4 大锦囊

1 选择最佳季节出行

去济州岛旅游的最佳时节是春秋季节,春季的济州岛鲜花盛开,可以看到漫山遍野的油菜花,非常漂亮。油菜花一般在3月底陆续开放,至4月中旬达到鼎盛。城山日出峰一带的油菜花最有名,这里也是韩国情侣最喜欢的合影地;沙池岬地是观赏油菜花的另一处好去处。济州岛的旅游旺季在秋天,秋天来旅游的人非常多,选择在春天错峰出游相对比较便利。

2 济州岛的免签与落地签

济州岛的免签政策对游客非常方便,只要有机票和护照,以济州岛为单纯旅游目的地,就可以顺利入境游玩。如果是从济州岛进入韩国其他地方,中国的游客可以实行落地签的政策,也比较方便。

3 在中文观光区可以说中文

去济州岛旅游的中国游客非常多,所以济州岛建立了专门的中文观光区。中文观光区所有的服务项目都用中文、服务人员都会说中文,所以在济州岛旅游基本没有语言障碍,当然如果可以说英语就更方便了。

4 冬季欣赏汉拿山的别样风情

汉拿山是典型的冬季旅游名胜地,在汉拿山御里牧一带,冬天还会开展汉拿山雪花和雪景主题的项目。若想留下更特殊的回忆,不妨在冬日登上汉拿山。

中文观光区

推荐星级：★★★★★

中文观光区是济州岛的综合性观光园地，也是韩国规模最大的休养地。称为中文观光区不是因为那里能说中文，而是这块地区本来的名字翻译过来就是"中文"。这个观光区著名景观有信不信由你博物馆、如美地植物园、天帝渊瀑布、泰迪熊博物馆等。自然与人工景观在此和谐搭配，使这里成为很多影视作品的外景拍摄地，也吸引了不少外国元首及贵宾到此游览、访问。

信不信由你博物馆

信不信由你博物馆位于中文观光区入口处，是以探险家罗伯特·李普利的精神为中心设立的世界最大的博物馆之一。在这里可以看到德国柏林墙砖、从火星上飞来的陨石块等奇妙物品。所有展示物的背后都隐藏着精彩的故事和背景，是儿童和青少年们了解世界、体验丰富多彩的世界历史的好地方。

如美地植物园

如美地植物园到处洋溢着南国的气息，是亚洲规模最大的植物园。在其温室内有花蝶园、水生植物园、生态园、热带果树园、肉质植物园、中央瞭望台等。登上中央瞭望台，可以观赏中文旅游区、天然瀑布、汉拿山及附近沿海一带的美景。除了温室，这里还有济州岛本地植物园，以及由韩国、日本、意大利、法国等各国特色园林组成的民俗园林。可以乘坐观光列车往返于温室与园林之间。

天帝渊瀑布

天帝渊瀑布因传说中玉皇大帝身边的七仙女偷下凡间沐浴嬉戏而得名。瀑布宽12米，高22米，藏于生长着珍惜植物的山涧中，之下的潭水涤20米，却清澈无比。瀑布分三段，第一瀑布有冰凉的水流下，从第一瀑布飞流直下的水又形成第二、第三瀑布，并最终流入大海。天帝渊的溪谷中有仙临桥和"天帝楼"等8处楼阁，仙临桥也叫七仙女桥，是连接天帝渊和中文观光园地的桥梁。

泰迪熊博物馆

　　泰迪熊博物馆为展示百年来深受全世界人们喜爱的玩具熊而建,堪称世界最大规模的玩具博物馆。博物馆内主要分为历史馆、艺术馆及企划展厅。在历史馆中,珍藏有过去100年来世界各国生产的泰迪熊,其中蒙娜丽莎造型的泰迪玩具熊尤其引人注目。在艺术馆中,可以看到世界名品熊、动画人物等,更有世界上最小的玩具熊。企划展厅展示的是不同时期各种主题的泰迪玩具熊。

中文海水浴场

　　中文海水浴场为济州最佳观光疗养地,沙滩上有黑、白、赤、灰等各种颜色的沙子,与济州岛的玄武岩形成相互呼应。沙滩右面的悬崖上有天然的海蚀溶洞,后面围着一圈岩石,常作为电影的拍摄场所。游客们可以在此享受冲浪等海上运动,冬季的风浪条件最为适合。

太平洋乐园

　　太平洋乐园位于中文海水浴场入口处,内有以济州海生物为主题的迷你水族馆。乐园内可以看到海豚秀、海狮秀、猴子秀等妙趣横生的表演,一次入场可观看3种表演。表演结束后,可以和动物们合影,也可以参加其他活动。此外,这里还有酒店式的游艇游,可在游艇上享受美食、垂钓、住宿等。

大浦海岸柱状节理带

　　大浦海岸柱状节理带是汉拿山喷出的熔岩流入中文地区前海时冷却而成,由大大小小的四方或六角形的石柱组成。大浦海岸柱状节理带的柱状节理呈四至六角形,仿佛由能工巧匠雕凿而成,景色如画,令人不禁赞叹大自然的鬼斧神工。这里波浪汹涌,惊涛拍岸,蔚为壮观。

济州国际会议中心

　　济州国际会议中心背倚汉拿山,前临蔚蓝的太平洋,在中门观光地带可直接看到一望无际的海面。建筑有地下2层、地上5层,内设有耽罗厅、汉拿厅、三多厅、小型会议室等。

　　这座建筑物被济州岛和周围附属岛屿拥簇在怀抱里,像是项链上的宝石,在自然山水间熠熠生辉。

山房窟寺

　　山房窟寺位于山房山山腰处，山房山与济州其他的山不同，它是没有火山口的钟状火山体。西南侧悬崖上有个高5米的岩石洞，原称山房窟，后因其内供奉着佛像，故称之为寺。在洞内可沿着海岸线看到马罗岛及呈龙头形的海岸。洞顶上一年四季都有水珠滴下，积于洞内。此外，山房山悬崖峭壁上生长着济州独一无二的黄杨木。

旅游资讯
地址 ⊙ 济州岛西归浦市中文洞
交通 ⊙ 济州国际机场乘600路机场大巴在中文区下，或在西归浦市内乘9路、10路市内巴士在旅游区入口下

园区内主要景点指南

景点	开放时间	门票 / 韩元				
		成人		青少年		儿童
		成人（19岁以上）个人	成人团体	青少年（13~19岁）个人	青少年团体	儿童（3~12岁）个人
如美地植物园	9:00—18:00（售票截止时间17:30）	6000	4800	4500	3700	3000
太平洋乐园	"太平洋乐园海豚表演时间表"	12000	12000	10000	10000	8000
泰迪熊博物馆	9:00—18:00（售票截止时间17:30）	6000	5000	5000	4000	4000
天帝渊瀑布	9:00—18:00（11月一次年2月9:00—17:30）	2500	1850	1370	750	1370
大浦海岸柱状节理带	9:00—18:00（11月一次年2月8:00—18:00）	2500	1400	1000	500	1000

注　3岁以下免费。

太平洋乐园海豚表演时间表

时间	第1场	第2场	第3场	第4场	第5场
1月1日—7月19日（除5月5日儿童节）	11:30	13:30	15:00	16:30	
5月5日儿童节及7月20日—8月25日	10:30	12:00	13:30	15:00	17:00
8月26日—12月31日	11:30	13:30	15:00	16:30	

城山日出峰

推荐星级：★★★★★

　　城山日出峰是济州最东边山海相连的地方，看起来像个巨大的城郭，所以取名叫"城山"。这里的日出景象蔚为壮观，被称为瀛洲第一景（济州古称瀛洲）。城山日出峰是中国团队游客最常去的一个景点，春夏爬城山的时候，满眼的绿色带来清新的感觉，山顶是绿色植被覆盖的火山口。此外，城山脚下还有海女表演。

旅游资讯
地址 ⊙ 济州岛西归浦市城山邑城山里日出路272号
交通 ⊙ 济州市长途汽车站坐"东一周"巴士到城山浦站下，下车后顺着城山的方向走
门票 ⊙ 成人（19岁以上）2000韩元，儿童、青少年（3～19岁）1000韩元，其余免费

龙头岩

推荐星级：★★★★★

　　龙头岩位于济州岛汉川下游龙渊以西，由数千年间风化和海浪侵蚀形成。因形状特异，恰似龙啸天之状，而成为济州岛著名的旅游景点。龙头岩是韩国地质变化的实质证据。200万年前因熔岩喷发冷却形成的岩石，凸出独立于海面的狰狞形状，在波涛汹涌之日，让人颇感龙飞冲天的磅礴气势。

旅游资讯
地址 ⊙ 济州岛济州市龙潭1洞
交通 ⊙ 从西归浦市乘坐前往中文—沙溪的巴士，约需40分钟可到

龙头岩诞生传说

　　传说住在济州岛附近海底龙宫的一条龙想要升天，但只有得到汉拿山神仙的玉珠才可以。这条龙用尽各种办法，历经艰辛，终于将玉珠偷到了手。可就在它得手后，逃到海边快要升天之时，却被神仙赶上。神仙搭弓射箭，将这条龙射入海中。龙因升天的愿望没有实现而愤恨不已，想挣扎爬上岸，刚露出龙头，便变成了龙形巨石。龙头岩向东约200米有一处龙池，据说就是这条龙当年嬉游之地，因而得名龙池，也叫龙渊。

城邑民俗村

推荐星级：★★★★

　　城邑民俗村位于汉拿山麓，是完全保存了韩国传统的一处民俗村。这里至今仍保留着民居、乡校、古代官公署、石神像、碾子、城址、碑石等有形文化遗产及民歌、民俗游戏、乡土食品、民间工艺、济州方言等无形的文化遗产，因很好地保留了古代村庄的原貌，被指定为民俗村并受到保护。这里还可以接触到韩国独特的土种文化，了解济州岛独特的居住文化，可以看到那看似堆得稀稀疏疏的挡风石墙（黑熔岩石），为了防止风直接进入里屋而建的"奥来"（窄胡同），还有成为济州岛象征的石神像。

旅游资讯
地址 ⊙ 济州岛西归浦市表善面城邑里987号
交通 ⊙ 在济州市外巴士客运站乘坐表善行巴士到城邑下车，全程需40分钟。

汉拿山国立公园

推荐星级：★★★★★

　　汉拿山国立公园是济州岛最有名的公园，它包括汉拿山周围的景区。汉拿山位于济州岛中部，是韩国最高的山，当地人还有一种说法："济州岛就是汉拿山，汉拿山就是济州岛"。不论从济州岛的哪个角度都能看到汉拿山，而且形状不同，变化莫测。这里美景一年四季不同，无论什么时候来，都引人入胜。

旅游资讯
地址 ⊙ 济州岛济州市海安洞
交通 ⊙ 从济州市外巴士客运站乘坐前往中文市外巴士客运站的巴士
网址 ⊙ www.hallasan.go.kr

牛岛

推荐星级：★★★★★

济州最大的岛，因形如牛躺下时的样子而被称为牛岛，从济州岛坐船才能到牛岛。从牛岛上向下望去，海边的一个个小村庄也别有特色，充满了诗情画意，犹如韩国电影中经常出现的场景一样美丽。岛上因火山而产生的黑色岩石海岸让人印象深刻。这里还有神秘的东岸鲸窟、垂直绝壁，那种雄伟让人惊叹。

旅游资讯

地址 ⊙ 济州岛济州市牛岛面
交通 ⊙ 从济州市外巴士客运站乘坐到城山，搭乘东回线环岛巴士
门票 ⊙ 1500 韩元
网址 ⊙ www.invil.org

影视外景地

牛岛景色优美，有"珊瑚之岛"的美称，成为韩国著名的影视拍摄地。《触不到的恋人》《人鱼公主》等著名电影、电视剧的外景地就在这里。

《触不到的恋人》讲述的是身处于不同时空的一对男女之间的浪漫爱情故事，由全智贤、李政宰主演。影片的画面唯美，感动了无数青年男女，获得了很高的评价。电影里全智贤和李政宰的对白很少，几乎都是通过风景反映人物的性格与心情。影片中全智贤的家乡就在牛岛，两人相约见面的地方就是牛岛的珊瑚海边浴场。那一天，全智贤骑车到达海边，而生活在两年前时空里的李政宰却并未出现，全智贤静静地坐在海边等，画面非常感人。

《人鱼公主》这部电视剧将一段浪漫唯美的苦恋表现得淋漓尽致，童话般的爱情使众多少男少女为之着迷。这部电影的主要情节就发生在陈多莉（柳真饰）所在的济州岛，剧中陈多莉与李赫一起拍摄电影、查询陈多莉父亲死因、智头享根等场景都是在牛岛拍摄的。

专题 Special Topic

美丽的"偶来"

很多人对"偶来小路"都耳熟能详。在济州土话中,"偶来"指的是从各家门口通向大道的小路,曲折幽深的乡间小巷里记录着济州人的生活。利用这些和自然水乳交融的乡村小路,当地人开发了这种特色的"偶来"徒步小路。

● 偶来路线

偶来路线已有26条(主路线21条、副路线5条)在运营之中。无论行走在哪一条路线上,都可以看到绿色的山、清澈的海及小村庄等美丽的济州风景。走完各条路线所需的时间不同,短则3小时,长则7小时,难易度各不相同,可以根据自己的喜好自由选择。

● 寻找偶来路线

在"偶来"徒步小路上,经常可以看到蓝色的箭头标示或用缠绕的黄色缎带做的标示,这是给徒步者辨寻前进方向的指示物。它们一般被设置在路边、树枝、篱笆、岩石或地上,颜色醒目,很容易辨认,人们一般不会迷路。

● 偶来徒步游必备小参考

鞋:运动鞋、登山鞋是最基本的要求。如果夏天前往,可准备一双能在沙滩上穿的凉鞋。

外套:济州岛因风多、雨多,需要准备雨衣和外套。

旅行手册:济州国际机场咨询服务处免费提供旅行手册。住宿、饮食等设施的信息都有相关介绍指南。

◆ 特色路线推荐

偶来特色路线推荐		
路线	路线经过	信息
路线1：始兴小学—广峙其海滩	始兴小学→济州偶来咨询所→抹眉岳→卵岳→终达小学→终达里盐田→木花休息处→始兴海女之家→吾召浦烟台→城山闸门→城山浦港入口→Teojin木4·3遗址→广峙其海滩	距离：15.6公里 所需时间：4～5小时 难易度：中
路线2：广峙其海滩—温平浦口	广峙其海滩→内水面堤防路→食山峰→足止水→吾照里城址入口→红超市→高城里敬老堂→大水山峰入口→放马牧场（温平）入口→婚姻池→温平浦口	距离：16.2公里 所需时间：5～6小时 难易度：中
路线3：温平浦口—表善哈维奇海边	温平浦口→兰山里→桶岳入口→独子峰入口→独子峰出口→金永甲画廊→新丰十字路→新丰新川海洋牧场→嗦囊林路→下川里饿了的桥→下川里休息处→表善哈维奇海边	距离：20.7公里 所需时间：6～7小时 难易度：高
路线4：表善哈维奇海边—南元浦口	表善哈维奇海边→堂浦浦口→沼泽滩→海洋水产资源研究院→加麻里浦→海兵队路→兔山散步路→南国生鱼片店→望ींgom入口→望岳山顶→兔山峰隧→灵泉寺→三石桥→体育公园→伐浦烟台→南元浦口	全长：22.9公里 所需时间：6～7小时 难易度：高
路线5：南元浦口—牛沼河口	南元浦口→济州国际研修院→肯瀚胜地散步路入口→歆阁穆尔→济州水产研究所→细川谷→照拝莫徳儿靠地→呢唔碧儿磊→新礼2里福祉会馆→礼村望→牛沼河口	距离：14.7公里 所需时间：4～5小时 难易度：中
路线6：牛沼河口—独立岩	牛沼河口→生二岳→守寺人岳→甫木浦口→龟头尾浦口→小天地→甫木污水处理厂→戈门余休息站→济州偶来事务局→ A. 昭严美术馆→李忠燮街→西归浦OLLE市场→诗公园 B. 西归浦港→诗公园出口→天池渊自然瀑布→红豆树十字路→三梅峰→独立岩	距离：14公里 所需时间：4～5小时 难易度：低
路线7：独立岩—月坪村啊窝囊木	独立岩→暴风的山丘→板木道尽头→内谷→秀峰路→法还浦口→杜末尼暮→一江汀海偶来→西乾岛前面→海滨邮电局→江汀川→江汀浦口→月坪浦口→跳神堂散步路→月坪村啊窝囊木	全长：13.8公里 所需时间：4～5小时 难易度：高
路线7-1：世界杯竞技场—独立岩	世界杯竞技场→大新中学→月山洞入口→瀚渡瀑布→孤根山山顶→济南保育院→西好小学→翰农火山→三梅峰旁道→独立岩	全长：13.8公里 所需时间：4～5小时 难易度：高

济州岛交通的4大警示

济州岛位于韩国最南端,飞机是前往济州岛最方便的交通方式,也可以选择乘坐渡轮前往。岛上交通便利,主要公共交通工具有巴士和出租车。

1 购买廉价机票

前往济州岛的机票很多,根据时间、季节等不同,价格会有很大区别。想要获得优惠,可提前预订机票。在淡季时购买机票,有时只要几百人民币就可以。在春季,济州岛有盛大的樱花节与油菜花节举行,此时来济州的游客较多,最好提前一个月左右预订机票。

2 搭乘渡轮看海上风光

渡轮不仅可以搭载乘客,还可以运输车辆,使游客可以驾车旅行(有的渡轮不能运输车辆,最好提前向海运公司咨询)。在渡轮上,不仅可以欣赏大海风光,还能看到美丽的日出和日落景色,使旅行变得更加浪漫。

3 自驾的感觉相当不错

在济州岛,开车自驾是游览美景的最好方式之一。岛上景点比较分散,但公路将各个景点都串连在一起。其中12号环线公路是海岸公路中最经典的线路,路上有许多出口连接大海。细花—城山日出峰公路、新山里—城山日出峰公路、下贵—涯月海边公路、松岳山—山房山海边公路景色最优美。不过,一些旅游点的道路路面狭窄,随时有农用机械车或家畜突闯的可能,而且随着地域气象变化多端,驾驶者须注意。

4 乘出租车要认准方向

济州岛出租车的乘车站有"济州市区方向出租车"和"西归浦方向出租车"两个乘车站,可根据自己目的地选择相应的乘车方向。值得一提的是,侧身有红、黄、绿3种条纹的出租车,代表20年以上无事故司机驾驶车辆。

飞机

济州国际机场位于济州岛济州市龙潭 2 洞,是韩国的 5 座国际机场之一,离济州市中心约 7 公里,机场到市中心约 20 分钟。机场开通了与中国、日本等国家的国际路线,韩国国内有仁川、金铺、光州等 13 条航线。中国的北京、上海、大连、长春、沈阳等有直达济州岛的航班。

● 机场交通

巴士

机场有多种交通工具可以前往济州市、西归浦市。从 1 号门出来有 600 路豪华巴士,途经济州市区、中文观光区和西归浦市等地,经过各主要酒店都会停车,运营时间为 6:20—22:00,每 18~20 分钟一班。大巴内有中文广播,不懂韩语也能安心乘坐。从 2 号门出来可以乘坐前往市中心、市外巴士客运站的巴士,包括 36 路、37 路、100 路、200 路、500 路等巴士,票价 1000 韩元,但没有中文广播。

巴士线路信息		
巴士	目的地	经过站点
36 路市内公交	外岛 / 月坪	外岛→梨湖→道头→西中→五日场→堤城村→文化颜色→水协岛支会→机场→龙胆→观德亭→中央路→光阳→市政府→女高中→晨星女中学、高中→月坪(济州大学)
37 路市内公交	济州大学 / 下贵	济州大学→女高中→市政府→光阳→中央路→观德亭→龙胆→机场→新济 R→水协岛支会→汉拿医院→西中→梨湖→外岛富荣→下贵
100 路市内公交	汉拿大学 / 三阳	汉拿大学→莲洞地区→堤原→水协岛支会→新济州→机场→终端站→中央路→东门→女商业高中→仁和洞→天水洞→五贤高中→禾北南门→三阳
200 路市内公交	观光台(环线)	观光台(老衡住公)→老衡五岔路口→汉拿医院→堤原 A→新济州 R→终端站→仁济→东门 R→观德亭→龙胆→机场→新济州 R→堤原 A→汉拿医院→老衡五岔路口→观光台(老衡住公)
500 路市内公交	汉拿大学 / 济州大学	汉拿大学→老衡五岔路口→汉拿医院→堤原 A→新济州 R→机场→龙胆→中央路→市民会馆→光阳→市政府→女高中→济州大学
600 路豪华巴士	机场 / 西归卡尔酒店	机场→ The Hotel →万丽海景酒店→如美地植物园→君悦酒店→济州新罗酒店→斯威特酒店→韩亚酒店→乐天酒店→韩国公寓大厦→韩国观光公司→太平乐园入口→ CSN 酒店→济州国际会议中心→西归浦世界杯赛场→新庆南酒店→西归浦码头→天堂酒店入口→西归卡尔酒店

出租车

航站楼前面有出租车站台，出租车有短途、长途之分。短距离站台前往济州市全境，往西有涯月、翰林地区，往东有朝天、金宁地区；长途站台主要前往北济州郡、南济州郡、中文、西归浦地区。

渡轮

济州港是济州与外界交流的主要港口，轮船接仁川港、丽水港、木浦港等。出发时间30分钟以前可以在港口客运站取票，旺季时建议在出发1小时前。部分渡轮不仅可以搭载乘客，还可以运输车辆，方便游客驾车旅行。韩国各大城市都可以坐渡轮到济州岛。搭乘渡轮的游客不仅可以欣赏大海风光，还能看到美丽的日出和日落景色，使旅行变得更加浪漫。

济州岛渡轮信息					
航运公司	航行路线	渡轮名称	电话	单程费用/韩元	网址
Skferry航运	釜山—济州	Seogyeong-Paradise号	釜山：051-4695994 济州：064-7511901	43000~170000	www.skferry.co.kr
		Seogyeong-Ireland号		43000~340000	
Sea World高速渡轮	木浦—济州	Sea Star Cruise号	木浦：061-2431927 济州：064-7584234 海南：061-5375500	30000~300000	www.seaferry.co.kr
		粉红海豚号（不能运输车辆）		38000	
		皇家明星号		38000~43000	
韩一高速	莞岛—济州	韩一快速渡轮1号	莞岛：061-5548000 济州：064-7515050	24750~52900	www.hanilexpress.co.kr
		Blue Narae号		35500~42500	
		韩一快速渡轮3号		24750~26850	

巴士

● 济州旅游巴士

来济州岛的游客按照旅行日程购买相符的旅游巴士自由使用券,可方便观光济州岛东部或西部循环一线。不仅适合新婚旅行,对于小团体、自由旅行的游客也是不错的旅游方式。

济州岛旅游巴士信息		
名称	站点	费用
西部一路观光路线	济州机场或酒店前—神秘的小鬼道路—雪绿茶博物馆—幸福城—小人国主题公园—午餐(自助餐)—中文海水浴场自由散步路—西归浦70里游览船观光(可选择)—参观观光农园—结束旅行到达济州机场	1天定期券(东部一线或西部一线+门票+午餐):成人(19~64岁)35000韩元,儿童、长者、残疾人、济州岛民、团体28000韩元; 2天定期券(东部一线或西部一线,含门票、午餐):成人(19~64岁)55000韩元,儿童、长者、残疾人、济州岛民、团体44000韩元
东部一路观光路线	济州机场或酒店前—龙头岩—选购济州土特产品—济州马放牧场—蒙古人马上表演(可选择)—骑马体验(骑马场)—城邑民俗村—午餐(传统猪肉饭)—日出乐园(美千窟)—涉地可支、经过沿海道路—海女博物馆—渔村体验场—旅行结束到达济州机场	

🔹 市外巴士

在济州岛内全境运行的巴士为市外巴士,济州市、西归浦市分别有市外巴士总站。济州市的市外巴士总站位于济州市吾罗一洞244号,客运站的售票处在岛的西南、东面各有一个,当日购票即可乘坐。西归浦市的巴士总站位于中央交通岛的西南方向,售票处、乘车处均按前往济州市的线路和其他线路而区分。

市外巴士区间费用

各区间费用系统	1区间（基本区间）	2区间	3区间	4区间	5区间
区间制费用/韩元	1000（蓝色）	1500（黄色）	2000（绿色）	2500（橘黄）	3000（红色）
区间费用适用路线	市外巴士10个路线，但机场大巴路线（1000～5000韩元）除外				

市外巴士信息

名称	时间
一周东环线（济州—城山—西归）	5:40—21:00，每20分钟一班
一周西环线（济州—高山—西归）	5:40—21:00，每20分钟一班
5·16道路（济州—城板岳—西归）	6:00—21:30，每15分钟一班
中文高速化（济州—中文—西归）	6:00—21:40，每10分钟一班
东部观光繁荣路路线（济州—城邑—表善民俗村）	6:10—21:30，每20分钟一班
南朝路（济州—南原—西归）	6:00—21:20，每20分钟一班
西部观光平和路路线（济州—东光—摹瑟浦）	6:00—21:25，每15分钟一班
1100道路（济州—灵室—中文三岔路口）	6:30—16:00，每1～1.5小时一班
邑面循环、中山间路线（济州—老衡—翰林中山间路线等19个）	6:37—20:35，每小时一班
机场大巴（济州机场—中文观光地—西归浦酒店）	6:20—22:00，每15分钟一班
城山码头—济州客运站	6:25—20:35，每小时一班

● 市内巴士

市内巴士在济州市、西归浦市中心及周边郊区运行,分为普通巴士和座席巴士,一般不设找零,运行时间:6:00—22:30,5:40—21:00。价格为普通巴士550韩元,座席巴士600韩元;车费可能根据乘坐路线不同而不同。

济州市巴士

在济州市中心和郊区运行,有60多条线路,经过南门交通岛和中央路的线路较多,如果认识韩文则比较方便。途经市外巴士总站的线路较常使用。

西归浦市巴士

在西归浦市中心和郊区运行,途经中央交通岛、中正路的济州银行前的巴士线路很多,8路和110路有比较多的游客乘坐。

济州市主要巴士线路	
线路	主要站点
14路	观光高中、中央路、山阳
30路	济州大学、中央路、道头、下贯
41路	观光高中、市外巴士总站
887路	济州大学、下贯、梨湖2洞、中央路

西归浦市主要巴士线路	
线路	主要站点
6路	中央交通岛、市政府、大坪、5日市场
8路	中央交通岛、西归浦港、天地渊瀑布停车场
110路	中文观光区

出租车

济州岛上没有模范出租车，黑色车身的出租车也是普通出租车，00:00—4:00 乘车需支付 20% 的深夜附加费。包车旅游时，费用通常 40000 韩元/半天，80000 韩元/天，但价格可能会有所变动。

济州岛出租车的价格			
类型		普通出租车	大型出租车
起步价		2200 韩元（2 公里）	3300 韩元（2 公里）
追加费	按距离	追加 100 韩元/146 米	追加 200 韩元/194 米
	按时间	追加 100 韩元/38 秒	追加 200 韩元/50 秒

租车自驾

济州岛内道路纵横交错，租车驾驶旅行非常方便。游客满 22 岁以上、有 1 年 6 个月以上驾驶经验者，外国人持有国际驾驶执照者皆可租借汽车。在济州国际机场入境等候室前设有租车公司柜台，可以在现场租车，也可以提前网上预订。汽车出租费随车型、使用时间、出租公司的经营状况等而有所不同，基础费含养路费、保险金及附加税。通行费、停车费、油费则另计。如果事先预约，从机场即可使用。

开车时，车辆要右侧通行，司机座位及乘坐人员均需系安全带，市内大部分地区限速为 60 公里/小时。环岛的 12 号公路是自驾车游览的经典线路。

租车程序：租车服务台咨询后，填写租借车合同→与职员一起确认车辆状态及油量，并在合同上记载→自由驾驶→和职员一起确认车辆状态及油量→返还车辆。

机场租车公司推荐			
名称	电话	位置	网址
济州租车	064-7423307	1 楼国内线入境等候室前面	
锦湖租车	064-7438107		www.kumhorent.com
济州道租车组合	064-7474301		www.jejura.or.kr
AVIS 租车	064-7493773		www.avis.co.kr

住 济州岛住宿的 3 大选择

济州岛具有代表性的繁华街道内各式酒店、旅馆密集，在这些地方投宿最大的好处是交通便利，设施齐全，还有 24 小时运营的各种影院等服务场所开放。

1 度假酒店

济州岛有许多度假酒店，设施齐全，环境舒适，是不错的住宿选择。入住酒店时，可自取标有酒店名称、地址、电话的名片或抄录下来以备急用。在酒店内不能大声喧哗，也不要穿着睡衣、拖鞋在酒店内走动。客房一般不备牙具等洗漱用品，房内设有收费的电视节目，饮料、茶点都收费。

2 民宿

如果想享受一个没有喧闹、干扰，能安静地欣赏大自然的旅行，可以选择入住民宿。入住民宿，可以亲身体验韩国家庭日常的饮食起居及民俗文化。不过由于民宿是寄宿在当地百姓家里，因此一些生活设施不会像酒店或公寓里那么齐备。在决定入住前，可先弄清楚房间里是否有空调、浴室等。当地不是很通行英语，如果不懂韩语，建议订宾馆或酒店。

3 露营地

在济州岛，如果想找一些便宜的住所，露营地是一个不错的选择，这里环境怡人，价格合理。近年来选择露营的人越来越多。在济州，提供装备的露营地如雨后春笋般兴起，被称之为豪华露营（Glamping）。汽车露营（Auto Camping）受到驾车族的欢迎，场地上除了搭建帐篷外，还有露营车（Caravane）与拖车（Trailer）。提供露营场地的海边有梨湖、郭支、挟才、金陵、中文、咸德、金宁、表善等。

济州岛度假酒店推荐

◆ JM 酒店

JM 酒店位于济州国际机场附近，内部设施齐全，环境干净舒适，有免费的 Wi-Fi。有双人间、豪华双人间、韩式房等房型，免费提供洗漱用品、护肤霜、面膜等。

旅游资讯
地址 ⊙ 济州岛济州市三无 1 路 10-7 号
电话 ⊙ 064-7476767
网址 ⊙ www.hoteljm.co.kr

◆ 劳格客栈

劳格客栈位于济州牛岛最美丽的珊瑚海水浴场，窗外的城山日出峰、月朗峰、海边落日令人难忘。客房主要有甜蜜套房、情侣套房和家庭套房三种类型。有烧烤场、小卖部、原木秋千等设施。

旅游资讯
地址 ⊙ 济州岛济州市牛岛面牛岛海岸路 262 号
电话 ⊙ 064-7828212
网址 ⊙ www.log-house.co.kr

◆ 海维彻酒店

海维彻酒店是韩国客房面积最大的酒店，部分客房设有室外阳台和宽敞的浴室，8 层、9 层还提供行政楼层专用休息厅。酒店内有 14 个大规模的演出厅，还有休闲餐厅、露天泳池、儿童娱乐区、练歌房等一系列设施。

旅游资讯
地址 ⊙ 济州岛西归浦市表善面民俗海岸路 537 号
电话 ⊙ 064-7808000
地址 ⊙ www.haevichi.com

葡萄酒店

葡萄酒店是一个可以让人在传统气息里感受到惬意生活的酒店。房间内可以将汉拿山、火山丘、大海和岛屿的美景尽收眼底。矿物质的温泉浴是这里的一大特色。

旅游资讯
地址 ⊙ 济州岛西归浦市安德面山麓南路 863 号
电话 ⊙ 064-7928000
网址 ⊙ www.podohotel.co.kr

大国艾琳酒店

大国艾琳酒店为典型的欧式优雅风格，周边被优美的风光包围。酒店内有几间窗帘、墙纸、油画等内部装潢会随着季节变化而改变的客房。酒店有咖啡馆，提供免费 Wi-Fi。选择在这里休假，可以感受到由内而外的放松。

旅游资讯
地址 ⊙ 济州岛西归浦市中汀路 5-15 号（西归洞）
电话 ⊙ 064-7630002
网址 ⊙ www.isleinnhotel.co.kr

济州岛民宿推荐

海奥鲁姆民宿

在海奥鲁姆民宿能欣赏到汉拿山山景，以及海上的日出、夕阳和夜景，距咸德海水浴场和三阳海水浴场仅 5 分钟车程，距机场 20 分钟，交通方便，是全家人度假的良好休息场所。

旅游资讯
地址 ⊙ 济州岛济州市朝天邑新村 10 路 41-1 号
电话 ⊙ 064-7826011

● 好心情民宿

好心情民宿位于金宁港南边，房间有单身公寓、独栋房屋等可选择。周边有金宁海水浴场、迷宫公园、万丈窟、偶来20号路线等观光景点。

旅游资讯

地址 ⊙ 济州岛济州市旧左邑仙游路36号
网址 ⊙ cafe.naver.com/01066931293

● 晚霞浸染的庭院

晚霞浸染的庭院位于连接摹瑟浦巷和遮归岛的西边海岸道路中间地段，在偶来12号路线海岸道路南边的起点处。客房内可以看到壮观的海景和梦幻般的晚霞，户外有烧烤设施。

旅游资讯

地址 ⊙ 济州岛西归浦市大静邑老乙海岸路416路
电话 ⊙ 064-7920707
网址 ⊙ www.jejunolddle.co.kr

● 夏海原木房屋

夏海原木房屋客房内外均为松树原木建造，全部客房均可观海景，周围观光景点众多。有单独烧烤设施可免费使用，并有原木秋千供娱乐。

旅游资讯

地址 ⊙ 济州特别自治道西归浦市安德面大坪千山路86号
电话 ⊙ 064-7383599
网址 ⊙ jejuhabada.com

济州岛客栈推荐

● 偶来客至客栈

偶来客至客栈位于济州西边的翰林海岸道路上，为济州传统的石头房，客房有宿舍式和家庭式两种。客栈拥有便利店和咖啡店，为顾客提供方便。附近有海女学校，可提供到济州大海中体验的机会。

旅游资讯

地址 ⊙ 济州岛济州市翰林邑翰林海岸路590号
电话 ⊙ 064-7969095
网址 ⊙ cafe.naver.com/ollecozyhouse

● 你和我客栈

这是一家为背包客提供舒适的休息空间和旅游信息交换场所的干净的客栈。提供双人间、双床间、三人间、6人宿舍、4人宿舍等房间，设有茶室、厨房、免费国际电话、免费网络等设施。

旅游资讯
地址 ⊙ 济州岛济州市光阳8路1-2号（二徒2洞）
电话 ⊙ 064-7535648
网址 ⊙ www.uniguesthouse.com

● 涉地岬客栈

涉地岬客栈位于去往涉地岬的最后一个村庄，距离涉地岬仅5分钟距离，在客厅里就可以观望涉地岬和城山日出峰的全景。海景别墅前便是新阳海水浴场，别墅临近城邑民俗村、城山日出峰、牛岛等景点，是观光住宿的最佳选择。

旅游资讯
地址 ⊙ 济州岛西归浦市城山邑新阳路122支路24
电话 ⊙ 064-7822889
网址 ⊙ www.seopjikoji.com

● 尽管如此客栈

尽管如此客栈（原公荐客栈）不仅为游客提供住宿的空间，更为游客提供一个与人交谈和分享音乐的机会。这里有烧烤设施可使用。

旅游资讯
地址 ⊙ 济州岛西归浦市南元邑泰新路22号

济州岛汽车旅馆推荐

◆ 新格林汽车旅馆

新格林汽车旅馆位于风景秀丽的表善海水浴场内，旅馆干净、舒适，设施齐全，很受以家庭为单位的游客的欢迎。在客房里可欣赏到壮观的海上日出，在这里还可以享受钓鱼、游泳的乐趣。

旅游资讯
地址 ⊙ 济州岛西归浦市表善面表善白沙路 119 号
电话 ⊙ 064-7870777
网址 ⊙ www.greenbeach.kr

◆ 五堂汽车旅馆

五堂汽车旅馆位于济州港码头客运站附近，以低廉的价格让游客享受舒适的住宿，一楼大厅可上网。周围有纱罗峰散布小路、国立博物馆、塔洞广场和西码头生鱼片村等，便于观光、购物。

旅游资讯
地址 ⊙ 济州岛济州市东门路 135 号（健人洞）
电话 ⊙ 064-7226023

◆ 山居汽车旅馆

山居汽车旅馆位于咸德海水浴场附近，可以观赏到咸德海水浴场的白沙碧海。客房正对汉拿山，有餐厅、KTV、超市、游戏室等便利设施。附近有北村钓鱼场，可一享钓鱼的乐趣。

旅游资讯
地址 ⊙ 济州岛济州市朝天邑新北路 621 号
电话 ⊙ 064-7829666

● 爱酷思汽车旅馆

该旅馆是以家庭为居住单位的观光汽车旅馆，客厅及浴室空间宽大，设计独特，曾获得韩国优秀民宿奖。旅馆位于偶来小路9号路线终点处和10号路线起点处的和顺金沙滩海边，附近有众多的旅游景点，闲暇之余还可以体会打高尔夫球和钓鱼的乐趣。

旅游资讯
地址 ⊙ 济州岛西归浦市安德面和顺中央路54-5号
电话 ⊙ 064-7922341
网址 ⊙ alljeju.co.kr

● 济州偶来汽车旅馆

这家旅馆位于生活便利的新济州地区，客房宽敞洁净，各种设施齐备。附近饭店林立，临近三无公园、道政府等观光、购物场所和公共机关，非常便利。

旅游资讯
地址 ⊙ 济州岛济州市三无路5支路8号（莲洞）
电话 ⊙ 064-7461501
网址 ⊙ www.jejuollehmotel.co.kr

济州岛露营地推荐

● 济州治愈营地

济州治愈营地是一个位于山林峡谷间的休闲疗养胜地，除了可以感受野外露营的乐趣，还可以到游泳馆、雪橇场、动物农场等进行丰富多彩的体验活动。

旅游资讯
地址 ⊙ 济州岛济州市加令谷路47号
电话 ⊙ 064-7121012
参考费用 ⊙ 游泳场5000韩元/天，雪橇场5000韩元/10次；两项都玩8000韩元，使用野营场的顾客5000韩元，露营器材费用另算

🌀 风停留之处

该露营场处在偶来小路 6 号路线甫木浦口和寺岳中间,可将大海风光一览无余。营地提供卫生间、淋浴场、饮水台、Wi-Fi 等。在这里还可以进行钓鱼、抓海螺、浮潜体验。

> **旅游资讯**
> 地址 ⊙ 济州岛归浦市甫木浦路 65-6 号(甫木洞)
> 网址 ⊙ cafe.naver.com/33jeju

🌀 百利榻露营场

这个野营场是首家被批准经营的私立摩托野营场,设有多个野营位,保障野营者的隐私,每月还会举办一次乐队和木吉他演出。周边有冬柏东山、拒文岳、咸德海水浴场等,也是旅游住宿的最佳选择。

> **旅游资讯**
> 地址 ⊙ 济州岛济州市朝天邑中山间东路 1194 号
> 网址 ⊙ www.beliita.com

🌀 济州卡卡欧露营场

这是济州最早的野营设备出租专门店,从 1 人用的帐篷到 8~9 人用的大型帐篷都有,另有遮阳棚、各种野营桌椅、野营炉、睡袋等出租。提供个人、家庭或团体需要的多种野营设施设备及野营套餐。

> **旅游资讯**
> 地址 ⊙ 济州岛济州市西环岛路 7867 号(莲洞)
> 参考费用 ⊙ 1~2 人用帐篷 15000 韩元起,生活帐篷 35000 韩元起,帐篷套装 5 万韩元起,生活帐篷套装 6 万韩元起
> 网址 ⊙ cafe.naver.com/jejukakaocamping

吃 食在济州岛的 3 大体验

济州岛以新鲜海产品闻名,这里的海鲜、土产不容错过。游客必点菜式是盛名远播的土种黑猪肉,鲍鱼粥也是济州岛很受欢迎的传统美食。此外,砂锅海鲜、烤玉鲷、白带鱼南瓜汤等料理都是比较传统的济州风味。

1 学会找到好的餐厅

在济州岛吃饭,想要找到好的餐厅,可以询问酒店服务员,听一下司机、导游的推荐。秘诀是门口停大巴多的不进,停小车多的进;餐厅外国人多的不进,本地人多的进。这样可以吃到当地最原味的最正宗的美食。

2 点餐也有讲究

韩国的餐馆经营品种很单一,做海鲜的店不会卖黑猪肉,烤黑猪肉的店不卖参鸡汤,所以菜单也很简单,有的有日语、英语甚至中文,看不懂文字可以看图片,什么都没有也不要紧,事先用韩文写好你想吃的东西,直接给服务员看就行。

3 不容错过的海鲜大排档

海鲜是济州岛一大特色美食,几乎每个人来此都会品尝。吃海鲜最佳去处是海边的大排档,这里的海鲜都用水箱养着,看上去十分鲜活。在这里吃海鲜,不仅花钱较少,还可以见到当地人生吃海鲜的情景。

尽享济州岛最地道的美味

● 生鱼片

生鱼片是济州岛海产中的极品。鲜嫩美味的生鱼片让人食欲大增。济州生鱼片的原料有嘉吉鱼、鲍鱼、海螺、盛蟹等,其中味道最佳的当数嘉吉鱼。

● 黑猪肉

黑猪肉是济州岛大名鼎鼎的美食,在绿色草原养大的猪,肉质和味道更是上乘,非常有嚼劲。烤熟后可加以大葱、蒜、芝麻、盐、胡椒粉等各种酱料调味,效果会很不一样。

● 鲍鱼粥

鲍鱼粥营养价值高,对恢复肝功能有特效。济州岛海域风浪大,不适合养殖鲍鱼,这里出产的鲍鱼都属自然生长。城山浦鲍鱼粥最为著名,约20000韩元一碗。

● 烤玉鲷

烤玉鲷味道纯正清淡,没有普通鱼类的腥味,富含蛋白质和无机物。将玉鲷涂上香油,然后放在木炭上略烤,烤的时候就清香四溢,鱼肉入口更是妙不可言。

● 五梅汽酒

五梅汽酒是指以粘谷糕为原料酿造而成的一种清酒,该酒是济州岛最具代表性的土俗酒。

● 海产火锅

济州岛海产品繁多,想要大快朵颐,可以选择吃最有名的海产火锅。海产火锅放满了海产品,盛蟹、对虾、嘉吉鱼及其他济州岛的海鲜,佐以韩国风味特别的辣酱,令人回味无穷。

● 糖水蜜橘

糖水蜜橘主要采用济州岛盛产的蜜橘为原料,把蜜橘去皮后,每块放在蜜橘汁和白糖水里,再放松子。清甜可口,不容错过。

● 带鱼南瓜汤

带鱼南瓜汤用钓来的新鲜带鱼和南瓜为材料做成,把洗净的带鱼放在开水里煮熟,再放南瓜熬成汤,使带鱼具有香甜味,味道非常可口。

济州岛特色美食街

● 西码头名品生鱼片一条街

在济州港西码头的防波大堤周围,聚集着众多的生鱼片店。可在此品尝到生鱼片、海鲜菜肴、鲜辣味美的辣鱼汤、鲜鱼粥等。

旅游资讯

交通 ⊙ 从济州国际机场乘38路、100路、300路巴士在东门环岛下,沿着山地川往大海的方向走;或在客轮码头乘92路巴士在塔洞常青憩园站下

● 面条文化街

面条文化街位于济州市内的二徒洞，吸引着济州人和游客们前往。这里林立着众多面馆，不分昼夜以美味丰盛的面条诱惑着人们的味觉。

> **旅游资讯**
> 地址 ⊙ 济州面条文化街
> 交通 ⊙ 济州国际机场乘36路、100路、500路等巴士在三星小学站下，在KAL饭店十字路口往右拐

● 七十里特色美食街

从西归浦市徐福展示馆到天地渊广场的范围被选定为西归浦七十里特色美食街，各色饮食店聚集于此。山鸡荞麦面、生鱼片、鲍鱼粥等济州风味名吃应有尽有，可一次性饱尝原汁原味的济州乡土传统美食。

> **旅游资讯**
> 地址 ⊙ 西归浦市徐福民示馆至天地渊广场约1.2公里范围
> 交通 ⊙ 济州国际机场乘开往西归浦方向的600路巴士在天地渊车站下

● 黑猪肉一条街

这条街是猪肉餐馆的聚集地，这些餐馆约定只使用济州出产的黑猪，来到这里不用担心吃不到济州岛正宗的地方猪肉。

> **旅游资讯**
> 地址 ⊙ 济州健入洞黑猪街
> 交通 ⊙ 济州国际机场乘37路、100路、500路等巴士在中央路十字路口下，于SC第一银行左拐

● 龙头海岸咖啡一条街

龙头海岸咖啡一条街靠近海滨公路，这里林立着美丽而精巧的咖啡馆，夜晚与大海的景观融为一体，充满了质朴而优雅的诗意。这里可以驾车兜风，还可以在充满情调的咖啡馆喝上一杯浓浓的咖啡。

> **旅游资讯**
> 地址 ⊙ 济州龙头岩与梨湖筏船海水浴场的道路上
> 交通 ⊙ 济州市乘和顺至沙溪间的市外巴士或在西归浦市乘中文至沙溪间的环行巴士在龙头海岸下

济州市美食地

● 豚

豚，是一家专门卖菜板切肉的餐厅，深受济州岛人喜爱。猪肉是济州岛最有名的肉，这里的猪肉不是简单地烤着吃，而是采用济州岛传统方式制作。这里除了菜板切肉外，还有烤黑猪肉和石锅饭等美味。

> **旅游资讯**
> 地址 ⊙ 济州岛济州市健入洞1399-3号
> 交通 ⊙ 济州市区乘坐塔洞方向的巴士，在济州世界前下

🔴 黑豚家

　　黑豚家是一家主营本地特色烧烤的餐馆，装潢简约、雅致、温馨。调味烤黑猪肉是这里的一绝，精选新鲜带皮的厚切黑猪肉，配以特制调料，猪肉多汁而不腻，赢得了众多食客的青睐。

旅游资讯	
地址 ⊙	济州岛济州市老衡洞 1509 号
交通 ⊙	乘 100 路公交在耽罗图书馆下

🔴 济州翰林公园石爷爷

　　这家店位于翰林公园财岩民俗村，外观是茅庐，具有浓厚的济州地方特色，专营济州传统清淡菜。此店名菜有炭烤济州土种猪、海鲜绿豆饼、海胆汤等。另外，根据季节特点，夏季有凉爽的草本冷面、冷冻西瓜，冬季有清淡的雉鸡肉和雉鸡肉馅饼等时令菜。

旅游资讯	
地址 ⊙	济州岛济州市翰林邑挟才里 2487 号
交通 ⊙	从济州市外巴士客运站搭乘西回线市外巴士在翰林公园站下

🔴 海进生鱼片屋

　　海进生鱼片屋位于济州市塔洞西码头防波堤入口处，二楼至三楼设有落地窗，可一边眺望大海的美景一边品尝新鲜的生鱼片等海味。这里的生鱼片采用独特的韩国吃法，可以蘸上辣椒酱，用生菜或紫苏叶包着一起吃，非常美味。

旅游资讯	
地址 ⊙	济州岛济州市健入洞 1435-2 号
营业时间 ⊙	10:30—24:00

🔴 秘苑餐厅

　　秘苑餐厅的主打是参鸡汤，整家店只做参鸡汤，汤里有一整只鸡，肉嫩汤浓，味道清淡。还会免费赠送很多小菜，受到很多游客的推荐。这家餐厅的位置有点偏，餐厅提供免费的叫车服务。

旅游资讯	
地址 ⊙	济州岛济州市老衡洞 100 号

西归浦市美食地

● 济州马苑

济州马苑位于中文观光区内，建筑为古朴的传统房屋，由主馆、露天庭院和别馆三部分组成。露天庭院和别馆可承办各式宴会活动，主馆主要用于大部分顾客的就餐。在这里可以品尝各式马肉菜肴及当地特色菜肴。推荐烤马肉、烤黑猪肉、烤牛排、砂锅鲍鱼等。

旅游资讯
地址 ⊙ 济州岛西归浦市穑达洞3092号（中文观光区内）
交通 ⊙ 乘600路机场大巴在济州新罗酒店站下，对面即是

● 茉莉花

这是一家中式餐馆，无边碧海及蚊岛、森岛、虎岛的景色等可在这里一览无余。由于这里风景秀丽，前来用餐的人络绎不绝，这里也是举行商务活动和当地居民聚会的地方。推荐八宝菜、锅巴汤、红椒虾、茉莉花茶等。

旅游资讯
地址 ⊙ 济州岛西归浦市吐坪洞2712号
营业时间 ⊙ 10:00—21:30
网址 ⊙ www.morihwa.co.kr

● 中文新罗园

中文新罗园是一家环境和食物都一流的饭店，在这里可以吃到马肉、黑猪肉、鲭鱼、玉鲷和鲍鱼粥等济州特色美食。野外设有凉台，吃完美食后还可以到邻近的中文海水浴场游玩嬉戏。

旅游资讯
地址 ⊙ 济州岛西归浦市色达洞天帝渊路107号
营业时间 ⊙ 10:00—22:00

● 济州味香

济州味香位于济州中文旅游区，以新鲜的海鲜出名，推荐品尝新鲜的带鱼、鲭鱼等菜肴。在这里用餐，可将碧绿的大海、如美地植物园、仙女桥的美景尽收眼底。

旅游资讯
地址 ⊙ 济州岛西归浦市穑达洞2477号
营业时间 ⊙ 9:00—22:00

淘购在济州岛的 3 大秘笈

在济州，根据购物计划的不同可分别选择不同的购物场所。如果想要购买济州特产，到旅游特产品综合店是最合适的选择；如果想了解济州岛的传统生活文化及购买土特产时，5日市场或传统市场则是好去处。此外，这里还有很多免税店，也是不可错过的地方。

1 在不同的地方购买不同的商品

乐天免税店和新罗免税店是购买化妆品的好地方，而且价格比较便宜；衣服之类的可以前往中央地下购物街，那里比较大。由于济州岛没有加工厂，大部分东西都是从首尔运过来，所以价格会比首尔贵一些，但质量很好。

2 在传统市集感受当地人的生活风貌

济州岛有许多传统市集、超市大卖场与购物区，在这些地方，各类日常生活用品、水果、农产品乃至草药商品种类齐全，因价格低廉而受到济州岛居民及外地游客的欢迎。来此地购物，可以感受到济州人的真实生活风貌。

3 选购特色产品

到了济州岛，少不了要买些具有济州岛特色的礼品，比较有当地特色的礼品有土布衣、石头爷爷、靖洞帽子等民俗工艺品及土特产等。韩式的小饰品和化妆品也是不错的选择。此外，济州的土产蜂蜜、济州干玉鲷、汉拿峰柑橘等土特产在各大超市都能买到，也是购物的选择之一。

名品特产

♦ 工艺品

这里的商品丰富多彩，独具匠心，制作精良，来自于不同民族，还有著名景点的小模型，极具特色和城市风光。

♦ 土产蜂蜜

这里景色天然，生长着大片吸引蜜蜂的树。从济州的蜜柑和油菜花种抽出来的蜜，具有独特的香气和味道。在土产蜂蜜中加仙人掌而做成的产品广受游客喜爱。

♦ 土布衣

济州人工作时穿的传统衣服，用从未熟的柿子中提取的汁液染布。柿子液不但能防止布料受伤，使得布料耐穿，还可以让衣服像浆的一样保持硬挺。不仅有衣服，还有同样材质的提包和帽子。

♦ 多尔哈鲁邦仿制石像

多尔哈鲁邦仿制石像用天然石料经手工制作而成，有天然玄武岩和火山岩浆石两种材质。石像目光集中，双手合拢平放于胸前，大眼睛、微斜着头、压低帽子，极富艺术性。

♦ 靖洞帽子

靖洞帽子也被称作常青藤帽子，用常青蔓藤经手工精心编制而成，既结实又个性十足。帽子通体呈深褐色，可以很好地遮挡阳光，让人倍感清凉，深受游客喜爱。

♦ 汉拿峰柑橘

汉拿峰柑橘个头大、糖份高，果肉鲜嫩，且食用方便。因其外形像突起的汉拿山峰，故得名"汉拿峰"柑橘。在 10～20℃条件下存放 5 天左右味道依然鲜美，酸甜可口。

特产店

♦ J 艺术商店

J 艺术商店销售由手工绘制专门学院的讲师和学生直接绘制、生产的首饰和皮包，表现济州女性眼里的汉拿山的形象。产品有饰品（头花、项链、耳环、手链、手机链、钥匙链、镜子等）、包、瓷器、鞋等，全部采用手工绘制，这里生产、销售的都是世界上独一无二的产品。

旅游资讯
地址 ⊙ 济州岛西归浦市中文观光路 224 号 3 楼（中文洞）
网址 ⊙ www.iccjeju.co.kr

♦ 济首尔

济首尔是以济州产天然原料为素材制作的手工肥皂专卖店。店主拥有 10 多年的天然肥皂、化妆品讲师经历。这里的产品可作为礼物或答谢品，包装精美，并赠送制作所需的小工具，开设网上制作肥皂和化妆品的讲座。

旅游资讯
地址 ⊙ 济州岛济州市飞越 1 路 14 号（莲洞）
网站 ⊙ jisoul.co.kr

🔴 第一土产

　　本店位于济州市观德亭对面，提供饮料、柑橘巧克力和巧克力米果等产品，价格实惠。可提供汉语及日语服务，以及外汇兑换业务。

旅游资讯

地址 ⊙ 济州岛济州市三徒二洞982-7号（观德亭前）

营业时间 ⊙ 7:00—23:00

🔴 济州民俗食品

　　济州民俗食品主打野鸡麦芽糖，还致力于生产柑橘和柑橘果酱，经营雉鸡饴展示卖场。野鸡麦芽糖以其柔软、甘甜、清淡的口味备受消费者的青睐，是济州旅游观光必带特产。

旅游资讯

地址 ⊙ 济州岛济州市旧左邑松堂里繁荣路2178号

网址 ⊙ www.kyjeju.co.kr

免税店

🔴 韩国纪念品百货店

　　韩国纪念品百货店算是老品牌，是一个专为外国客人设置的商店。店内出售陶器、皮革、韩国纪念品（钥匙链、玩具娃娃等）、紫菜、泡菜、衣服、木雕等。

旅游资讯

地址 ⊙ 济州岛济州市老衡洞908-5号

交通 ⊙ 济州国际机场乘坐出租车约需7分钟，价格3000韩元左右

🔴 乐天济州免税店

　　乐天济州免税店是韩国国内最大的连锁免税店，位于济州酒店主楼6层。免税店汇集了各种名牌商品，能够满足顾客的需要，使顾客在观光的同时还能享受购物的乐趣。

旅游资讯

地址 ⊙ 济州西归浦市中文观光区

交通 ⊙ 乘济州国际机场600路巴士，约需45分钟

🔴 济州新罗免税店

　　济州新罗免税店充满着韩国的风情。顾客90%以上是日本、中国等亚洲国家的观光客，但也有很多韩国人因出差、观光或留学而光顾，这里出售CHANEL、HERMES、GUCCI等世界知名品牌，价格低廉的名牌商品，加上频繁的各种促销活动，可让人满载而归。

旅游资讯

地址 ⊙ 济洲市莲洞252-20号

交通 ⊙ 济洲国际机场到新罗免税店的巴士约5分钟一趟

♦ 天麻名家

　　天麻名家位于济州机场附近的海岸道路边，是一家专门向外国旅客销售天麻制品的专营店。主要销售商品有天麻膏、天麻丸、儿童用天麻等。

旅游资讯
地址 ⊙ 济州岛济州市西海岸路96号
营业时间 ⊙ 9:00—18:00
网址 ⊙ www.muju9000.com

传统购物区

♦ 5日市场

　　5日市场临近中文观光区，是济州岛特有的文化象征，也是一个可以体验到济州岛居民真实生活面貌的传统市场，每5天举行一次。商品种类繁多，有衣料、农水产品、杂货、饮食等。特色是新鲜价廉的水产品和农产品。

旅游资讯
地址 ⊙ 济州岛西归浦市中文洞中心街附近
营业时间 ⊙ 每月3日、8日、13日、18日、23日、28日

♦ 东门传统市场

　　东门传统市场是济州岛具有最长历史的大规模市场，广阔的市场内云集了各种店铺，水果、蔬菜、水产品、土特产等同类店铺集中经营。东门市场完好地保留着传统市场的特征，比大型超市商品种类繁多，价格便宜。

旅游资讯
地址 ⊙ 济州岛济州市二徒1洞1436-7号
交通 ⊙ 乘坐市内巴士至东门市场前下
营业时间 ⊙ 7:00—20:00

♦ 西归浦偶来市场

　　西归浦偶来市场原为西归浦每日市场，是西归浦市最大的市场，内部是"王"字形结构，从食物到生活用品应有尽有，购物很方便。

旅游资讯
地址 ⊙ 济州岛西归浦市西归洞271-38号
交通 ⊙ 乘机场豪华大巴到庆南酒店下，或在西归浦市乘市内巴士在东明百货商店下
营业时间 ⊙ 7:00—21:00

♦ 济州市中央街地下商场

　　济州市中央街地下商场主要指以中央路为起点连接西门路和东门路的地下通道区域，是济州岛唯一的地下商业街，以服装店为主，另有鞋、饰品、眼镜、钟表、包等店。

旅游资讯
地址 ⊙ 济州岛济州市1徒1洞1425-3号
营业时间 ⊙ 10:00—22:00

♦ 莲洞购物街

　　莲洞购物街与中央街同为济州市两大购物商圈，环境优雅，有非常多的国际品牌进驻。巷子里则是餐厅、酒吧等，逛累了可坐下来休息。

旅游资讯
地址 ⊙ 济州岛济州市
交通 ⊙ 乘坐100路公交车莲洞购物街站下
营业时间 ⊙ 7:00—21:00

娱 达人的3个玩嗨点子

济州岛是一个休闲与运动的王国，这里有丰富多彩的娱乐活动。喜欢大海的游客，可以去享受海水浴场的欢乐。游艇观光、海底潜水将使您有机会体验一下海底世界的神秘，或者去玩帆板，在与大海的搏击中寻找刺激与快感。还可以去太平洋公园观赏海豚表演，去下道里观看候鸟归去来。此外，在济州赛马场观看世界上唯一的矮马比赛，也是不错的选择。

1 观看海女潜水表演

在城山日出峰附近的成山海岸，每天都有海女们上演的精彩潜水表演。大部分海女都是50～70岁的妇女，她们一生与大海紧密联系在一起，对大海有着深切的热爱和眷恋。她们通过这种表演，将海女勇敢、坚韧、吃苦耐劳的精神传承下去，成为岛上一道最美的风景线。

2 体验当地特色的三温暖

在济州岛，可以和当地人一样带上水和小吃，与家人朋友一起，去蒸三温暖。之后还可以到大厅里躺着享用美食，也可看看电视，做做运动，或躺在草席上毫无目的地遐想，放空大脑，仔细体会这种惬意。

3 观看精彩的乱打秀

乱打秀是将韩国的传统打击乐与西洋表演剧相结合，以体态和鼓点表达寓意，开创了韩国哑剧的先河。以厨房为场景，用锅、碗、瓢、盆、碟子、菜刀为乐器，加上一流的灯光音响，配合着紧凑的剧情，没有对白，只有节奏及打击声，这就是乱打秀。

娱乐场所推荐

● 大象乐园

大象乐园有来自东南亚的大象和当地的驯兽师，在这里可以体验、参加大象主题秀。还可以坐在象背上体验一份闲适美妙的骑象之旅。

旅游资讯
地址 ⊙ 济州岛西归浦市安德面沙溪南路
票价 ⊙ 骑大象成人（19～64岁）15000韩元、青少年（13～18岁）12000韩元、儿童（3～12岁）9000韩元，64岁以上及3岁以下免费
网址 ⊙ www.eleland.com

● 济州乱打剧场

济州乱打剧场位于济州影像媒体中心的艺术剧场内，"乱打"在这里已经连续上演了十几年。精彩的演出是当地夜生活的一大亮点，也成为国内外游客必看的经典演出。

旅游资讯
地址 ⊙ 济州岛济州市一徒2洞837-20号济州影像媒体中心
交通 ⊙ 乘11路、20路、100路等巴士在文艺会馆站下，往新山公园方向约走150米
表演时间 ⊙ 周二至周五20:00，周六17:00、20:00，周日、公休日20:00

● 山房山碳酸温泉

山房山温泉是济州岛上最早的大众温泉，也是韩国国内比较稀有的碳酸温泉，被指定为世界温泉源保护地区。这里的温泉所含的元素对降血压、心脏病等有帮助作用，吸引了众多人前来。

旅游资讯
地址 ⊙ 济州岛西归浦市安德面沙溪北路41-192号
交通 ⊙ 乘37路、500路等巴士在德水里车站下
网址 ⊙ www.tansanhot.com

● 大侑乐园

大侑乐园最初为狩猎和射击场，现为有四轮摩托车（ATV）体验场的综合疗养场所。乐园设有狩猎、手枪射击、飞碟射击、来福枪射击、ATV体验场，可尝试摆脱日常生活，在这里的草原尽情享受自由。

旅游资讯
地址 ⊙ 济州岛西归浦市上猊洞144号
交通 ⊙ 中文旅游园区乘班车在大侑乐园站下
网址 ⊙ www.daeyooland.net

● 济州乐园

济州乐园是济州岛最好的ATV场地之一，这里有崎岖的线路，让人可以体验到紧张刺激的动感和自信，忘记压力，尽情娱乐。

旅游资讯
地址 ⊙ 济州岛西归浦市表善面繁荣路2561号
网址 ⊙ jejulandatv.alltheway.kr

济州赛马场

济州赛马场位于济州赛马公园,每周五至周日有赛马,可下注赌马,不过每注有最高限额。有外国人专用区,并提供当日赛马信息,免费供应咖啡饮料。赛马场同时也是个公园,提供很多游玩设施,平日免费开放。

旅游资讯
地址 ⊙ 济州岛北济州郡涯月邑柳树岩里1206号
交通 ⊙ 济州郊区汽车总站前的汽车站乘开往西归浦或慕瑟浦的汽车至济州赛马公园站下

娱乐新推荐

海女表演

海女表演是济州岛一道亮丽的风景线,每天13:30和15:30表演。防水镜、具有浮力的圆球及盛装海物的网兜是海女的全部装备。表演的海女岁数都很大,在唱完祭祀歌谣后,她们穿上潜水服潜入海水中,捕捉黏附在海底的鲍鱼、海螺等海产品。

高尔夫

高尔夫是济州休闲运动的最好选择之一,这里有许多高尔夫球场,与自然风景相映衬,是缓解日常压力的理想休闲运动场所,也是高尔夫爱好者能找到无穷乐趣的地方。

风帆冲浪

济州岛的大海风多,是一个适合帆板爱好者玩耍的天国。在中文、新阳、郭支、梨湖小船、咸德犀牛峰这几处的海域是人气最旺的地方。由于学习操纵帆板技术必须接受4~5天的培训,因此安排较长的出行日程是极为重要的。

滑翔伞

济州岛是玩滑翔伞的最佳场所,这里的丘陵并不高峻,可以减少初学者的恐惧感。在天空中欣赏济州岛的美丽风景,也将成为济州之旅的一大乐趣。

潜艇

乘坐潜艇游济州岛是非常盛行的体验活动,西归浦附近的海域是最佳体验场所之一。在这里可以看到漂亮的海洋生物。此外,软珊瑚族群是整个体验旅程的高潮部分。体验潜艇后还会获得探险认证书。

袋鼠旅行贴士

※ "几乎没有小偷"和"家家都不锁门",这在济州岛已是很久以前的事情了,当地人的生活已经非常城市化了,如今济州岛政府只是用此作为宣传而已。不过,当地人对游客比较和善,一旦迷路,去附近小店问路,通常都能获得指点和帮助。

※ 济州岛是一个火山岛,属于潮湿的亚热带气候,比韩国大陆更加温暖,四季分明,冬季凉爽干燥,夏季炎热潮湿。

※ 在济州岛,使用银联卡消费比较方便。岛上的银行中的有"银联"标志的ATM机都可以直接取到韩币,但会产生手续费和跨行费。便利店里有"365코너"标志的ATM机只要标有"银联"就可以取款。岛上的大部分地方都可以使用银联卡刷卡消费,尤其是化妆品店,如Skin food、Face shop等,但有些餐厅、酒店等不能使用银联卡,具体可以在结账时询问店员。

※ 在济州岛VISA、MASTER等信用卡都能使用,并且刷卡没有手续费。不过,在济州岛使用信用卡刷卡消费通常不用输入密码,小额的有时甚至都不需要签字,所以游客一定要保管好信用卡。

※ 济州岛的城区、主要景点和村庄均覆盖3G信号。餐厅、咖啡店和便利店提供免费Wi-Fi,但有的需要输入该店的密码,有的直接可以连上,有些咖啡店还提供电脑上网,如Cafebene。另外,济州岛上还可以租用简称为"EGG"的信号发射器,打开后,手机或电脑都可以通过Wi-Fi连接上网。需要注意的是,岛上的山林中几乎没有网络信号,连通信信号都会显示"只提供紧急电话"。

※ 济州岛的邮局里面能买到明信片和邮票,且无需自己投递到邮筒,填完后,邮局职员会直接收取你的明信片。将明信片从济州岛寄到中国的邮费每张只要400韩元。

※ 济州岛上风多、石头多,出行时,游客最好备齐护肤用品、穿上舒适的鞋子。如果行程中有登山或徒步,最好穿上登山鞋。

济州岛旅游问询处的韩语标识是:관광안내소。不过,不一定每个问询处都有中文服务,推荐游客使用韩国观光公社的24小时咨询电话:1330(有中文服务)。

济州岛其他信息网站及咨询电话推荐	
名称	电话/网址
济州岛观光协会(有中文版)	www.hijeju.or.kr
济州岛政府观光情报科(有中文版)	www.jejutour.go.kr
《济州周刊》中文网站(济州当地唯一中文报刊的电子版)	www.jejuchina.net
外语翻译支援服务电话(有中文服务)	1588-5644
济州指南120客服电话(只提供韩语服务)	120

光化門夜景